Heinrich Krauss
Geflügelte Bibelworte

HEINRICH KRAUSS

Geflügelte Bibelworte

Das Lexikon biblischer Redensarten

VERLAG C. H. BECK MÜNCHEN

Die Deutsche Bibliothek – CIP-Einheitsaufnahme

Geflügelte Bibelworte:
Das Lexikon biblischer Redensarten / Heinrich Krauss. –
München : Beck, 1993
    ISBN 3 406 37730 0
NE: Krauss, Heinrich (Hrsg.)

ISBN 3 406 37730 0

© C. H. Beck'sche Verlagsbuchhandlung (Oscar Beck), München 1993
Satz und Druck: C. H. Beck'sche Buchdruckerei, Nördlingen
Bindung: Großbuchbinderei Monheim
Gedruckt auf alterungsbeständigem,
aus chlorfrei gebleichtem Zellstoff hergestelltem Papier
Printed in Germany

Inhalt

Einführung
Seite 7

Die biblischen Ausdrücke und Redensarten von A bis Z
Seite 11

Anhang

Informationen über die Bibel
Seite 243

Abkürzungen der biblischen Schriften
Seite 246

Literaturhinweise
Seite 248

Ergänzendes Stichwortregister
Seite 249

Einführung

«. . . des vielen Büchermachens ist kein Ende»
Prediger Salomo 12,12

Wie in vielen anderen Ländern haben auch in Deutschland erst die Bibelübersetzungen, vor allem diejenige Martin Luthers, eine Grundlage für die moderne Schriftsprache geschaffen. Daher kann es nicht überraschen, wenn unsere deutsche Sprache mit Ausdrücken, Redensarten und Sprichwörtern aus der Bibel durchsetzt ist. Manchmal ist uns die biblische Herkunft noch bekannt, in vielen Fällen ahnen wir allenfalls noch, daß eine Wendung biblischen Ursprungs ist. Doch selbst das ist uns häufig nicht mehr bewußt. Entsprechendes gilt von den zahlreichen Fremd- und Lehnwörtern, die über die Bibel aus dem Hebräischen, Griechischen oder Lateinischen in die deutsche Sprache gelangten.

Wie sehr das biblische Erbe den Wortschatz und die Bilder unserer Sprache bereichert hat, ist durch frühere Zitatensammlungen bereits vielfach bestätigt worden. Das vorliegende Werk ist eine Summe des bereits Gesammelten, bringt darüber hinaus jedoch viele Ausdrücke und Wendungen, die in den bisherigen Sammlungen fehlen – ohne freilich den Anspruch auf Vollständigkeit zu erheben. Es beschränkt sich auch nicht darauf, den jeweiligen Fundort in der Bibel anzugeben, sondern es zitiert die betreffende Bibelstelle, wenn nötig in ihrem vollen Wortlaut, gegebenenfalls mit Hinweisen auf ihren ursprünglichen Sinn und auf Sinnverschiebungen im heutigen Sprachgebrauch. Wo es dem besseren Verständnis einer Redewendung oder eines Bildes dient, werden die Lebensumstände der biblischen Zeit erklärt und wird auch die sprachgeschichtliche Herkunft einzelner Wörter erläutert.

Aufgenommen wurden nur Wörter, Redensarten und Sprichwörter biblischer Herkunft, die in den *allgemeinen* deutschen Sprachschatz eingegangen sind. Ausdrücke und Wendungen aus der religiösen Verkündigung sind hingegen nur berücksichtigt, soweit sie im übertragenen Sinne auch im profanen Bereich vorkommen.

Es ist allerdings nicht immer leicht zu entscheiden, ob der Gebrauch bestimmter Wörter oder Redensarten allein auf die Bibel zurückgeht. Im Zweifelsfall wurden sie ins Lexikon aufgenommen, wenn sie durch ihre Verwendung in der Bibel eine weitere Verbreitung fanden. Dabei wurde hauptsächlich die gegenwärtige Alltagssprache berücksichtigt. Der Sprachgebrauch der letzten beiden Jahrhunderte, in dem biblische Anspielungen noch häufiger waren als heute, ist nur gelegentlich miteinbezogen.

Die Bibel wird nicht nach der neuen deutschen «Einheitsübersetzung» zitiert, sondern nach der Lutherbibel, da Luthers Übertragung am meisten und unmittelbarsten auf die deutsche Sprache eingewirkt hat. Der Einfachheit halber wird dabei eine moderne Lutherbibel, die der Benutzer des Lexikons meist in Händen haben dürfte, verwendet. Nur dort, wo sie von der Originalübersetzung Luthers abweicht, wird diese herangezogen.

Die erste Bibelübersetzung, die auf die deutsche Sprache eingewirkt hat, geht auf den westgotischen Bischof Ulfila (gest. 383) zurück. Er übertrug die Bibel in seine Muttersprache, wodurch manche Ausdrücke ins Althochdeutsche gelangten. Die folgenden Jahrhunderte brachten Übersetzungen von Teilen der Bibel, manchmal in Form von mehr oder weniger freien Nacherzählungen. Gegen Ende des Mittelalters tauchten immer mehr deutsche Bibeln auf, vor allem Übersetzungen der Evangelien und des Psalters, aber auch einige Gesamtbibeln, die mit dem einsetzenden Buchdruck weite Verbreitung fanden.

Der entscheidende Schritt zu einer deutschen Bibel geschah dann durch Martin Luther (1483–1546). Er übersetzte an seinem Zufluchtsort auf der Wartburg von Dezember 1521 bis März 1522 das Neue Testament in die Sprache seiner sächsisch-thüringischen Heimat. Dabei legte er eine griechische Ausgabe des Erasmus von Rotterdam zugrunde und stützte sich für seine Verdeutschung zugleich auf die Kanzleisprache der dortigen Fürsten und auf die kraftvolle, bildhafte Aus-

drucksweise seiner Landsleute. In gleicher Weise schuf er
dann in zehnjähriger Arbeit aufgrund des hebräischen Textes
eine Übersetzung des Alten Testaments. Luthers erste Ge-
samtbibel erschien 1534 im Druck und erhielt bis zum Tode
des Verfassers mehrere verbesserte Neuauflagen.

In der Reformationszeit und danach erschienen auch andere
deutsche Bibeln. Zu nennen sind hier die Zürcher Bibel des
Schweizer Reformators Zwingli sowie eine Reihe von Übersetzungen katholischer Autoren, von denen aber keine einen
Einfluß ausübte, der mit dem der Bibel Luthers vergleichbar
ist.

Nicht unterschätzen darf man jedoch in diesem Zusammenhang die Wirkung der lateinischen Bibel, der sog. Vulgata, auf
die deutsche Sprache. Die Vulgata geht auf eine Redaktion
und Übersetzung des hl. Hieronymus Ende des 4. Jahrhunderts zurück und wurde zu dem Bibeltext, der in der mittelalterlichen Kirche allgemein gebräuchlich war. Da das Latein
bis weit ins 18. Jahrhundert hinein die Sprache der Gelehrten
und Gebildeten war, sind vermutlich viele biblische Bilder und
Redewendungen auf dem Wege einer spontanen Übertragung
in die Umgangssprache gelangt. Das erklärt – neben der Existenz anderer Bibelübersetzungen –, daß im Deutschen immer
wieder auch biblische Ausdrücke anzutreffen sind, die von der
Lutherbibel abweichen.

Im Anhang finden sich weitere *Informationen über die Bibel*
sowie ein Verzeichnis der Abkürzungen der biblischen Schriften. Ein Register erleichtert das Auffinden des zutreffenden
Stichwortes in jenen Fällen, in denen sich das jeweilige
«Schlüsselwort» nicht eindeutig bestimmen ließ.

A

WO EIN AAS IST, DA SAMMELN SICH DIE GEIER: *Wehrlosigkeit zieht Gauner an.* Ursprünglich meinte das Jesuswort aus den Endzeitreden (Mt 24,28; Lk 17,37), daß der Ort, wo etwas zu finden ist, durch die danach Suchenden angezeigt wird. Jesus beantwortete so die Frage der Jünger, wo der Messias bei seiner Wiederkunft zu finden sein werde. Vermutlich zitierte er ein damaliges Sprichwort: Ein in der Wüste versteckter Kadaver bleibt durch das Kreisen der Geier nicht lange unentdeckt.

WO IST DEIN BRUDER ABEL?: *Aufforderung zur Gewissenserforschung über die Verantwortung oder Mitverantwortung am Tode Unschuldiger.* Frage Gottes an Kain, den Brudermörder, in der Geschichte von → *Kain und Abel* (Gen 4,9).

ABGÖTTISCH: *Heute zur Charakterisierung einer Liebe, die bis zur Selbstaufgabe geht.* Das Adjektiv meinte früher «von Gott abgefallen» oder «götzendienerisch». Es ist abgeleitet von «Abgott», womit man bis zur Reformationszeit ein Götzenbild bezeichnete. So heißt es nach der ursprünglichen Übersetzung Luthers über Paulus in Athen, daß er zornig wurde, «da er sahe die Stadt so sehr abgöttisch» (Apg 17,16). Seit dem 16. Jh. wird «Abgott» vor allem für eine vergötterte Person verwendet.

SICHER WIE IN ABRAHAMS SCHOSS: *Situation oder Zufluchtsort, wo man ruhig und behaglich verweilen kann.* Lk 16,22 ist es eine Bezeichnung für den Teil der Unterwelt, in der die Gerechten auf die Auferstehung warten. Dorthin wird der arme → *Lazarus* nach seinem Tod von den Engeln getragen, während der → reiche *Prasser*, der für das Elend des Armen gefühllos war, nach seinem Tod in die Abteilung für Sünder eingeliefert wird und dort heftige Qualen erleidet.

ABSCHAUM/AUSWURF DER WELT/DER MENSCHHEIT: *Schimpf-wort für angeblich oder tatsächlich asoziale Bevölkerungsele-mente.* Der Apostel Paulus sagt angesichts der Anfeindungen, die er erleiden mußte, in Selbstironie: «Wir sind geworden wie der Abschaum der Welt, jedermanns Kehricht» (1 Kor 4,13).

ABSIT!: → Das sei *ferne* von mir!

ADAM, WO BIST DU?: *Anfrage, wenn sich jemand einer Gesell-schaft oder einer Verantwortung entzieht.* Nachdem Adam und Eva im Paradies vom Baum der Erkenntnis gegessen hatten, versteckten sie sich vor Gott, der aber fragte: «Adam, wo bist du?» (Gen 3,9).

DER ALTE ADAM: *Humorvolle Redensart über den unverbesser-lichen «Sünder» in uns.* Der Apostel Paulus stellt dem ersten (alten) Menschen Adam, der der Sünde verfiel, Christus als den letzten (neuen) Adam gegenüber (1 Kor 15,45ff.). Eph 4,22ff. steht die Aufforderung, den alten Menschen abzule-gen und den neuen anzuziehen.

BEI ADAM UND EVA ANFANGEN: *Bei einem Bericht allzu um-ständlich und weit ausholend zum eigentlichen Thema kom-men.* Als die ersten Menschen stehen Adam und Eva am Be-ginn der gesamten Menschheitsgeschichte (Gen 2,7ff.).

SEIT ADAM UND EVA: *Seit Anfang der Zeiten.* Nach der Bibel waren Adam und Eva das erste Menschenpaar (Gen 2,7ff.).

VON ADAM UND EVA HER VERWANDT: *Ironisch für eine Ver-wandtschaftsbeziehung, deren Ursprung allzuweit zurückliegt.* Da nach der Bibel alle Menschen von einem einzigen Men-schenpaar abstammen, ist letztlich jeder mit jedem ver-wandt.

ALS ADAM HACKT' UND EVA SPANN, WO WAR DAMALS DER EDEL-MANN?: *Polemisches Streitwort aus der Zeit der Bauernkriege.* Anspielung auf das → *Paradies*, in dem es noch keine Standes-unterschiede gab.

ADAMSAPFEL: *Hervortretender Teil des Schildknorpels am Kehlkopf des Mannes.* Die Bezeichnung taucht im 16. Jh. auf und spielt auf den Apfel beim → *Sündenfall* an, der nach dem Volksglauben Adam im Halse stecken blieb. Übrigens haben auch die Frauen diesen Knorpel, den man allerdings meist nicht sieht.

ADAMSKOSTÜM: *Splitternackt.* Von den ersten Menschen im Paradies heißt es: «Und sie waren beide nackt, der Mensch und sein Weib, und schämten sich nicht» (Gen 2,25).

AGNUS DEI (dt.: Lamm Gottes): *In der Messe ein Gesangstext zu Beginn der Kommunion; in der Barockzeit ein kleines Wachsmedaillon mit der Darstellung Christi als Lamm mit Kreuz oder Kreuzfahne und Kelch.* Als Jesus zu Johannes dem Täufer kam, rief dieser aus: «Siehe, das ist Gottes Lamm, das der Welt Sünde trägt!» (Joh 1,29). Die Katholiken übersetzten in deutlicherer Anspielung auf Jesu Sühneleiden: «Lamm Gottes, das hinwegnimmt die Sünden der Welt».

ÄGYPTISCHE FINSTERNIS: *Eine außergewöhnliche Dunkelheit.* Als beim Auszug der Israeliten aus Ägypten (→ *Exodus*) der Pharao das Volk nicht ziehen lassen wollte, brachte Gott durch Moses zehn schwere → *Plagen* über das Land. Die vorletzte ist eine solche Finsternis, «daß man sie greifen kann, . . . daß niemand den anderen sah, noch weggehen konnte von dem Ort, wo er gerade war» (Ex 10,21–23).

AHASVER: *Fiktiver Name für den legendären «ewigen Juden», der, immer wieder verjüngt, ruhelos die Welt durchwandert.* Die Bibel erwähnt unter diesem Namen (Griech.: Xerxes) nur einen historisch nicht genau bestimmbaren persischen König (Buch Esther). Ein Jude mit diesem Namen wird zum ersten Mal in einer 1602 gedruckten Legende erwähnt: Ein jüdischer Schuster verweigert Jesus auf dessen Kreuzweg einen Rastplatz und muß deshalb bis ans Ende der Zeiten durch die Welt wandern. Das Motiv findet sich dann in Literatur und Kunst, meist mit antisemitischer Tendenz. Ähnliche Legenden mit anderen Namen waren schon im Mittelalter aufgetaucht. Vielleicht wurde das rätselhafte Jesuswort «Wahrlich, ich sage euch: Es stehen einige hier, die werden den Tod nicht schmekken, bis sie den Menschensohn kommen sehen in seinem Reich» (Mt 16,28). Wegen des Ausbleibens der Wiederkunft Christi zum Anlaß für allerlei Spekulationen über Menschen, die bis dahin nicht sterben werden.

ES IST NICHT GUT, DASS DER MENSCH ALLEIN SEI: *Oft als Ermunterung zum Heiraten.* Die Tiere, die Gott nach Adam als nächstes geschaffen hatte, waren für ihn keine wirklichen Partner. Da sprach Gott: «Es ist nicht gut, daß der Mensch allein sei; ich will ihm eine Gehilfin machen, die um ihn sei» (Gen 2,18). Und Gott schuf Eva aus der Rippe Adams.

WEH DEM, DER ALLEIN IST: *Warnung vor Isolierung, oft humorvoll in Bezug auf die Partnerschaft von Mann und Frau.* Im Buch des Predigers Salomo (4,9–11) wird in einer Aufzählung von sozialen Übeln auch das Alleinsein erwähnt: «So ist's ja besser zu zweien als allein ... Fällt einer von ihnen, so hilft ihm sein Gesell auf. Weh dem, der allein ist, wenn er fällt! ... Auch, wenn zwei beieinander liegen, wärmen sie sich; wie kann ein einzelner warm werden?».

EIN ALLELUJA SINGEN: *Einer großen Freude Ausdruck geben.* Das im jüdischen und christlichen Gottesdienst häufig vorkommende hebräische Wort «Alleluja» oder «Halleluja» («Lobet den Herrn») ist ein in Psalmen verwendeter Refrain, der Freude und Jubel ausdrückt.

DAS ALLERHEILIGSTE: *Ironisch über einen besonderen Raum, zu dem nicht jeder Zutritt hat, z. B. in einer Firma das Zimmer des obersten Chefs.* Zentrum des Jerusalemer Tempels und vorher schon des israelitischen Zeltheiligtums war ein innerhalb der Tempelhalle durch einen Vorhang abgeteilter quadratischer Raum ohne Fenster, der als Gotteswohnung bezeichnet wurde (Ex 26,33; 1 Kön 6,16 und 20; 2 Chron 3,8; Hebr 9,3–5). Er durfte nur vom Hohenpriester und auch von ihm nur einmal im Jahr betreten werden (Hebr 9,7). In der katholischen Liturgie wird die geweihte Hostie als «Allerhei-

ligstes» (lat.: Sanctissimum) bezeichnet, besonders wenn sie
feierlich zur Anbetung ausgestellt ist.

ALMOSEN: *Eine Gabe an Bedürftige, heute oft mit negativem
Beigeschmack.* Das griechische Wort «elemosyne» bedeutet
ursprünglich «Erbarmen, Mitleid», in der Bibel die Gabe an
die Armen.

ALPHA UND OMEGA: → *A und O*

WER DEM ALTAR DIENT, SOLL AUCH VOM ALTAR LEBEN: *Zur
Rechtfertigung des Unterhalts der Seelsorger durch die Gemeinde.* Unter Berufung auf alttestamentliche Vorschriften
(Num 18,18 f. und 31; Dtn 18,1–3) und auf ein Wort Jesu
(Lk 10,7) sagt der Apostel Paulus: «Wißt ihr nicht, daß, die
im Tempel dienen, vom Tempel leben, und die am Altar
dienen, vom Altar ihren Anteil bekommen. So hat auch der
Herr befohlen, daß, die das Evangelium verkünden, sich
vom Evangelium nähren sollen» (1 Kor 9,13 f.; ähnlich Gal
6,6). Im selben Zusammenhang steht auch der Ausspruch
des Paulus vom → *Ochsen*, der drischt und dem man nicht
das Maul verbinden solle. Der Apostel betont dann allerdings anschließend, daß er persönlich von diesem Privileg
keinen Gebrauch mache. Tatsächlich verdiente er sich seinen Lebensunterhalt als Zeltmacher (Apg 18,3 und 20,34;
1 Kor 4,12).

ALT UND GRAU WERDEN: *Wortpaar für altern.* So der altge-
wordene Prophet Samuel über sich selbst (1 Sam 12,2).

EIN BIBLISCHES ALTER/DAS ALTER DES PSALMISTEN: *Siebzig
oder achtzig Jahre alt.* Im Psalm 90,10 heißt es: «Unser Leben währet siebzig Jahre, und wenn's hoch kommt, so sind's
achtzig Jahre; und was daran köstlich scheint, ist doch nur
vergebliche Mühe; denn es fährt schnell dahin, als flögen
wir davon». Im Text heißt es weiter: «... und wenn's köstlich gewesen ist, so ist es Mühe und Arbeit gewesen». Luther blieb hier nahe am lateinischen Text der Vulgata, die
von «labor et dolor» spricht, und übersetzte «labor» mit

«Mühe» und «dolor» mit «Arbeit», da dieses Wort damals noch die Bedeutung von «Schmerz» hatte.

ALTTESTAMENTARISCH: *Manchmal als Beiwort für barbarische Zustände oder eine grausam-rachedurstige Gesinnung.* Die böswillige oder gedankenlose Verwendung dieses Ausdrucks (im Unterschied zu «alttestamentlich») hat einen antijüdischen Beigeschmack. Es entspricht weder der Bibel noch der keineswegs immer friedvollen Geschichte des Christentums, den harten und strafenden Aspekt des biblischen Gottes mit dem Alten Testament und den liebevollen und verzeihenden Aspekt Gottes mit dem Neuen Testament gleichzusetzen. Siehe auch → *Tag* der Rache. Mit dem lateinischen Wort «testamentum» (griechisch «diatheke») wird der hebräische Ausdruck für «Bund» wiedergegeben. Die Unterscheidung «Altes – Neues Testament» findet sich schon beim Apostel Paulus (2 Kor 3,14) und im Hebräerbrief (9,15). Damit unterscheiden die Christen die beiden Teile ihrer Bibel, während die Juden den Teil, den die Christen das Alte Testament nennen, als «hebräische Bibel» bezeichnen.

AMEN: *Üblicher Gebetsschluß; auch sonst gebraucht zur Bekräftigung eines Ausspruchs oder zum Abschluß einer Rede.* Das hebräische Wort «amen» («so sei es» oder «so ist es») findet sich in der Bibel bei der feierlichen Übernahme einer Verpflichtung (1 Chron 16,36; Neh 8,6), vor allem auch am Ende von Psalmen und anderen Gebeten. Steht es am Anfang eines Satzes, übersetzte es Luther mit «wahrlich», etwa in der Einleitungsformel bei Aussprüchen Jesu: «Wahrlich, ich sage euch». Vom ständigen Gebrauch des Amen in der christlichen Liturgie stammt die Redeweise: «So sicher wie das Amen in der Kirche». Zur Bestätigung einer Einwilligung dient der Ausdruck: «Ja und Amen sagen».

EIN ANATHEMA SPRECHEN: *Fluchformel für den Ausschluß aus einer Gemeinschaft.* Das griechische Wort übersetzt den hebräischen Ausdruck für «der profanen Verfügung entzogen», woraus «verflucht» wurde. Später verwendete man das Wort auch für den Ausschluß aus der jüdischen Synagoge. Über die

Paulusbriefe (Röm 9,3; 1 Kor 16,22; Gal 1,8f.) gelangte
«anathema sit» («Er sei gebannt») in die Dekrete der Konzi-
lien gegen Irrlehrer.

AM ANFANG WAR DAS WORT: *Ein Bibelwort, dem manchmal
(nach Goethes Faust) die aktive Tat entgegengesetzt wird.* Zu
Beginn des Johannes-Evangeliums (1,1), das hier bewußt den
ersten Satz der Bibel aufgreift (Gen 1,1: «Am Anfang schuf
Gott Himmel und Erde»), wird das Wort, der «logos», als
bereits vor der Schöpfung existierend dargestellt. Der Begriff
kehrt anschließend dreimal wieder: als schöpferischer Gedanke Gottes (1,3), als lebenschaffendes Wort, das «Fleisch geworden ist» (1,14) und Gott offenbart (1,18), wodurch es mit
dem Christus, den das Evangelium verkündet, identifiziert
wird.

ANFECHTUNG: *Altertümlich für «Versuchung».* Als Jesus in
→ *Gethsemani* die Jünger schlafend fand, ermahnte er sie:
«Wachet und betet, daß ihr nicht in Anfechtung fallt» (Mt
26,41). Eine Wortbildung Luthers nach dem heute nicht mehr
gebräuchlichen Verb «anfechten» für «angreifen».

(GUT) ANGESCHRIEBEN SEIN: *In Gunst stehen.* Von den Christen am Ende der Zeiten wird in der ursprünglichen Übersetz-
zung Luthers gesagt, sie gehörten zur «Gemeine ‹sic› der Erstgeborenen, die im Himmel angeschrieben sind» (Hebr 12,23).

VON ANGESICHT ZU ANGESICHT: *In direktem Gespräch, in per-
sönlicher Auseinandersetzung.* Nach Ex 33,11, wo gesagt wird:
«Der Herr aber redete mit Mose von Angesicht zu Angesicht,
wie ein Freund mit seinem Freunde redet» (ähnlich Num
12,8). Siehe auch → Ins Angesicht *widerstehen*

ANGST UND BANGE WERDEN ODER MACHEN: *Synonymes Wortpaar für Angstzustände.* Jer 50,43: «(Dem König von Babel)
wird so angst und bange werden wie einer Frau in Kindsnö-
ten»; auch Dan 5,9; 1 Makk 13,2. Das deutsche Wort
«Angst» kommt von: enge, ange (lat.: angustiae = Beklem-
mung), «bange» von: be-ange.

OHNE ANSEHEN DER PERSON: *Frei von Rücksicht auf Rang und Herkunft.* Nach 1 Petr 1,17, wo es von Gott heißt, er richte «ohne Ansehen der Person». Schon im Alten Testament wird gesagt: «Beim Richten sollt ihr die Person nicht ansehen, sondern sollt den Kleinen hören wie den Großen und vor niemand euch scheuen» (Dtn 1,17).

ANTICHRIST: *Inbegriff eines widergöttlichen Menschen, besonders im religiösen und politischen Bereich.* Das Wort selbst kommt nur in den Johannesbriefen vor (1 Joh 2,18 und 22 sowie 4,3; 2 Joh 7), Anspielungen finden sich aber noch an vielen Stellen des Neuen Testaments, so besonders in der Offenbarung des Johannes (z. B. 13,1–18; 19,19).

SEIN ANTLITZ VERHÜLLEN: *Emphatische Redensart, um Abscheu auszudrücken.* Im Alten Testament hingegen verhüllt der Mensch sein Antlitz bei der Begegnung mit Gott, so Moses am brennenden Dornbusch (Ex 3,6) oder der Prophet Elias am Berge Horeb (1 Kön 19,13).

ANVERTRAUTES PFUND: → Sein *Pfund* vergraben → *Talent*

APAGE, SATANAS!: → *Weiche* von mir, Satan!

APOKALYPSE/APOKALYPTISCH: *Heute synonym für eine große Katastrophe.* Das griechische Wort (von «apokalyptein» = enthüllen) kennzeichnete ursprünglich vor allem eine besondere Gattung religiöser Schriften, die in den Jahrhunderten um Christi Geburt weit verbreitet waren. Ihre Verfasser führten ihr Wissen auf Visionen zurück, in denen ihnen verborgene Dinge enthüllt wurden. Einige handelten von der kommenden → *Endzeit.* Beispiel im Neuen Testament ist dafür das Buch der Geheimen Offenbarung des Johannes, auch Apokalypse genannt. Da in ihr viel von einem völligen Umsturz aller Verhältnisse und von kosmischen Katastrophen die Rede ist, die dem Glück der Endzeit vorangehen werden, erhielt das Wort «apokalyptisch» seinen heutigen negativen Beigeschmack.

APOKRYPH: *Heute allgemein für ein literarisches Werk, dessen Verfasserschaft und Hintergrund zweifelhaft erscheinen.* Der Ausdruck stammt aus dem Umgang mit der Bibel. Er bezeichnet eine Reihe von Schriften, die den Eindruck erwecken, zur Heiligen Schrift zu gehören, aber nicht allgemein als zur Bibel gehörend anerkannt werden. Darunter fallen sowohl einige Schriften, z.B die Bücher Judith oder Tobias, die von den Katholiken zur Bibel gezählt (und «deuterokanonisch» genannt) werden, als auch viele Texte aus alt- und neutestamentlicher Zeit, die weder von den christlichen Kirchen noch vom Judentum als biblisch angesehen werden.

APOSTEL: *Im ironischen Sinne gebraucht für Menschen, die mit verbissenem Engagement eine besondere Lehre verkünden, z.B. Gesundheits- oder Nüchternheitsapostel.* Das Wort kommt aus dem Griechischen («apostellein» = «aussenden») und bezeichnete besonders die von Jesus mit Vollmacht zur Predigt ausgestatteten zwölf Männer (Mt 10,2ff.; Lk 6,13 und 9,2). Ihre Aufgabe wurde anläßlich der Wahl des Ersatzmannes für den Verräter Judas auch darin gesehen, daß sie «Zeugen seiner (Jesu) Auferstehung» waren (Apg 1,21f.).

ARBEITER DER ERSTEN BZW. DER ELFTEN STUNDE: *Ironisch über die Eifersucht zwischen Menschen, die schon sehr früh bzw. erst sehr spät an einer Unternehmung mitgewirkt oder sich einer Bewegung angeschlossen haben.* In einem Gleichnis (Mt 20,1–15) erzählt Jesus von einem Weinbergbesitzer, der zu verschiedenen Stunden des Tages auf dem Markt Arbeiter anheuerte, die ersten «am frühen Morgen», (d.h. zur ersten Stunde, weil damals die Stunden des Tages vom Sonnenaufgang an gezählt wurden); dasselbe tat er zur dritten, sechsten und neunten Stunde, wobei er mit allen einen Denar/Silbergroschen als Lohn verabredete. Eine letzte Gruppe schickte er noch um die elfte Stunde, also kurz vor der Abenddämmerung, zur Arbeit. Als er aber dann jedem den gleichen Lohn auszahlen ließ, murrten die, welche länger gearbeitet und «des Tages Last und Hitze getragen» hatten. Doch der Herr des Weinbergs sagte zu ihnen: «Siehst du scheel drein, weil ich so gütig bin?»

EIN **ARBEITER** IST SEINES LOHNES WERT: *Plädoyer für gerechte Entlohnung.* Bei der Aussendung der Jünger erlaubte ihnen Jesus, auf ihren Verkündigungsreisen von den Leuten, denen sie predigten, Speise und Trank anzunehmen und begründet dies mit einem damals vermutlich üblichen Sprichwort (Lk 10,7; ähnlich Paulus in 1 Tim 5,18).

WER NICHT **ARBEITET**, SOLL AUCH NICHT ESSEN: *Warnung vor schmarotzerhaftem Müßiggang.* Eine in der Antike volkstümliche Maxime, die der Apostel Paulus zitiert (2 Thess 3,10).

ARCHE: *Zufluchtsstätte vor der Gefahr der Vernichtung.* Das Gefährt, in dem Noah sich, seine Familie und die ganze Tierwelt vor der → *Sintflut* rettete (Gen 6,13 ff.), wird in der Bibel als «Kasten» bezeichnet, für den sich das Lehnwort «Arche» (aus dem lat. «arca») eingebürgert hat.

ÄRGERNIS GEBEN ODER NEHMEN: *Provokativ religiöse oder moralische Normen verletzen bzw. sich dadurch verletzt fühlen.* Die Bibel nennt Ärgernis einerseits das, was Anlaß zum Unglauben werden kann, z. B. auch die menschliche Herkunft Jesu (Mt 13,57; Mk 6,3; Lk 4,24) oder sein schändlicher Tod am Kreuz (Gal 5,11); andererseits ist Ärgernis alles, was Anlaß zur Sünde wird, so der eigene Fuß, die Hand oder das Auge (Mk 9,43 ff.), oder eine Handlung, die andere zur Sünde verführt (Mk 9,42). Siehe auch → *Skandal*

ARM IM GEISTE: *Ironisch auf einfältige oder wenig intelligente Menschen angewandt.* Wenn Jesus in der Bergpredigt die im Geiste Armen seligpreist (Mt 5,3), so meint er damit jedoch diejenigen, die sich in ihrem Verhältnis zu Gott bedürftig und schwach wissen.

BESSER **ARM** UND GESUND ALS REICH UND MIT KRANKHEIT GESCHLAGEN: *Hausbackene Lebensweisheit, manchmal durch Vertauschen der Wörter «arm» und «reich» auch als scherzhafte Wendung.* Nach einer Sprichwörtersammlung im Buch Jesus Sirach (30,14).

ARME WERDET IHR ALLEZEIT UNTER EUCH HABEN: *Ein Bibelzitat, das im 19. Jahrhundert manchmal verwendet wurde, um den Kampf für soziale Reformen als unchristlich hinzustellen.* Als Jesus kurz vor seinem Leiden in Bethanien zu Gast war, nahm Maria, die Schwester des Lazarus, ein Alabastergefäß mit kostbarem Salböl, zerbrach es und goß den Inhalt über Jesu Haupt. Judas, der die Kasse der Jüngergemeinschaft verwaltete, meinte empört, man hätte das Öl besser verkaufen und den Erlös den Armen geben sollen. Jesus sagte zu ihm: «Laß sie in Frieden! Es soll gelten für den Tag meines Begräbnisses. Denn Arme habt ihr allezeit bei euch; mich aber habt ihr nicht allezeit» (Joh 12,7f.). Der Kontext, in dem das aus dem Alten Testament stammende Wort (Deut 15,11) gesagt ist, zeigt jedoch klar, daß hier wie dort nicht von der Unvermeidlichkeit von Armut in der Welt die Rede ist, sondern zur Wohltätigkeit aufgefordert wird.

ARZT, HEILE DICH SELBST!: *Ironisch zu jemand, der gute Ratschläge gibt, die zu befolgen er selber nötig hätte.* Ein Sprichwort in der Zeit Jesu (Lk 4,23).

DIE GESUNDEN BEDÜRFEN DES ARZTES NICHT: *Rechtfertigung des Aufwands an Zeit und Mitteln für die schwächeren Glieder einer Gemeinschaft.* Auf den Vorwurf seiner Gegner, daß er sich mit Sündern zu Tische setze, antwortete Jesus: «Die Starken bedürfen des Arztes nicht, sondern die Kranken» (Mt 9,12).

WIE SEINEN AUGAPFEL HÜTEN: *Besonders sorgsam mit etwas umgehen.* Das Bild wird mehrfach im Alten Testament verwendet, um Gottes treusorgenden Schutz für sein Volk anschaulich zu machen (Dtn 32,10; Ps 17,8; Sach 2,8).

AUGE UM AUGE, ZAHN UM ZAHN: *Forderung nach harter und möglichst gleichartiger Vergeltung für angetanes Unrecht.* Die Formel im alttestamentlichen Gesetz (Ex 21,24) ist nicht, wie oft unterstellt, ein typischer Ausdruck → *«alttestamentarischer»* Härte und Grausamkeit. Sie zielte im Gegenteil gerade darauf ab, exzessive Rachegelüste zu begrenzen, meint also: *nur* Auge um Auge, Zahn um Zahn. Für eine wortwörtliche Anwendung der archaischen, auch in anderen altorientalischen Rechtssystemen anzutreffenden Formulierung gibt es in biblischer Zeit keine Anzeichen. Vielmehr war bei vorsätzlicher oder fahrlässiger Verletzung anderer eine Kompensation in Geld üblich. In der → *Bergpredigt* setzt Jesus dem Spruch seine Forderung entgegen, dem Bösen keinen Widerstand zu leisten (Mt 5,38 f.).

EIN AUGE WERFEN: *Eine Person oder Sache begehrenswert finden.* In der Geschichte von der keuschen → *Susanna*, die durch Daniel vor der Steinigung als Ehebrecherin gerettet wurde, heißt es in manchen Übersetzungen von den beiden Alten, die sie verleumdeten, sie hätten auf die schöne Frau «ihr Auge geworfen» (Dan 13,9).

SICH DIE AUGEN AUSWEINEN: *Heftig trauern.* In seinen → *Klageliedern* über das zerstörte Jerusalem sagt der Prophet Jeremia: «Ich habe mir fast die Augen ausgeweint» (2,11).

DIE AUGEN GEHEN ÜBER: *Erstaunt, stark bewegt, ergriffen sein.* In der Geschichte von der Auferweckung des Lazarus heißt es von Jesus, als er die Trauer der beiden Schwestern Martha und Maria um ihren toten Bruder Lazarus sah: «Die Augen gingen ihm über» (Joh 11,35).

ALLER AUGEN HARREN/WARTEN AUF DICH: *Scherzhaft zu jemand, der verspätet in einen Kreis tritt.* Ein durch seine Verwendung in Tischgebeten bekanntes Psalmwort, das Gottes lebenspendende Güte preist: «Aller Augen warten auf dich, und du gibst ihnen Speise zur rechten Zeit. Du tust deine Hand auf und sättigst alles, was lebt, nach deinem Wohlgefallen» (Ps 145,15 f.).

(NICHT MEHR) VOR/UNTER DIE AUGEN KOMMEN DÜRFEN: *Vor jemand hintreten.* In der Geschichte vom → *Exodus* der Israeliten aus Ägypten sagt der Pharao zu Moses: «Hüte dich, daß du mir nicht mehr vor die Augen kommst» (Ex 10,28).

EINEM DIE AUGEN ÜBER ETWAS ÖFFNEN: *Zu einer Einsicht oder Erkenntnis hinführen.* Von Jesus heißt es mehrfach, er habe Blinden die Augen geöffnet (Mt 9,30; Lk 24,31; Joh 9,14), ähnlich schon Jes 35,5; 42,7 oder 2 Kön 6,17. Auch im übertragenen Sinne kommt der Ausdruck in der Bibel vor: «Herr, öffne meine Augen» (Ps 119,18).

MIT SEHENDEN AUGEN (erg.: blind sein): *Einen Sachverhalt nicht erkennen, obwohl er offen vor Augen liegt, ähnlich auch: «sehenden Auges ins Unglück rennen».* Das Motiv «Sehen und doch nicht sehen» findet sich in den Reden Jesu (so Mt 13,13 ff. und Joh 12,40, beide mit Bezug auf Jes 6,9 f.).

AUGENDIENEREI: *Pflichterfüllung nur zum Gefallen eines Vorgesetzten.* Der Apostel Paulus forderte die Sklaven auf, ihren Herren zu gehorchen, als gehorchten sie Christus: «nicht mit Dienst allein vor Augen, als müßten sie Menschen gefallen» (Eph 6,6).

AUGENLUST: *Altertümlich für die Freude am Anschauen schöner Dinge.* Nach dem 1.Johannes-Brief (2,16), wo auch von → *Fleischeslust* die Rede ist.

DAS A UND O: *Der wichtigste Punkt einer Angelegenheit.* Der erste und letzte Buchstabe des griechischen Alphabets (Alpha und Omega) sollen in der Offenbarung des Johannes die alles umgreifende Macht Gottes und Christi als Schöpfer und Vollender der Welt zum Ausdruck bringen: «Ich bin das A und O, spricht Gott der Herr, der da ist und der da war, und der da kommt, der Allmächtige» (1,8) und «Ich bin das A und O, der Erste und der Letzte, der Anfang und das Ende» (22,13). Schon beim Propheten Jesaja hatte sich Gott als «der Erste und Letzte» bezeichnet (44,6; 48,12).

AUSPOSAUNEN: *Eine Nachricht auf unangebracht aufsehenerregende Weise verbreiten.* In der Bergpredigt warnt Jesus davor, die Frömmigkeit so zu üben, daß man von anderen gesehen wird: «Wenn du Almosen gibst, sollst du nicht lassen vor dir posaunen in den Synagogen und auf den Gassen, wie die

Heuchler tun, auf daß sie von den Leuten gepriesen werden.
Wahrlich, ich sage euch: Sie haben ihren Lohn dahin» (Mt
6,2). Der Spruch spielt auf eine damalige, schon vom Propheten Amos (4,5) gebrandmarkte Sitte an, Opfergaben durch
Posaunenstöße ankündigen zu lassen. Die Posaune, ein lang-
gezogenes Trompeteninstrument mit Schallstück, fand im alttestamentlichen Gottesdienst häufig Verwendung.

AUSWURF DER MENSCHHEIT: → *Abschaum* der Menschheit

AVE MARIA: *Lateinischer Anfang eines katholischen Gebetes,
bekannt durch viele Vertonungen.* Die erste Hälfte des Gebetes setzt sich zusammen aus zwei Bibelstellen: Bei der Verkündigung der Geburt Jesu sagte der Engel zu Maria: «Sei ge-
grüßt, du Begnadete! Der Herr ist mit dir!» (Lk 1,28), in der
Vulgata: «Ave, gratia plena! Dominus tecum, benedicta tu in
mulieribus!» Darauf folgt dann im Gebet ein Zitat der Worte,
die Elisabeth, ihre Base, zu der schwangeren Maria sprach:
«Gepriesen bist du unter den Frauen und gepriesen ist die
Frucht deines Leibes» (Lk 1,42), in der Vulgata: «Benedicta
tu inter mulieres, et benedictus fructus ventris tui».

B

BABEL/**BABYLON**: *Symbolwort sowohl für eine Stadt oder ein Land mit vielen verschiedenen Völkern und Sprachen als auch für eine Stadt, der Sittenlosigkeit nachgesagt wird (Paris galt im 19. Jahrhundert als «Seine-Babel»).* Man spricht von einem «Sprachenbabel» oder einer «babylonischen Sprachverwirrung» in Anspielung auf den Bericht der Bibel, der erzählt, wie die Menschen nach der Sintflut eine riesige Stadt bauen wollten, mit einem Turm, der bis in den Himmel reichen sollte. Die Absicht war, sich damit Ruhm zu erwerben und die Einheit des Menschengeschlechtes, das damals nur eine einzige Sprache kannte, zu sichern. Doch Gott, der darin Überheblichkeit und Maßlosigkeit sah, verwirrte die Sprache der Menschen, so daß sie einander nicht mehr verstanden und so nicht mehr weiterbauen konnten (Gen 11,1–9). Damit will die Bibel die Zersplitterung der Menschheit in viele Völker und Nationen erklären. Die Stufentürme (Zikkurat), deren Ruinen noch heute in Mesopotamien zu finden sind, waren Nachbildungen des mythischen Berges, auf dessen Spitze man der Gottheit begegnen konnte. Das Wort Babel meint an sich «Tor Gottes», was von der Bibel in tendenziöser Weise auf einen hebräischen Wortstamm zurückgeführt wird, der «mischen, verwirren» bedeutet. – Der Ausdruck «Sündenbabel» geht hingegen auf die Offenbarung des Johannes zurück, wo «die große Hure Babylon» zum Inbegriff der widergöttlichen Mächte wurde (Kap. 17), womit eigentlich Rom als Hauptstadt des Imperiums gemeint war. Diese Verwendung des Namens hatte ihre Vorgeschichte im Alten Testament, wo Babel/Babylon der große Feind der Juden war, da die Babylonier im 6. Jahrhundert v. Chr. Jerusalem zerstörten und seine Einwohner ins → *babylonische Exil* wegführten.

BABYLONISCHES EXIL/BABYL. GEFANGENSCHAFT: *Ein lange währendes Exil, z.B das der Päpste, die, aus Rom vertrieben, um 1400 jahrzehntelang im französischen Avignon Hof hielten.*

Luther sprach im übertragenen Sinne vom «babylonischen Exil der Kirche» unter dem Papsttum. Hinter der Redeweise steht die Erinnerung an das Exil der Juden, die nach der Eroberung Jerusalems im Jahre 587 v. Chr. durch die Babylonier nach Mesopotamien verschleppt worden waren und erst unter der Herrschaft der Perser zurückkehren durften. Über diese Exilszeit sagt der Psalm (137,1): «An den Wassern zu Babel saßen wir und weinten, wenn wir an Zion gedachten . . .».

AUF **BABYLONISCH**: *Ausdruck in der Filmbranche, wenn bei Dreharbeiten mit internationaler Besetzung jeder Schauspieler seinen Part in der Muttersprache spricht und erst später durch Synchronisation eine einheitliche Textfassung hergestellt wird.* Anspielung auf die Sprachenverwirrung beim Turmbau von → *Babel*

DIE ANDERE **BACKE** HINHALTEN: → Die andere *Wange* hinhalten

DER **BALKEN** IM EIGENEN AUGE → DER *Splitter* im Auge des andern

WIE EINE **BÄRIN**, DER IHRE JUNGEN GENOMMEN SIND: *Ein an sich sanfter Mensch, der mit aller Kraft etwas für ihn sehr Wertvolles verteidigt.* Dem Bild liegt die Erfahrung zugrunde, daß Bären normalerweise den Menschen nicht angreifen, aber sehr gefährlich werden können, wenn man sie reizt. Es wird in der Bibel für etwas Bedrohliches (Spr 17,12) oder für einen in die Enge getriebenen Menschen (2 Sam 17,8) verwendet. Der Prophet Hosea läßt Gott in einer Strafdrohung gegen das götzendienerische Israel sagen: «Ich will sie anfallen wie eine Bärin, der ihre Jungen genommen sind» (Hos 13,8). Bären, mit rötlich braunem Fell und bis zu 2 Meter lang (ursus arcticus syriacus), waren in alttestamentlicher Zeit noch häufig in Palästina anzutreffen, vgl. 1 Sam 17,34–37; 2 Kön 2,24; Jes 11,7. Der Bär wurde auch zum Symbol für ein gräßliches Untier: Dan 7,5 und Offb 13,2.

BARMHERZIG: *Beiwort für Mitgefühl mit Notleidenden.* Im Althochdeutschen sagte man «armherzi» (ein Herz für die Ar-

men) nach einer Lehnübersetzung der gotischen Kirchensprache für das lateinische «misericors». Das Wort ist häufig im
Neuen Testament, z. B. «Selig sind die Barmherzigen» (Mt
5,7), wird aber auch schon im Alten Testament von Gottes
Haltung gegenüber den Menschen ausgesagt (so Ex 34,6) und
als Verhaltensweise empfohlen (so Ps 112,14f.).

VOM BAUM DER ERKENNTNIS ESSEN: *Manchmal als Umschreibung für die ersten sexuellen Erfahrungen.* Der im biblischen
Bericht vom Paradies und Sündenfall erwähnte Baum der Erkenntnis, von dem die Menschen nicht essen sollten (Gen
2,17), ist Symbol der sittlichen Entscheidungsfähigkeit. Der
Text der Bibel gibt allerdings, entgegen der landläufigen Interpretation, keinen Anhaltspunkt dafür, daß sich Gottes Verbot bzw. seine Übertretung durch Adam und Eva auf den
sexuellen Bereich bezog.

EINEN BECHER BIS ZUR NEIGE LEEREN: → Einen *Kelch* bis zur
Neige leeren

BEFIEHL DEM HERRN DEINE WEGE: *Frommer Wunsch für eine
Reise oder auch den Lebensweg.* Nach Ps 37,5. Das Wort «befehlen» hat hier noch die altertümliche Bedeutung von «empfehlen, anvertrauen».

EIN EHRLICHES BEGRÄBNIS: *Altertümlich, heute meist ironisch
für eine bürgerliche Beerdigung.* Gemeint ist in den alten Bibelübersetzungen ein Begräbnis «in Ehren» oder «mit Ehren»,
auch «vornehm» (Sir 38,16; 2 Makk 4,49; ähnlich Gen 23,6).

SCHLECHTE BEISPIELE VERDERBEN GUTE SITTEN: *Sprichwort.*
Aus der antiken Spruchweisheit zitiert der Apostel Paulus als
Warnung vor Verführung: «Schlechter Umgang verdirbt gute
Sitten» (1 Kor 15,33). Der Spruch wird auf den Dichter Me-
nander zurückgeführt. Das Wort «Umgang» ist offenbar in
der Folge durch «Beispiele» ersetzt worden in Anlehnung an
das Buch der Weisheit: «Die bösen Beispiele verführen und
verderben einem das Gute» (4,12).

BENEDICTUS: *Ein Gesangstext in der Messe:* «Gelobt sei, der da kommt im Namen des Herrn». Der Text ist zusammengesetzt aus den Jubelrufen des Volkes bei Jesu Einzug in Jerusalem (Mt 21,9) und Ps 118,26. Man nennt «Benedictus» aber auch den sog. Lobgesang des Zacharias (Lk 1,68–79), der ebenfalls in der katholischen Liturgie Verwendung findet.

BENJAMIN: *Zärtliche Bezeichnung für den jüngsten in einer Familie oder Gruppe.* Benjamin war der letztgeborene Sohn des Patriarchen Jakob und der Lieblingsbruder des nach Ägypten verkauften Josef (Gen 35,16–18 und Kap. 42 ff.)

BERGE VERSETZEN: *Unglaubliches vollbringen.* Der Apostel Paulus spricht von «einem Glauben, der Berge versetzt» (1 Kor 13,2), ähnlich lauten einige Jesusworte (Mt 17,20 und 21,21; Mk 11,23). Daß Gott in seiner Allmacht Berge versetzt, sagt schon das Buch Hiob (9,5).

BERGPREDIGT: *Heute oft als Sammelbegriff für die Lehre Jesu über Feindesliebe und Gewaltlosigkeit verwendet.* Die Bergpredigt ist eine der großen programmatischen Reden Jesu, zusammengefaßt in Mt 5–7 sowie kürzer in Lk 6,17–49. Allerdings spricht Jesus nur bei Matthäus von einem Berg aus (Mt 5,1), offenbar um damit eine Parallele zum Berg Sinai/Horeb herzustellen, auf dem Moses von Gott das Gesetz erhielt. Der bei Matthäus zugrundegelegte Gegensatz zwischen der Lehre «der Alten» und der Lehre Jesu ist eine polemische Konstruktion, die nur eine allzu legalistische Auslegung des mosaischen Gesetzes trifft. Das Meiste in den Worten Jesu findet sich hingegen schon im Alten Testament oder im damaligen Judentum, abgesehen vielleicht von der Forderung nach absoluter Gewaltlosigkeit. Diese ist auf den frühchristlichen Glauben an die unmittelbare Nähe des Endgerichts zurückzuführen und wurde bisher bei den Christen nur von seltenen Außenseitern als zwingende Norm auch für das gesellschaftliche und staatliche Leben propagiert.

BERUFUNG – BERUF: *«Berufung» meint eine innere Anregung zur Übernahme einer Aufgabe oder einer Lebensform, haupt-*

sächlich im religiösen Bereich, im übertragenen Sinne auch in anderen Bereichen. Mit «Beruf» wird heute hingegen, außer in Ausnahmefällen, wie «einen Ordens- oder Priesterberuf haben», eine feste Tätigkeit in Wirtschaft und Gesellschaft zur Bestreitung des Lebensunterhaltes bezeichnet. Die Vorstellung einer «Berufung» einzelner Menschen durch einen an sie ergehenden besonderen Ruf Gottes ist typisch für die biblische Religion. Altes und Neues Testament sind voll mit Berufungsgeschichten (z. B. Abraham: Gen 12,1–3; Amos 7,15; Jes 6; Jer 1,4–10; Ez 2; Apostel: z. B. Mt 4,18–22 oder 9,9). Auch der Ausdruck «berufen» findet sich schon bei den Propheten (Jes 49,1) und mehrfach in den Evangelien. Häufig ist er dann in den Briefen des Apostels Paulus, so in Röm 1,1 und 1 Kor 1,2.

VIELE SIND BERUFEN, ABER WENIGE SIND AUSERWÄHLT: *Heute meist im Sinne von: «Viele fühlen sich berufen ...» als ironischer Hinweis auf ein Mißverhältnis zwischen Anspruch und Begabung bei der Inangriffnahme eines Werkes.* Das gleichlautende Jesuswort bezieht sich auf die Heilsberufung der Juden, von denen nur wenige zu Anhängern Jesu wurden (Mt 22,14).

WIE BESESSEN: *Eine ungewöhnlich intensive Beschäftigung mit einem Gegenstand, auch wenn dies nicht eigentlich als krankhaft anzusehen ist.* In den Evangelien wird mehrfach von der Begegnung Jesu mit Besessenen berichtet (z. B. Lk 8, 26ff.). Unter Besessenheit verstand man Wahnideen und körperliche Krampfzustände, die man dem Eindringen böser Geister in den menschlichen Leib zuschrieb.

DEN BESSEREN TEIL ERWÄHLEN: *Sich bei der Wahl einer Aufgabe oder Lebensform für die sinnvollere oder befriedigendere entscheiden; manchmal auch ironisch, wenn sich jemand unter mehreren Arbeiten oder Aufgaben die angenehmere aussucht.* Als Jesus einmal bei einer Frau namens Martha einkehrte, setzte sich deren Schwester Maria zu seinen Füßen nieder, um seinen Reden zuzuhören. Martha, die sich deshalb allein um die Bewirtung des Gastes kümmern mußte, wandte sich ärgerlich an Jesus und fragte ihn, ob es denn recht sei, daß die Schwester die ganze Arbeit ihr überlasse. Doch Jesus antwor-

tete ihr: «Martha, Martha, du hast viel Sorge und Mühe. Eins
aber ist not. Maria hat das gute Teil erwählt; das soll nicht von
ihr genommen werden» (Lk 10,38–42).

BETHEL: → *Gotteshaus*

DU, BETHLEHEM, BIST NICHT DIE KLEINSTE/GERINGSTE: *Launiger Ausruf, wenn sich herausstellt, daß jemand, der berühmt
wird oder dem man dies scherzhaft zutraut, aus einem unbedeutenden Ort stammt.* Als die Weisen aus dem Morgenland beim
König Herodes vorsprachen, um den Geburtsort des neugeborenen Königs der Juden zu erfahren, ließ der König die
Schriftgelehrten zusammenrufen. «Und sie sagten ihm: In
Bethlehem in Judäa; denn so steht geschrieben durch den Propheten (Micha 5,1): Und du, Bethlehem im jüdischen Land,
bist keineswegs die kleinste unter den Städten in Juda; denn
aus dir wird kommen der Fürst, der mein Volk Israel weiden
soll» (Mt 2,5f.).

NIMM DEIN BETT UND WANDLE!: *Aufforderung, sein Leben
selbst in die Hand zu nehmen.* Zu einem Gichtbrüchigen, den
er heilte, sagte Jesus: «Nimm dein Bett und geh umher!»
(Mt 9,6; Mk 2,11; Lk 5,24). Mit «Bett» war die Tragbahre
gemeint, auf der man den Kranken zu Jesus gebracht hatte.

BEWAHRE, WAS DU HAST!: *Manchmal scherzhaft als Warnung
vor dem Aufgeben eines sicheren Besitzes um eines ungewissen
Vorteils willen.* In der Offenbarung des Johannes steht der
Satz als Mahnung zur Treue im Glauben (3,11). – Bei der
Versöhnung der beiden Brüder wies Esau Jakobs Geschenke
zurück: «Ich habe genug, mein Bruder; behalte, was du hast»
(Gen 33,9).

BISCHOF: *Höheres, relativ selbständiges Oberhaupt einer kirchlichen Gemeinde in einer Stadt oder einem größeren Gebiet; bei
Katholiken, Orthodoxen und Anglikanern Amtsträger, der
durch seine Weihe in der Nachfolge der Apostel steht.* Aus den
Briefen des Neuen Testaments läßt sich noch keine gestufte
Hierarchie innerhalb der Gemeinden feststellen. Es gab Vor-

steher, die, ohne daß man ihre genauen Aufgaben heute noch bestimmen könnte, Aufseher (episkopoi) oder Älteste (presbyteroi) genannt wurden. Daraus entstanden die deutschen Lehnwörter Bischof und Priester.

BIS HIERHER UND NICHT WEITER!: *Energische Festlegung einer Grenze, auch im übertragenen Sinne.* Im Buch Hiob spricht Gott davon, daß er bei der Gründung der Erde das Meer in seine Ufer gezwungen habe: «Bis hierher sollst du kommen und nicht weiter; hier sollen sich legen deine stolzen Wellen!» (Hiob 38,11). Der ähnlich lautende lateinische Spruch «Non plus ultra», heute oft für etwas Gutes verwendet, das nicht zu überbieten ist, geht auf Stellen in der antiken Literatur zurück, die auf die sog. Säulen des Herkules anspielten, nämlich die Meerenge von Gibraltar, über die hinaus nach Westen keine Schiffahrt möglich zu sein schien.

EINER AUS DER SIEBENTEN BITTE: *Umschreibung für einen bösen, teuflischen Menschen.* Der Ausdruck bezieht sich auf das Gebet des «Vaterunsers» (→ *Paternoster*), in dem die Bitte: «Befreie uns von dem Bösen», wo → *Satan* gemeint ist, an siebter Stelle steht (Mt 6,13).

BITTET UND IHR WERDET EMPFANGEN: → *Suchet*, so werdet ihr finden

BLACK IS BEAUTIFUL (Schwarz ist schön): *Slogan der 60-er Jahre gegen die Vorherrschaft des weißen Schönheitsideals.* Dem Leitsatz liegt eine Stelle im alttestamentlichen Hohenlied zugrunde. Dort sagt eines der Mädchen nach der lateinischen Vulgata-Übersetzung von sich: «Nigra sum sed pulchra», d. h. «Schwarz bin ich, aber schön» (Hld 1,5). Sie wendet sich damit gegen die «Töchter Jerusalems», die vornehmen Damen von hellem Teint, die sich nie der Feldarbeit aussetzen müssen. Die Farbe wird in neueren Übersetzungen mit «braun» wiedergegeben, da wohl tatsächlich eine von der Sonne tief gebräunte Haut gemeint war, worauf der in den folgenden Versen herangezogene Vergleich mit den (dunklen) Beduinenzelten und den ebenfalls dunklen Prunkdecken Salomos hinweist.

BLASPHEMIE: *Gotteslästerung*. Der im Griechischen nur «Lästerung» bedeutende Ausdruck (blasphemia) findet sich in den griechisch geschriebenen Büchern der Bibel (so 2 Makk 15,24; Mt 15,19; Mk 14,64; Lk 5,21; Joh 10,33).

HERR, BLEIB BEI UNS; DENN ES WILL ABEND WERDEN (UND DER TAG HAT SICH GENEIGT): *Launige Formel, um einen Gast zum Bleiben zu bewegen.* Es war die Einladung zweier Jünger an Jesus, der ihnen am Tag seiner Auferstehung auf ihrem Weg von Emmaus nach Jerusalem erschienen war und sie unerkannt bis zu ihrem Ziel begleitet hatte. Er folgte der Aufforderung und sie erkannten ihn, als er mit ihnen aß (Lk 24,13–33).

BLEIBE IM LANDE UND NÄHRE DICH REDLICH: *Ironische Kommentierung übertriebener Reisetätigkeit oder des Dranges in ferne Länder.* Das Zitat aus den Psalmen (37,3) fordert eigentlich dazu auf, sich vom scheinbaren Glück der Frevler nicht irre machen zu lassen, sondern auf Gott zu hoffen und das Gute zu tun.

BLINDE BLINDENFÜHRER: *Schimpfwort für Menschen, die andere leiten wollen, ohne dafür die Kompetenz zu haben.* Polemischer Ausspruch Jesu gegen die → *Pharisäer*: «. . . sie sind blinde Blindenführer. Wenn aber ein Blinder den andern führt, so fallen sie beide in die Grube» (Mt 15,14; ähnlich Lk 6,39).

MIT BLINDHEIT GESCHLAGEN SEIN: *Einen offen zutage liegenden Sachverhalt nicht einsehen.* In der Geschichte von → *Sodom* und Gomorrha werden die Leute, die Lot bedrängen, von den Engeln «mit Blindheit geschlagen» (Gen 19,11), ähnlich auf das Gebet des Propheten Elisa hin die Krieger eines feindlichen Heeres (2 Kön 6,18).

BLUTHUND: *Ein mörderischer oder ausbeuterischer Mensch.* So wird David von Simei/Schimi, einem seiner politischen Gegner, beschimpft (2 Sam 16,7f.). Die marxistische Propaganda hat den Ausdruck auch auf den Kapitalisten angewandt. Denn im Buch Jesus Sirach heißt es: «Wer dem Arbeiter seinen

Lohn nicht gibt, ist ein Bluthund (34,27). → Den *Lohn* vorenthalten

BLUT SCHWITZEN: *Sehr große Angst haben.* Von Jesus heißt es,
über die Stunde vor seiner Verhaftung im Garten → *Gethsemani*: «Und es geschah, daß er mit dem Tode rang und betete
heftiger. Es ward aber sein Schweiß wie Blutstropfen, die fielen auf die Erde» (Lk 22,44).

BLUTZEUGE: → *Märtyrer*

AUF GUTEN BZW. STEINIGEN **BODEN** FALLEN: *Erfolg bzw. Nicht-
erfolg von Lehren oder Ermahnungen.* Im Gleichnis vom Sä-
mann sagt Jesus, daß ein Teil der Saatkörner auf steinigen
Boden, ein anderer unter die Dornen fiel, während nur der
Teil, der auf guten Boden fiel, hundertfältige Frucht trug
(Mt 13,3–8).

IN DIE **BRESCHE** SPRINGEN: *Sich für eine gefährdete, von anderen schon aufgegebene Sache einsetzen.* Der Prophet Ezechiel
beklagte das Versagen der falschen Propheten: «Sie sind nicht
in die Bresche getreten und haben sich nicht zur Mauer gemacht um das Haus Israel» (Ez 13,5; ähnlich 22,30; Ps
106,23). Dabei wurde seit dem 18. Jh. eine Wendung Luthers, der «wider den Riß stehen» oder «vor die Lücken treten» übersetzt hatte, durch das französische Wort «brèche»,
das die Öffnung in einer Festungsmauer bedeutet, ersetzt.

BRIEF UND SIEGEL AUF ETWAS GEBEN: *Eine festverbindliche Zu-
sage machen.* Der Ausdruck aus der alttestamentlichen
Rechtssprache findet sich im Buch Jeremia (32,10ff.), wo der
Prophet von einem Grundstückskauf berichtet.

BROSAMEN VOM TISCHE DER REICHEN: *Ironisch über kärgliche
Almosen an die Armen, die dem Geber nicht weh tun.* Im
Gleichnis Jesu vom reichen Prasser und dem → Armen *Lazarus* heißt es, daß Lazarus sich gern von dem genährt hätte, was
von des Reichen Tische fiel (Lk 16,21). Siehe auch → *Abrahams* Schoß

DEN KINDERN DAS BROT WEGNEHMEN, UM ES DEN HUNDEN ZU
GEBEN: *Liebe und Zuneigung an Unwürdige verschwenden, unter Vernachlässigung derer, die darauf Anspruch hätten.* Einmal verlangte eine heidnische Frau von Jesus die Heilung ihrer
kranken Tochter. Zunächst wies Jesus sie ab mit der Begründung, er sei nur zu den verlorenen Schafen des Hauses Israel
gesandt. Als sie weiter insistierte, gab ihr Jesus die provozierende Antwort: «Es ist nicht recht, daß man den Kindern ihr
Brot nehme und werfe es vor die Hunde». Da sprach sie: «Ja,
Herr: aber doch fressen die Hunde von den Brosamen unter
dem Tisch der Kinder», woraufhin Jesus ihren Glauben lobte
und ihre Tochter heilte (Mk 7,24–30; Mt 15,21–28).

BRUDER: *In übertragenem Sinne auch Ausdruck für zwischen-
menschliche Nähe.* Neben der Verwandtschaftsbezeichnung
wird das Wort «Bruder» in der Bibel auch im politischen Sinne
für die Angehörigen des Bundesvolkes Israel gebraucht, wobei Bruderliebe und → *Nächstenliebe* identisch sind (Lev
19,17; 25,14 und 25; Deut 15,7; 22,1). Für das Frühchristentum wird der Gedanke der Bruderliebe unter den Mitgliedern
der Gemeinde geradezu typisch. (Vgl. u.a. Röm 12,10; 1
Thess 4,9; 1 Petr 1,22 und 1 Joh 2,7–11 und 3,14–17).

FALSCHE BRÜDER: *Hinterhältige Menschen, die sich als Freunde ausgeben; manchmal auch einfach für Betrüger.* Bei der
Aufzählung der Gefahren, die er durchlebte, spricht der Apostel Paulus auch von der Gefahr «durch falsche Brüder» (2
Kor 11,26).

GOTTES BRÜNNLEIN HAT WASSERS DIE FÜLLE: *Scherzhafte Bekräftigung eines Gastgebers, daß genug zum Trinken vorhan-
den ist; manchmal auch als Hausinschrift.* In einem Dankpsalm
für die Gaben Gottes heißt es:«Du suchst das Land heim und
bewässerst es; Gottes Brünnlein hat Wassers die Fülle (Ps
65,10).

AN SEINE BRUST SCHLAGEN: *Bildliche Rede, um eine Verfeh-
lung anzuerkennen.* Im Gleichnis Jesu vom Pharisäer und Zöllner im Tempel (Lk 18,9–14) gestand der Zöllner im Gegen-

satz zum Pharisäer, der sich im Gebet seiner Gerechtigkeit rühmte, seine Sündhaftigkeit ein. «Er stand ferne, wollte auch die Augen nicht aufheben zum Himmel, sondern schlug an seine Brust und sprach: Gott sei mir Sünder gnädig». Auch die Zuschauer bei der Kreuzigung schlugen sich nach Jesu Tod an die Brust (Lk 23, 48).

WENN DICH DIE BÖSEN BUBEN LOCKEN, SO FOLGE IHNEN NICHT: *Humorvolle Warnung an junge Mädchen.* In der biblischen Spruchweisheit richtet sich das Wort (Spr 1,10) allerdings an das männliche Geschlecht. Es warnt nämlich, wie die anschließenden Verse deutlich machen, vor der Beteiligung an Raubüberfällen. In der altertümlichen Lutherübersetzung bedeutet hier «Bube» so viel wie «Sünder» oder «Verbrecher».

EIN BUBENSTÜCK: *Ein hinterhältiger Anschlag.* In Luthers ursprünglicher Psalmenübersetzung beklagt sich der Beter über seine Feinde: «Sie haben ein Bubenstück über mich beschlossen: Wenn er liegt, soll er nicht wieder aufstehen» (Ps 41,9). Das deutsche Wort «Stück» hatte schon früh auch die Bedeutung von etwas Gestaltetem bekommen, wie Musik- oder Theaterstück, während «Bube» die Nebenbedeutung von «Schurke» erhielt.

SICH INS BUCH DES LEBENS EINTRAGEN: *Durch Tun und Wirken eine Spur in der Geschichte hinterlassen.* Im Brief an die Philipper (4,3) spricht der Apostel Paulus von seinen Mitarbeitern, «deren Namen im Buch des Lebens stehen». Ähnlich Lk 10,20; Offb 3,5 und schon Ex 32,32; Jes 4,3; Mal 3,16.

EIN BUCH MIT SIEBEN SIEGELN: *Ein Wissensbereich, der einem unzugänglich bleibt.* In der Offenbarung des Johannes sieht der Seher eine Buchrolle «mit sieben Siegeln versiegelt» (5,1). Er weint vor Enttäuschung, weil so der Inhalt des Buches verborgen bleibt. Doch werden dann nacheinander die Siegel geöffnet und damit die künftigen Geschehnisse, die der Endzeit vorausgehen, enthüllt.

DES VIELEN BÜCHERMACHENS IST KEIN ENDE: *Angesichts von Verlagsprospekten oder auf Buchmessen heute häufig zu hörender Stoßseufzer.* Das alttestamentliche Buch des Predigers Salomo (Kohelet) aus dem dritten Jahrhundert vor Christus schließt voll Skepsis gegenüber allem Forschen nach Wissen und Weisheit: «... mein Sohn, laß dich warnen; denn des vielen Büchermachens ist kein Ende, und viel Studieren macht den Leib müde» (Pred 12,12).

TOTER BUCHSTABE: *Anspielung auf den Gegensatz zwischen dem Wortlaut eines Textes und seiner Intention.* Die Formulierung stammt vom Apostel Paulus, der das geschriebene äußere Gesetz des Alten Bundes dem ungeschriebenen inneren Gesetz des Neuen Bundes durch Christus gegenüberstellt: «Der Buchstabe tötet, der Geist aber macht lebendig» (2 Kor 3,6).

DER BUNTE ROCK: *Früher Bezeichnung für die Soldatenuniform.* Der Konflikt in der biblischen Josefserzählung nimmt darin seinen Ausgang, daß der Patriarch Jakob seinem Lieblingssohn Josef einen «bunten Rock» machen ließ, wie Luther übersetzte (Gen 37,3). Es war wohl ein buntgewirktes Ärmelkleid, damals ein Vorrecht der Vornehmen.

EINE FESTE BURG: *Bild für Behütetsein; bekannt durch Luthers berühmten Choral «Eine feste Burg ist unser Gott».* Nach dem Weisheitsspruch: «Der Name des Herrn ist eine feste Burg» (Spr 18,10; ähnlich Spr 14,26; Ps 61,4 und 71,3).

BUSSE TUN: *Durch schmerzhafte Handlungen für Verfehlungen Genugtuung leisten.* Der deutsche Rechtsterminus «Buße» (abgeleitet von «besser»), der ursprünglich einfach «Schadensersatz» bezeichnete, erhielt durch seine Verwendung für die Wiedergabe des Wortes «poenitentia» aus der lateinischen Bibel (z.B. Hiob 42,6; Mt 3,2) eine zusätzliche religiös-sittliche Bedeutung, die heute in «Bußgeld» oder «Geldbuße» mitschwingt.

C

CARITAS: → *Karitativ*

CHARISMA: *Persönliche Ausstrahlung, die fasziniert und andere Menschen anzieht. Von Max Weber stammt der Ausdruck «charismatische Herrschaft», die er von der «traditionellen», auf Brauch und Herkommen beruhenden, und von der «rationalen», die auf Sachlichkeit und Recht gestützt ist, unterscheidet. Im religiösen Bereich spricht man von «charismatischen» Gemeinschaften, wenn ihre Mitglieder sich mehr auf innere Erfahrung als auf die Wahrheitsvermittlung durch Amtsträger stützen. Auch die besondere Aufgabenstellung katholischer Orden (z. B. Krankenpflege oder Unterricht) wird manchmal deren Charisma genannt.* In der Bibel bezeichnet das aus dem Griechischen stammende Wort (charis = Liebreiz/Gnade) die im Menschen wirksame Gnadengabe als Kraft des Geistes Gottes, die ihn zu Wundertaten oder Heilungen befähigt. Aber auch andere, äußerlich weniger spektakuläre Fähigkeiten, wie Weisheit, Erkenntnis oder Dienstbereitschaft für andere werden als Gaben des Geistes verstanden (z. B. 1 Kor 12,1–11).

CHERUB (Mehrzahl Cherubim): *Manchmal im übertragenen Sinne für einen besonders schönen Menschen.* In der Bibel sind die Cherubim Engel mit zwei oder auch vier Flügeln. Sie bewachen den Eingang zum Paradies (Gen 3,24) und stehen über der alttestamentlichen Bundeslade (Ex 25,18–22), wo sie die Gegenwart Gottes andeuten. Das Wort und die Vorstellung stammen vermutlich aus Mesopotamien, wo sie als untergeordnete Gottheiten galten, sei es als Wächter vor heiligen Bezirken, sei es als Schutzgeister oder Übermittler der menschlichen Gebete zum Hauptgott.

CHILIASMUS: → *Tausendjähriges* Reich

CHRISTEN: *Angehörige einer Religionsgemeinschaft, die sich auf Jesus Christus beruft.* Die Bezeichnung findet sich schon in der Bibel, die schon für die Zeit der Apostel (um das Jahr 43) berichtet, daß die Anhänger Jesu, Christen (christianoi) genannt wurden (Apg 11,26). Das geschah offenbar, weil sie Jesus als den Christus bekannten. Das griechische «christos» ist die Übersetzung für das hebräische Wort «Messias». Beides bedeutet «der Gesalbte» (→ *Messias*).

COMPELLE/ COGE INTRARE! (dt.: Nötige hereinzukommen!): *Ein berüchtigtes Bibelzitat, das zur Rechtfertigung religiösen Zwanges verwendet wurde.* Der Satz steht im Gleichnis Jesu vom Festmahl, zu dem die eingeladenen Gäste unter verschiedenen Ausreden nicht kommen (Lk 14,16–24). Der Hausherr schickt erst einen Knecht, um an ihrer Stelle die Armen und Krüppel zu holen. Als dann immer noch Platz ist, sagt er zu dem Diener: «Geh hinaus auf die Landstraßen und an die Zäune und nötige sie hereinzukommen, daß mein Haus voll werde» (Lk 14,23). Diese auf die Berufung der Heiden anstelle der Juden gemünzte Bibelstelle wurde, aus ihrem Kontext gerissen, vom hl. Augustinus in seiner Zeit als Bischof von Hippo in Nordafrika auf die Anhänger der christlichrigoristischen und sozialrevolutionären Bewegung der sog. Donatisten angewandt, die die bestehende Ordnung attackierten. Als die Bewegung mit militärischer Macht zerschlagen war, riet Augustin, die Donatisten wieder in die Kirche zu integrieren, wobei er unter Berufung auf das von Jesus in seinem Gleichnis gebrauchte «Compelle intrare!» die Anwendung von Druck nicht ausschloß. Daraus wurde später eine allgemeine Norm gegenüber Ketzern.

CONSUMMATUM EST → Es ist *vollbracht*

D

VON DEN DÄCHERN PREDIGEN: *Eine Mitteilung überall in der Öffentlichkeit verbreiten.* Nach einem Wort Jesu, das zu unverhülltem Bekenntnis seiner Botschaft auffordert (Mt 10,27; Lk 12,3 – dort nach Luther «auf den Dächern»). Das Bild bezieht sich auf die flachen Hausdächer des Orients, die sich gut zu öffentlichen Reden eigneten.

ES IST NICHTS DAHINTER: *Urteil über eine geschwollene Rede oder eine unschlüssige Argumentation.* Als Warnung vor den Irrlehrern schrieb der Apostel Petrus: «Sie reden stolze Worte, hinter denen nichts ist» (2 Petr 2,18).

DÄMONISCH: *Unheimlicher, zum Negativen tendierender Antrieb in einem Menschen.* Im Griechischen bezeichnete «daimon» usprünglich eine göttliche Kraft überhaupt, die dann aber im Volksglauben vor allem auf schädigende Geister und Gespenster übertragen wurde. Das Wort wurde dann öfters in der griechischen Bibelübersetzung für entsprechende hebräische Ausdrücke verwendet.

DAEMONUS MERIDIANUS (dt.: Mittagsdämon): *Gefühl der Erschlaffung, wenn die Sonne am Höchsten steht.* In einem Psalm, der von der Kraft des Gottvertrauen handelt, wird gesagt: (Du fürchtest dich nicht) «vor der Pest, die im Finstern schleicht, vor der Seuche, die am Mittag Verderben bringt» (Ps 91,6). Letzteres ist in der lateinischen Vulgata-Übersetzung mit «daemonus meridianus», d.h. «Mittagsdämon», wiedergegeben. Der im Psalm verwendete Gegensatz Finsternis – Mittag ist poetischer Parallelismus, ein Stilmittel, das im Hebräischen etwa unserem Reim in der Poesie entspricht. Es ist eine uralte Vorstellung, daß Seuchen durch Dämonen verbreitet werden, wobei Mitternacht und Mittagsstunde («Stunde des Pan») als Zeiten galten, in denen der dämonische Einfluß als besonders groß angesehen wurde.

SEIN DAMASKUS ERLEBEN: *Umstürzendes Bekehrungserlebnis, in übertragenem Sinne auch außerhalb des religiösen Bereichs, mit plötzlichem Wechsel von einer lange und vehement vertretenen Überzeugung zu einer neuen Einsicht.* Als die junge Christengemeinde in Jerusalem heftig verfolgt wurde, gehörte der spätere Apostel Paulus zu den eifrigsten Verfolgern. Er machte sich sogar auf die Reise nach Damaskus, wohin sich viele der Anhänger Jesu geflüchtet hatten, um sie von dort mit Gewalt zurückzubringen. Doch als er sich der Stadt näherte, umstrahlte ihn plötzlich ein helles Licht und er hörte die Stimme Jesu. Von da an wurde er ein ebenso eifriger Christ (Apg 9,1–9).

ICH DANKE DIR, HERR, DASS ICH NICHT BIN WIE DIE ANDEREN LEUTE: *In Selbstironie als Ausdruck falscher Demut.* Es sind die Worte des Pharisäers im Gleichnis Jesu vom Pharisäer und → *Zöllner* im Tempel (Lk 18,9–14).

DAVID GEGEN GOLIATH: *Kampf eines Schwachen gegen einen brutalen und übermächtigen Gegner.* In einem Krieg der Israeliten mit den Philistern schlug Goliath, einer der Feinde, den Israeliten vor, die Entscheidung durch einen Zweikampf herbeizuführen. Der Herausforderer war riesengroß, schwer gepanzert und bewaffnet. Niemand wagte es, ihm entgegenzutreten, bis sich der junge David, damals noch ein Hirtenknabe, anbot, den Kampf aufzunehmen. Mit einem Kiesel aus seiner Schleuder traf er den Gegner mitten auf die Stirn, so daß dieser betäubt zu Boden fiel und David ihm den Kopf abschlagen konnte (1 Sam 17).

DAVID IN DER RÜSTUNG SAULS: *Für eine Aufgabe mit hochspezialisiertem Arbeitsgerät ausgerüstet sein, das aber mangels Übung in der Verwendung mehr behindert als nützt.* Als David sich zum Zweikampf gegen Goliath bereit erklärte (→ *David gegen Goliath*), wurde er vor König Saul gebracht, der das Heer der Israeliten befehligte. Saul bot David für den Kampf seine eigene Rüstung an. Der junge Hirtenknabe konnte sich aber in ihr nicht bewegen, da er darin nicht geübt war. So zog David Sauls Rüstung wieder aus und ging, nur mit seiner Schleuder bewaffnet, in den Kampf (1 Sam 17,38–40).

WIE **DAVID** UND JONATHAN: *Sprichwörtliches Freundespaar.*
Als David nach dem Sieg über Goliath an den Hof König
Sauls kam, schloß er mit dessen Sohn und Erben Jonathan
eine enge Freundschaft. Damals, so heißt es, «verband sich
das Herz Jonathans mit dem Herzen Davids, und Jonathan
gewann ihn lieb wie sein eigenes Herz» (1 Sam 18,1; ähnlich
20,17). Die Beziehung hielt auch dem Streit Davids mit Jonathans Vater Saul stand und David sang in seiner Totenklage
über Saul und Jonathan: «Es ist mir leid um dich, mein Bruder
Jonathan, ich habe große Freude und Wonne an dir gehabt;
deine Liebe ist mir wundersamer gewesen als Frauenliebe ist»
(2 Sam 1,26).

DEKALOG/ZEHN GEBOTE: *Inbegriff der für das menschliche Zu-
sammenleben wichtigen sittlichen Normen.* «Dekalog» ist die
griechische Übersetzung eines hebräischen Ausdrucks, der die
«Zehn Worte» bezeichnete, die Gott am Sinai dem Volk Israel als grundlegende Gebote gab (Ex 20,1–17; ähnlich Deut
5,6–21).

EINEN **DENKZETTEL** VERABREICHEN: *Ein Straf- oder Racheakt,
der die Wiederholung einer Untat verhindern soll.* Noch heute
tragen orthodoxe Juden nach einer Vorschrift des Moses mit
Riemen an der Stirn und am linken Arm befestigte Kapseln,
die Schriftworte enthalten: «. . . sie sollen dir ein Merkzeichen
sein» (Deut 6,8 und 11,18; auch Ex 13,9 und 16), was Luther
mit «Denkzettel» übersetzte. Es sind die sog. Gebetsriemen,
von denen auch Jesus sprach (Mt 23,5). «Zettel» ist ein Lehnwort aus dem lateinischen «cedula/schedula». Es gab im Mittelalter auch den Ausdruck «denkcedel» für eine schriftliche
Vorladung vor Gericht.

DE PROFUNDIS: *Hinweis auf eine ausweglose, verzweifelte Situation.* «De profundis» sind die ersten Worte der lateinischen
Übersetzung des Psalms 130: «De profundis clamavi ad te,
Domine!», deutsch: «Aus der Tiefe rufe ich zu dir, o Herr!»,
bekannt durch die Verwendung in der katholischen Totenli-
turgie sowie durch Luthers Umdichtung: «Aus tiefer Not
schrei ich zu dir . . .».

DIABOLISCH: *Bezeichnung für eine besonders hinterhältige Bos-
haftigkeit.* Nach dem griechischen Wort «diabolos» für den
→ *Teufel* oder → *Satan*.

DIAKON: *In der katholischen Kirche eine Weihestufe unterhalb
der Priester- und Bischofsweihe. Die protestantischen Kirchen
kennen Diakone als Helfer der Geistlichen in der Gemeindear-
beit und als Mitarbeiter in Krankenpflege und Erziehung.* Das
griechische Wort «diakon» bezeichnete den Diener bei der
Mahlzeit. So wurden in der christlichen Urgemeinde die sieben Amtsträger genannt, die sich um den Dienst bei den Lie-
besmahlen kümmern sollten, damit die Apostel selbst für den
Dienst am Wort frei blieben (Apg 6,1–6). Die Lutherbibel
übersetzt mit «Helfer».

DIAKONIE: *Im Sprachgebrauch der protestantischen Kirchen
für die sozialen Dienste wie Pflege von Kranken und Behinder-
ten.* Abgeleitet von → *Diakon*; ähnlich → *karitativ* im katholischen Bereich.

DIAKONISSE: *Mitglied einer im 19. Jh. in der evangelischen Kirche entstandenen Frauengemeinschaft, die sich die Arbeit in der
Krankenpflege oder im sozialen Bereich zur Aufgabe gemacht
hat, allerdings ohne eine Verpflichtung durch Gelübde.* Wie
schon Jesus und die Zwölf von Frauen materiell unterstützt
wurden (Lk 8,3), so hatte die Frau offensichtlich im Frühchristentum vielfältige Möglichkeiten einer Mitwirkung im Gottesdienst oder in der Verwaltung der Gemeinde. Der Apostel
Paulus grüßt in einem seiner Briefe eine gewisse Phoebe, die
er «Diakon der Gemeinde von Kenchräa», der Hafenstadt
von Korinth, nennt (Röm 16,1). Daß er sie dadurch mit einem
eigentlichen Amtstitel (→ *Diakon*) bezeichnet, ist wahrschein-
lich, aber nicht sicher. Das Wort hatte im damaligen Griechisch keine weibliche Form, erst später findet sich auch der
Ausdruck «diakonissa».

DIASPORA: *Verstreut lebende Mitglieder einer christlichen Gemeinschaft in Gebieten, deren Bevölkerung überwiegend einer
anderen Konfession angehört; auch das Gebiet, in dem solche*

Minderheiten leben, wird «Diaspora» genannt. Das griechische Wort meint «Zerstreuung» und ist die Übersetzung des hebräischen Ausdrucks «golah» oder «galut» für die Judengemeinden außerhalb Palästinas. Es wurde dann auch auf Christengemeinden angewandt, so in den Grußformeln zu Eingang des Jakobus- und des 1.Petrusbriefes.

DICHTEN UND TRACHTEN: *Synonymes Wortpaar für menschliche Bestrebungen.* Als Begründung für die Auslösung der Sintflut heißt es: «Als aber der Herr sah, daß der Menschen Bosheit groß war auf Erden und alles Dichten und Trachten ihres Herzens nur böse war immerdar» (Gen 6,5; ähnlich 8,21).

WIE EIN **DIEB** IN DER NACHT: *Leise und unbemerkt.* Der Apostel Paulus schrieb den Gläubigen von Thessalonike, die Genaueres über den Zeitpunkt des kommenden Gerichtstages wissen wollten: «Ihr selbst wißt genau, daß der Tag des Herrn kommen wird wie ein Dieb in der Nacht» (1 Thess 5,2). «Wie ein Dieb» heißt es in ähnlichem Zusammenhang bei 2 Petr 3,10 und Offb 3,3 und 16,15.

(HAEC EST) **DIGITUS** DEI: → *Finger* Gottes

DIES IRAE (dt.: Tag des Zornes oder – bei Luther – des Grimmes): *Anfangsworte eines Hymnus in der katholischen Trauerliturgie, manchmal auch im übertragenen Sinne für eine befürchtete Katastrophe verwendet.* Thomas von Celano, der im 13. Jh. den Hymnus dichtete, lehnte sich dabei an eine biblische Bezeichnung für den → *Tag* des Herrn in der lateinischen Übersetzung an.

GUTER **DINGE** SEIN: *Zuversichtlich und gut gelaunt sein.* In der alttestamentlichen Geschichte von der Schandtat zu Gibea an der Frau des Leviten sagte der Vater der jungen Frau zu seinem Schwiegersohn: «Bleib doch über Nacht und laß dein Herz guter Dinge sein» (Ri 19,6).

DIXI ET SALVAVI ANIMAM MEAM (dt.: Ich habe geredet und meine Seele gerettet): *Ausspruch nach einer Meinungsäußerung,* *zu der man sich verpflichtet fühlt, auch wenn die Entscheidung in dieser Angelegenheit bei einem anderen liegt.* Nach der lateinischen Übersetzung einer Stelle im Buch Ezechiel (3,17ff.), wo der Prophet zum Wächter über Israel bestellt wird mit dem Auftrag, das Volk vor dem drohenden Unheil zu warnen. Nur bei Weitergabe der Warnung werde er, unabhängig davon, ob sie befolgt wird oder nicht, sein Leben retten.

DER GLIMMENDE **DOCHT**: → Das geknickte *Rohr*

MIT **DONNERSTIMME**: *Laute und dröhnende Stimme.* Bei der Öffnung des ersten der Siegel durch das Lamm in der Geheimen Offenbarung (→ *Buch* mit sieben Siegeln) ertönt «wie mit einer Donnerstimme» der Ruf «Komm!» und der erste der vier apokalyptischen Reiter erscheint (Offb 6,1f.).

EIN **DORN** IM AUGE SEIN: *Jemandem lästig oder verhaßt sein.* Moses mahnte die Israeliten, nach der Eroberung Kanaans dessen heidnische Bewohner, die zum Abfall von Gott verführen könnten, zu vertreiben; denn sonst würden sie «zu Dornen in euren Augen werden» (Num 33,55).

DORNEN UND **DISTELN**: *Synonymes Wortpaar zur Veranschaulichung einer unwirtlichen Gegend.* Nach dem → *Sündenfall* sagte Gott zu Adam: «Verflucht sei der Acker um deinetwillen! Mit Mühsal sollst du dich von ihm nähren dein Leben lang. Dornen und Disteln soll er dir tragen ...» (Gen 3, 17f.). Der Ausdruck findet sich auch in Jes 5,6 und Hebr 6,8.

EINEM EINE **DORNENKRONE** FLECHTEN: *Taten und Verhaltensweisen, die einem anderen ständiger Anlaß zum Schmerz sind.* Nach der Geißelung wurde der zum Tode verurteilte Jesus von den Soldaten des Pilatus verhöhnt: «(Sie) flochten eine Dornenkrone und setzen sie ihm aufs Haupt ... und beugten die Knie vor ihm und verspotteten ihn und sprachen: Gegrüßet seist du, der Juden König!» (Mt 27,29; ähnlich Mk 15,17; Joh 19,2). Ähnliche Bräuche finden sich in der Antike an Festen, an denen man einen Narrenkönig verspottete, bevor er hingerichtet wurde.

ETWAS **DREHEN**, WIE MAN'S BRAUCHT: *Wider besseres Wissen einen Sachverhalt so darstellen, wie dies für einen selbst günstig erscheint.* Der Prophet Micha sagt von den Mächtigen: «Sie reden nach ihrem Mutwillen, um Schaden zu tun, und drehen's wie sie wollen» (7,3). Vgl. auch → Das *Recht* beugen/verdrehen

IM **DUNKELN** TAPPEN: *In einer Angelegenheit nicht genau Bescheid wissen; für ein Problem keine Lösung finden.* In den Abschiedsreden vor seinem Tod drohte Moses den Israeliten für den Fall ihres Ungehorsams gegen Gottes Gebote als Strafe Blindheit und Geistesverwirrung an: «Und du wirst tappen am Mittag, wie ein Blinder tappt im Dunkeln» (Dtn 28,28f.).

E

EBENBILD: *Große Gleichheit oder Ähnlichkeit.* Das deutsche
Wort ist eine Lehnübersetzung für das lateinische «configuratio». Nach der biblischen Schöpfungsgeschichte wurde der
Mensch geschaffen als «Bild Gottes» (Gen 1,26f. und 9,6).
Für die Apostelbriefe ist zunächst Christus das «Ebenbild
Gottes» (2 Kor 4,4; Kol 1,15; Hebr 1,3), aber auch der Christ
(Eph 4,24; Kol 3,10) und alle Menschen (Jak 3,9).

ECCE HOMO (dt.: Seht, welch ein Mensch!): *Hinweis auf den
erbarmungswürdigen Zustand eines Menschen oder auch der
Menschheit überhaupt.* Den Ausspruch tat Pilatus (Joh 19,5),
als er Jesus nach der Geißelung und Dornenkrönung dem
Volk vorstellte, um dessen Mitleid zu erregen. «Ecce-Homo-
Bilder» heißen in der Kunst die Darstellungen dieser Szene.

ZUM ECKSTEIN WERDEN: *Ein Sachverhalt oder ein Argument,
die für ein Unternehmen oder ein Gedankengebäude entscheidend werden.* Das Bild vom Eckstein geht auf den Propheten
Jesaja (28,16) zurück, der im vertrauenden Glauben «einen
kostbaren Eckstein, der fest gegründet ist», sieht. Eckstein
wurde ein rechteckig behauener Stein genannt, der die Ecke
einer Mauer begrenzte und ihr Halt gab, was besonders wichtig war, wenn die Mauer aus unbehauenen Steinen bestand.
Psalm 118,22 erweitert das Bild und spricht vom «Stein, den
die Bauleute verworfen haben, der zum Eckstein geworden
ist». Diese Wendung wird im Neuen Testament in verschiedenen Varianten auf den von den Führern des jüdischen Volkes
abgelehnten Jesus angewandt (vor allem Mt 21,42; Mk 12,10;
Lk 20,17; Apg 4,11; Eph 2,20).

EDEN: *«Wie ein Garten Eden» ist Ausdruck der Bewunderung
für eine herrliche, fruchtbare Landschaft, die an das → Paradies
erinnert, «jenseits von Eden» hingegen meint die Erde in ihren
mühevoll-beschwerlichen Aspekten.* Nach der Bibel lag das

Paradies im Lande Eden: «Und Gott der Herr pflanzte einen Garten in Eden gegen Osten hin und setzte den Menschen hinein, den er gemacht hatte» (Gen 2,8). Die Gegend ist geographisch nicht genauer lokalisierbar.

EHRE, WEM EHRE GEBÜHRT: *Oft scherzhaft als Warnung vor falscher Bescheidenheit.* Der Apostel Paulus fordert die Christen dazu auf, die politischen und sozialen Ordnungen zu respektieren: «So gebt nun jedem, was ihr schuldig seid: Steuer, dem die Steuer gebührt; Zoll, dem der Zoll gebührt; Ehre, dem die Ehre gebührt» (Röm 13,7). Aus dem Kontext (→ Jedermann sei *untertan* der Obrigkeit) ist klar, daß er damit keine blinde Unterwerfung predigt, sondern nur gegen die Meinung angeht, man könne sich unter dem Vorwand einer besonderen religiösen Berufung den normalen Pflichten des bürgerlichen Lebens entziehen.

EHRE MIT ETWAS EINLEGEN: *Etwas so vorzüglich erledigen, daß es Ansehen bringt.* Eine ursprüngliche Übersetzung Luthers, wo heute «seine Herrlichkeit erweisen» oder «sich einen Namen machen» gesagt wird (so in Ex 14,17; Ps 46,11; 1 Makk 5,57).

EINS ABER TUT NOT: → Den *besseren* Teil erwählen → *Marthadienste*

EINWOHNER: *Bewohner einer Stadt oder eines Landes.* Eine Lehnübersetzung für das lateinische Wort «incola», die auf Luther zurückgeht (z. B. in Gen 34,30). In der Bibel steht dafür heute meist «Bewohner».

ALLES IST EITEL: *Aussage über die Nichtigkeit alles Irdischen.* Der Ausspruch im Prediger Salomo (1,2) wird oft auch in der lateinischen Übersetzung zitiert: «Vanitas vanitatum, et omnia vanitas». Ihn soll der besiegte letzte Vandalenkönig ständig wiederholt haben, als er 534 im Triumphzug in Byzanz als Gefangener mitgeführt wurde. Manchmal sagt man auch kürzer: «Vanitas vanitatum vanitas». Zum Wort «eitel» siehe → *Eitles* Geschwätz.

EITLES GESCHWÄTZ: *Schimpfwort für inhaltsloses Gerede.* Der Apostel Paulus bezeichnet einmal gewisse Theorien der Schriftauslegung als «eitles Geschwätz», das er der Liebe und dem Glauben als dem Kernpunkt der christlichen Unterweisung gegenüberstellt (1 Tim 1,6). «Eitel» meint hier also nicht wie im heutigen Sprachgebrauch gefallsüchtig oder dünkelhaft, sondern nichtig und wertlos.

ELFENBEINTURM: *Heute ein Bild für den Rückzug von Intellektuellen in realitätsfernes Theoretisieren.* Im Hohen Lied heißt es vom Mädchen: «Dein Hals ist wie ein Elfenbeinturm» (Hld 7,5). Aus diesem Preis der Schönheit wurde in der christlichen Mariensymbolik ein Sinnbild der Standhaftigkeit («turris eburnea» in der Lauretanischen Litanei). Das Wort «Elfenbein», abgeleitet vom Elefanten, hat sich nach einigen anderen Varianten durch Luthers Bibel im Deutschen durchgesetzt (Offb 18,12).

IN ELFTER STUNDE: *Kurz ehe die Handlungsmöglichkeiten verspielt sind (heute meist: «fünf vor zwölf»).* Redeweise in Anlehnung an die →Arbeiter der elften Stunde, die nach einem Gleichnis Jesu erst am späten Nachmittag zur Arbeit gerufen werden. Die 12 Stunden des Tages wurden damals von Sonnenaufgang bis Sonnenuntergang gezählt.

MIT GLEICHER ELLE MESSEN: *Unparteiisch sein.* Die Redewendung stammt aus den Belehrungen des Moses, in denen er die Israeliten vor dem Betrug mit Maßen und Gewichten warnt (Lev 19,35). Mit Elle wurde sowohl ein Längenmaß (vom Ellbogen bis zu den Fingerspitzen) als auch der als Meßgerät verwendete Stab in dieser Länge bezeichnet.

EIN ELLENLANGER BRIEF: *Scherzhaft für ein besonders lang geratenes Schreiben.* Der Ausdruck findet sich in einer Vision des Propheten Sacharja: «Ich sehe einen fliegenden Brief, der ist zwanzig Ellen lang und zehn Ellen breit» (Sach 5,2). Darauf sei, so heißt es weiter, ein Fluch über die Diebe und Meineidigen geschrieben, der sich in deren Häusern festsetzen wird. Die Vision bezieht sich auf die Situation nach der Heimkehr der Juden aus dem → *babylonischen* Exil, als der im Lande gebliebene Bevölkerungsteil sich offenbar weigerte, die alten Ansprüche der zurückgekehrten Deportierten anzuerkennen.

NIEMAND VOR SEINEM ENDE RÜHMEN: *Warnung vor der positiven Beurteilung eines Menschen, bevor er tot ist.* Im Buch Jesus Sirach heißt es: «Vor dem Tode preise niemand glücklich, denn an seinem Ende erkennt man den Menschen» (11,28). Der Gedanke findet sich bereits einige Jahrhunderte früher in den Historien Herodots, wo der weise Solon bei der Begegnung mit dem reichen König Krösus sich weigert, diesen schon bei Lebzeiten glücklich zu preisen (1,32).

WAS IMMER DU TUST, BEDENKE DAS ENDE: → *Quidquid* agis, prudenter agas, et respice finem

LIEBER EIN ENDE MIT SCHRECKEN: *Redewendung (oft ergänzt: «... als ein Schrecken ohne Ende»), die als Anstoß dient, eine unerfreuliche Angelegenheit um jeden Preis schnell zum Abschluß zu bringen.* In Ps 73,19 heißt es über das Schicksal der Gottlosen: «Wie werden sie plötzlich vernichtet. Sie gehen unter und nehmen ein Ende mit Schrecken.»

BIS AN DIE ENDEN DER ERDE: *So weit ausgedehnt wie möglich.* Der Ausdruck findet sich als poetischer Wunsch für den Herrschaftsbereich des Königs von Israel: «vom Strom bis an die Enden der Erde» (Ps 72,8; Sach 9,10). Man stellte sich die Erde als flache Scheibe vor, die somit einen Rand hatte. Mit «Strom» ist der Eufrat gemeint, mit den «Enden der Erde» der westliche Rand des Mittelmeerbeckens.

BIS ANS ENDE DER WELT: *Zeitliche Ausdehnung bis zum Abschluß der irdischen Geschichte.* Das «Ende der Welt», zugleich als kosmische Katastrophe und Erneuerung der Schöpfung gedacht, ist eine in der Bibel geläufige Vorstellung, besonders deutlich in einigen Reden Jesu (Mt 24,19–31; Mk 13,24–27; Lk 21,25–27) und in der Offenbarung des Johannes (20ff.).

ENDZEIT: *Zeitphase voller Umstürze und Katastrophen, in denen sich das Ende einer Epoche oder gar der ganzen Welt ankündigt.* Die Vorstellung von einer Endzeit stammt aus der Gedankenwelt jener Texte der Bibel, die man → *apokalyptisch* nennt. Danach geht der Wiederkunft Christi, die das Ende der irdischen Geschichte bringt, eine Verschlimmerung aller Verhältnisse voraus, bevor die gegenwärtige Welt vergeht und eine neue, bessere entsteht (z. B. Offb 20 ff.)

ENGEL: *Angewandt auf Menschen, die entweder besonders schön oder besonders hilfsbereit sind.* Lehnwort aus dem Griechischen: angelos = Bote. Nach der Bibel waren die Engel Übermittler göttlicher Offenbarungen oder von Gott gesandte Helfer. Es sind dabei zwei verschiedene gedankliche Assoziationen, die sich heute mit der Gestalt der Engel verbinden. Einmal ist es der Aspekt der überwältigenden Erscheinung eines numinosen Wesens, in der Kunst meist als überirdische Schönheit dargestellt; zum anderen ist es die Vorstellung von dem Menschen hilfreichen Geistwesen.

EIN GUTER ENGEL: *Im übertragenen Sinne ein Mensch der selbstlos in einer schwierigen Situation hilft.* Siehe ein → *Engel*

EIN GEFALLENER ENGEL: *Im übertragenen Sinne ein ursprünglich besonders schöner oder edler Mensch, der etwas tat, was ihm nicht zuzutrauen war und trotzdem eine gewisse Anziehungskraft behalten hat.* Nach außerbiblischen Überlieferungen soll sich der Erzengel → *Luzifer* mit einem Gefolge anderer Engel gegen Gott erhoben haben, wurde aber vom Erzengel Michael und den treugebliebenen Engeln besiegt und in den Abgrund gestürzt. Für diese Theorie stützte man sich auf alttestamentliche Texte, die sich in Wirklichkeit auf den Sturz eines orientalischen Herrschers beziehen (Jes 14,12–15; Ez 28,11–19). Das Neue Testament verlegte den «Engelsturz» in die kommende → *Endzeit* (Offb 12,7 ff.)

ENGELEHE: → *Josefsehe*

MIT ENGELSZUNGEN REDEN: *Mit vielen schönen Worten jemand beeinflussen.* Das Bild stammt aus dem berühmten Hohen Lied der Liebe des Apostels Paulus, wo er sagt: «Wenn ich mit Menschen- und mit Engelszungen redete und hätte der Liebe nicht, so wäre ich ein tönendes Erz oder eine klingende Schelle» (1 Kor 13,1).

ENTSCHLAFEN: *Altertümlicher Euphemismus für Sterben.* Eine Lehnübersetzung aus dem lateinischen «obdormire». Der Apostel Paulus spricht von denen, «die in Christus entschlafen sind» (1 Kor 15,18).

EPISTEL: *Abwertend für einen Brief, manchmal auch für eine Strafpredigt.* Das deutsche Lehnwort, hergeleitet vom lateinischen Wort «epistola», ist allgemein bekannt geworden durch die Briefe der Apostel im Neuen Testament, die regelmäßig im Gottesdienst gelesen wurden.

ERBAULICH: *Ursprünglich positive Bezeichnung für literarische Werke und Predigten, die darauf abzielten, Glauben und Sittlichkeit zu fördern; heute meist abwertend für einen allzu salbungsvollen und naiv frommen Schreib- oder Redestil.* Die frühen Christen, besonders der Apostel Paulus, sahen die Gemeinde der Glaubenden im Bild eines Tempels, der sich aus lebendigen Steinen, den Gläubigen, auferbaut (z. B. Eph 2,20–22; 1 Kor 3,9–17). Predigt und Gottesdienst dienten somit der «Erbauung» der Gemeinde.

DU BIST ERDE . . .: → *Staub* bist du

ERNTEN, WO MAN NICHT GESÄT HAT: *Ohne vorausgehende eigene Anstrengung einen Gewinn einheimsen.* Im Gleichnis von den → vergrabenen *Pfunden* erzählt Jesus von einem Herrn, der seinen Knechten Geld anvertraute, damit sie es durch wirtschaftliche Tätigkeiten vermehrten. Einer der Knechte versteckte jedoch das Geld aus Angst vor dem Risiko und hatte, als sein Herr von ihm Rechenschaft verlangte, keinen Gewinn vorzuweisen. In der sich daraus ergebenden Rede und Gegenrede sagt der faule Knecht zu seinem Herrn: «Ich wußte, daß du ein harter Mann bist: du erntest, wo du nicht gesät hast» (Mt 25,24 und 26; Lk 19,21 f.).

DIE ERSTEN WERDEN DIE LETZTEN SEIN: *Sarkastischer Hinweis auf eine gängige Lebenserfahrung.* Mit diesem Ausspruch weist Jesus darauf hin, daß diejenigen, die durch ihre scheinbare Frömmigkeit oder ihre Stellung in der Gemeinde herausragen, nicht notwendig auch dem Himmelreich am nächsten sind (Mt 19,30 und 20,16; Mk 10,31; Lk 13,30).

NUR TÖNENDES ERZ UND KLINGENDE SCHELLE: *Synonymes Wortpaar für eine spektakuläre Selbstdarstellung, der aber der innere Gehalt fehlt.* Im Bild vom Erz und von der Schelle, entnommen dem berühmten Hymnus des Apostels Paulus an die Liebe (→ mit *Engelszungen* reden), wird auf die Musikinstrumente angespielt, die zwar beeindruckende Melodien hervorbringen, aber selbst leblose Werkzeuge sind.

ERZBÖSEWICHT/ERZENGEL: *Das eine altertümlich für einen durch und durch schlimmen Menschen, das andere für eine Rangklasse von Engeln mit besonderer Autorität.* Die Vorsilbe «Erz-» hat hier nichts mit dem Metall Erz zu tun (→ mit eherner *Stirn*), sie kommt vielmehr vom griechischen «arch-», was «Ursprung, Anfang» bedeutet und bei Würden (z. B. Erzbischof oder Erzherzog) eine höhere Rangstufe bezeichnete. Ähnlich heißt es in der alttestamentlichen Spruchweisheit: «Wer sich vornimmt, Böses zu tun, den heißt man billig einen Erzbösewicht» (Spr 24,8, in neuer Übersetzung «Ränkeschmied»). Und im Neuen Testament wird einigen der Engel der Rang eines «Erzengels» zugeschrieben: Michael in Judas 9; der Engel des Endgerichts in 1 Thess 4,16. Sonst ist in der Bibel nur von einem Anführer oder Obersten der Engel die Rede (z. B. Jos 5,14 und Dan 10,13). Die christliche Überlieferung rechnet zu den Erzengeln neben Michael noch Raphael (Tobiasgeschichte) und Gabriel (Verkündigung an Maria nach Lk 1,26) sowie einen gewissen Uriel, der aber nur in außerbiblischen Schriften vorkommt.

EINER, DER AUSZOG, ESELINNEN ZU SUCHEN UND EIN KÖNIGREICH FAND: *Von jemandem, der ein ganz banales Ziel verfolgt und dabei durch eine Verkettung glücklicher Zufälle an eine große Aufgabe gerät.* Anspielung auf die Berufungsgeschichte des alttestamentlichen Königs Saul. Dieser wurde als junger Mann von seinem Vater auf die Suche nach entlaufenen Eselinnen gesandt und traf dabei auf den Propheten Samuel, der ihn zum König von Israel salbte (1 Sam 9,1–10,1).

LASST UNS ESSEN UND TRINKEN; DENN MORGEN SIND WIR TOT: *Provozierende Aufforderung, sich des gegenwärtigen Daseins zu freuen, ohne an ein Danach zu denken.* Der Prophet Jesaja charakterisierte mit dem Ausspruch das Denken einiger seiner Zeitgenossen, die einen damals ergangenen Bußruf Gottes nicht ernstnahmen (Jes 22,13). Paulus sah darin die einzig konsequente Lebenshaltung für alle, die nicht an die Auferstehung glauben (1 Kor 15,32).

WAS WERDEN WIR ESSEN, WAS WERDEN WIR TRINKEN?: *Manchmal als scherzhafter Ausruf bei der Planung eines Festes, eines Picknicks oder dgl.* In der Bergpredigt fordert Jesus die Jünger, die ihm nachfolgen wollen, dazu auf, nicht vorsorglich Schätze zu sammeln: «Darum sollt ihr nicht sorgen und sagen: Was werden wir essen? Was werden wir trinken? Womit werden wir uns kleiden? ... Trachtet zuerst nach dem Reich Gottes und nach seiner Gerechtigkeit, so wird euch das alles zufallen» (Mt 6,31–33).

EVANGELIUM: *In übertragenem Sinne eine Heilslehre oder Theorie, an die jemand bedingungslos glaubt.* Die neutestamentlichen Berichte über Jesu Wirken, seinen Tod und seine Auferstehung werden griechisch «eu-angelia» genannt (Mt 11,5; Lk 4,18; Röm 10,15), in Anspielung auf eine Stelle beim Propheten Jesaja, der von einem Freudenboten spricht, der die gute Nachricht (eu = gut, angelion = Nachricht) von der Erlösung des Volkes bringt (Jes 41,27; 52,7; ähnlich Nahum 2,1). Auch Kaiserproklamationen der damaligen Zeit, die ein neues Weltzeitalter versprachen, wurden als «Frohe Botschaft» bezeichnet.

EINE ECHTE EVASTOCHTER: *Freundlich-ironische Bezeichnung für ein Mädchen mit besonders verführerischem weiblichem*

Charme. Eva war nach dem Buch Genesis (3,20 und 4,1) die Gattin Adams, die diesen – nach volkstümlicher Interpretation – durch ihre Reize zum Essen der fatalen Frucht verführte.

EXODUS: *Auszug großer Menschenmengen aus einem Land oder einer Gegend, um Gefahren zu entgehen; manchmal auch der Verkehrsstrom aus einer Stadt zum Wochenende oder am Beginn der Ferien.* Das Wort Exodus (griechisch: «Auszug») bezeichnet in der Bibel den Auszug der Israeliten aus Ägypten, wie er in den Kapiteln 12 und 13 des Buches Exodus geschildert ist.

EX ORIENTE LUX (dt.: Das Licht kommt aus dem Osten): *Argument zugunsten der Überlegenheit östlicher Weisheitslehren.* Anspielung auf den Aufgang der Sonne im Osten. Möglicherweise geht der Spruch auch auf die Erzählung von den Weisen oder → *Magiern* zurück, die bei der Geburt Jesu nach Jerusalem kamen und fragten: «Wo ist der neugeborene König der Juden? Wir haben seinen Stern gesehen im Morgenland (in der Vulgata: «in oriente») und sind gekommen, ihn anzubeten» (Mt 2, 2). Jedenfalls wurde in der griechisch-römischen Antike den Sehern und Priestern des Ostens, damals Persien und Babylonien, ein außerordentliches Ausmaß an geheimem Wissen zugeschrieben.

EXORZISMUS: *Austreibung von dämonischen Wesen, die sich im menschlichen Körper festgesetzt haben; in vielen Religionen, auch im Christentum, praktiziert.* Jesus hat den Aposteln ausdrücklich den Exorzismus aufgetragen (Mt 10,1; Mk 3,15). Die katholische Kirche verwendet noch heute ein exorzistisches Ritual bei psychischen Phänomenen, die der antiken Besessenheit entsprechen (→ wie *besessen*). Der Exorzismus in der Taufliturgie dient hingegen ganz allgemein der Austreibung des «bösen Geistes», womit die Neigung des Menschen zur Sünde gemeint ist.

F

FALLSTRICK: *Heute meist für eine List zum Schaden anderer.* In Wirklichkeit deutet das Wort in Wendungen «Fallstricke legen» und «den Fallstricken entgehen» nicht auf einen im Verborgenen ausgespannten «Strick» hin, durch den die Beute zu Fall kommt. Im antiken Jagdwesen war ein «Fallstrick» ein gestricktes Netz, das man über Vögel und andere Wildtiere herabfallen ließ, um sie zu fangen. Nur so ist die Bildsprache schlüssig, wenn Jesus, um die unerwartete Plötzlichkeit des kommenden Tages des Gerichts deutlich zu machen, seinen Zuhörern sagt, dieser Tag werde über sie kommen «wie ein Fallstrick» (Lk 21,34).

OHNE FALSCH: *Altertümlich für einen aufrichtigen, arglosen Menschen.* Jesus sagte einmal zu seinen Jüngern: «Siehe, ich sende euch wie Schafe mitten unter die Wölfe. Darum seid klug wie die Schlangen und ohne Falsch wie die Tauben» (Mt 10,16).

EINER, IN DEM KEIN FALSCH IST: *Ein aufrechter, gerader Mensch.* Nach einem Ausspruch Jesu über seinen späteren Jünger Nataniel (Joh 1,47). Der nur im Johannesevangelium genannte Mann wurde, obwohl er in den neutestamentlichen Listen der Apostel nicht vorkommt, von der Tradition später mit dem Apostel Bartolomäus identifiziert.

FALSCHZÜNGIG: *Unaufrichtig und hinterlistig.* Von den Übeltätern wird gesagt, daß sie mit falscher Zunge reden (Ps 52,6 und ähnlich 120,2).

WER ES FASSEN KANN, DER FASSE ES!: *Redewendung für Dinge, deren Sinn nur wenigen verständlich ist.* Ein Spruch Jesu in Bezug auf die freiwillige Ehelosigkeit um des Himmelreiches willen (Mt 19,12).

DURCH EIN **FEGEFEUER** GEHEN: *Schwere Krise infolge psychischer Schwierigkeiten oder äußerer Anfeindungen.* Zwar kennt die Bibel den Ausdruck «Fegefeuer» nicht, aber die Lehre von einem jenseitigen Ort bzw. Zustand der Läuterung («fegen» = «reinigen») durch Feuer wurde von der frühen Kirche hauptsächlich aus einem Pauluswort abgeleitet: «Der Tag des Gerichts wird's klar machen; denn mit Feuer wird er sich offenbaren. Und von welcher Art eines jeden Werk ist, wird das Feuer erweisen. Wird aber jemandes Werk verbrennen, so wird er Schaden leiden (d. h. den Verlust tragen müssen); er selbst aber wird gerettet werden, doch so wie durchs Feuer hindurch» (1 Kor 3,13–15). Die Aussage steht allerdings in einem anderen Kontext, nämlich in einem Bild, das die Tätigkeit eines Verkündigers des Evangeliums mit einem Baumeister vergleicht (→ *erbauen*). Sein Werk wird bei der Wiederkunft Christi einer Feuerprobe ausgesetzt werden und je nachdem, ob es aus feuerfestem oder verbrennbaren Material errichtet wurde, Bestand haben. Die Reformatoren haben die Lehre vom Fegefeuer wegen der damit verbundenen Ablaßmißbräuche abgelehnt.

EINE **FEHLBITTE** TUN: *Vergeblich um etwas bitten.* Das Markus-Evangelium erzählt in der Geschichte von der Enthauptung Johannes des Täufers, wie Salome ihren Stiefvater, König Herodes Antipas, der ihr für ihren Tanz die Erfüllung eines jeden Wunsches geschworen hatte, um das Haupt des Täufers bat. «Der König ward sehr betrübt», heißt es dann weiter, «doch um des Eides willen und derer, die am Tische saßen, wollte er sie nicht lassen eine Fehlbitte tun» (Mk 6,26). So wenigstens in Luthers Übersetzung, während es im griechischen Text einfacher heißt, daß Herodes Salome «nicht abweisen wollte».

EIN **FEIGENBLATT** UMHÄNGEN: *Eine Schwäche oder Fehlleistung schamhaft mit etwas Unverfänglichem tarnen.* Nach dem → *Sündenfall* wurden Adam und Eva «gewahr, daß sie nackt waren, und flochten Feigenblätter zusammen und machten sich Schurze» (Gen 3,7). Die Kunst hat sich davon offenbar inspirieren lassen und in Epochen der Prüderie an Stelle der menschlichen Geschlechtsteile nicht selten Feigenblätter angebracht.

FEINDESLIEBE: *Bereitschaft, auch dem (individuellen oder kollektiven) Gegner versöhnlich zu begegnen.* Die Forderung wird von Jesus ausdrücklich in der Bergpredigt erhoben (Mt 5,43ff.; Mk 11,25; Lk 6,27ff. und 35f.), findet sich aber ansatzweise bereits im Alten Testament (Lev 19,17f.; Spr 20,22 und 24,29; Sir 28,1–7) und im Judentum der Zeit Jesu.

DAS SEI FERNE VON MIR: *Emphatische Ablehnung eines Tuns (manchmal auch lateinisch: «absit!»).* In der Bibel findet sich der Ausdruck in den Samuelbüchern (1 Sam 14,45 und 2 Sam 20,20) sowie häufig beim Apostel Paulus (z.B. Röm 3, 4 und 6).

DIE FETTEN UND DIE MAGEREN JAHRE: *Im häuslichen und politischen Bereich für die Unterscheidung zwischen wirtschaftlich guten und schlechten Zeiten.* In der alttestamentlichen Josefsgeschichte deutet Josef den Traum des Pharao von den sieben fetten und den sieben mageren Kühen bzw. Ähren als Ankündigung einer siebenjährigen Periode reicher Ernten, auf die sieben Hungerjahre folgen (Gen 41).

MIT FEUEREIFER: *Mit besonders großer Beflissenheit an die Vollbringung einer Aufgabe herangehen.* In der Bibel hingegen meint das Wort «Eifer» mehr die Eifersucht, die mit einem brennenden Feuer verglichen wird. Vor allem geschieht dies in Bezug auf Gott, der «ein verzehrendes Feuer und ein eifernder Gott» genannt wird (Dtn 4,24). So benutzte Luther bei der Übersetzung einer Stelle im Hebräerbrief über das Gericht Gottes zunächst den Ausdruck «Feuereifer», während in den modernen Ausgaben die Rede ist vom «gierigen Feuer, das die Widersacher verzehren wird» (Hebr 10,27).

FEUERTAUFE: *Erste berufliche Bewährungsprobe, besonders bei Soldaten, die zum ersten Mal ein Gefecht erleben.* Der Ausdruck geht auf ein Wort Johannes des Täufers, des → *Vorläufers* Jesu, zurück: «Ich taufe euch mit Wasser zur Buße; der aber nach mir kommt, ist stärker als ich . . .; der wird euch mit dem heiligen Geist und mit Feuer taufen» (Mt 3,11; Lk 3,16). Dem Feuer wird eine besondere Kraft der Reinigung und Erneuerung zugeschrieben, da es weniger materiell und durchdringender ist als das Wasser. So kommt der Heilige Geist am ersten → *Pfingsten* auf die Apostel in Form feuriger Zungen herab (Apg 2,3).

FIAT LUX: → Es werde *Licht*

FIDES EX AUDITU (dt.: Der Glaube kommt vom Hören): *Ein Argument gegen Bilder oder auch Filme über biblische Themen.* Die Formulierung aus dem Römerbrief des Apostels Paulus (10,17) behauptet lediglich, daß ohne eine Verkündigung des Evangeliums aus dem Auftrag Christi keine Verbreitung des Glaubens möglich ist. Ein Gegensatz zwischen mündlicher Predigt und bildhafter Darstellung kann aus ihr nicht konstruiert werden.

DER FINGER GOTTES (lat.: Digitus Dei): *Ein Wink des Himmels oder des Schicksals.* Im Bericht vom Auszug der Israeliten aus Ägypten bekennen die Zauberer des Pharao nach der dritten der zehn → *Plagen*: «Das ist Gottes Finger» (Ex 8,19).

DURCH DIE FINGER SEHEN: *Absichtlich nicht genau beobachten, was vor sich geht.* Luther verwendet in Lev 20,4 den Ausdruck, wo andere Übersetzer sagen: die Augen verschließen.

JEMAND UNTER SEINE FITTICHE NEHMEN: *Jemand liebevoll beschützen.* Die Bibel drückt Gottes Schutz mehrfach aus im Bild des Vogels, der seine Jungen unter seinem Gefieder vor den Feinden verbirgt (Ps 61,5 und 91,4; ähnlich Mt 23,37).

EIN FLEISCH: *Ausdruck, der die Einheit der Eheleute betont.* In einem Disput um die Frage der Ehescheidung sagte Jesus in Anlehnung an Gen 2,23f. von den Ehegatten: «So sind sie nun nicht mehr zwei, sondern ein Fleisch» (Mt 19, 6).

FLEISCH VON MEINEM FLEISCH: *Heute meist für Blutsverwandtschaft, besonders für leibliche Nachkommen.* In der Bibel bedeutete der Ausdruck zunächst Ebenbürtigkeit. Als nämlich Gott die neugeschaffene Frau zu Adam brachte, rief dieser aus: «Das ist doch Bein von meinem Bein und Fleisch von meinem Fleisch; man wird sie Männin nennen, weil sie vom Manne genommen ist» (Gen 2,23). Adams Ausruf ist im Hebräischen eine emphatische Ausgestaltung, ein «Freudenschrei», wie man gesagt hat, der sonst üblichen Verwandtschaftsformel «von meinem Gebein und Fleisch» (vgl. Gen 29,14; Ri 9,2; 2 Sam 5,1 und 19,13). Der Kontext zeigt, daß die Freude Adams die Gleichheit zwischen Mann und Frau zum Ausdruck bringt. Denn Adam hatte zuvor den Tieren ihre Namen gegeben, aber keine gleichwertige Hilfe unter ihnen gefunden. Mit der Wortschöpfung «Männin» übernahm Luther ein entsprechendes hebräisches Wortspiel, das ebenfalls die ursprüngliche Gleichheit von Mann und Frau betont.

DAS EIGENE FLEISCH UND BLUT: *Synonymes Wortpaar für die Bezeichnung nächster Verwandter.* Juda, der Sohn des Patriarchen Jakob, überredete seine anderen Brüder dazu, Joseph nicht zu töten, sondern ihn zu verkaufen; «denn er ist unser Bruder, unser Fleisch und Blut» (Gen 37,27).

... ABER DAS FLEISCH IST SCHWACH: → Der *Geist* ist willig

DEN WEG ALLEN FLEISCHES GEHEN: *Altertümlich für «hinfällig werden» oder «sterben».* Die Bibelstelle, aus der der Ausdruck stammt, spricht allerdings nicht vom Tod, sondern vom Hang der Menschen zur Schlechtigkeit. Im Bericht über die Sintflut heißt es in der Luther-Bibel: «Alles Fleisch hatte seinen Weg verderbt auf Erden» (Gen 6,12). Das Wort «Fleisch» bedeutet in der Bibel den Menschen und alle anderen Lebewesen, insofern sie der Vergänglichkeit unterworfen sind. Mit «alles Fleisch» ist hier also gemeint: alle Menschen.

FLEISCHESLUST: *Altertümlich für sexuelle Begierde.* In einem der Johannesbriefe heißt es: «Alles, was in der Welt ist, des Fleisches Lust und der Augen Lust und hoffärtiges Leben, ist nicht vom Vater, sondern von der Welt. Und die Welt vergeht mit ihrer Lust; wer aber den Willen Gottes tut, der bleibt in Ewigkeit» (1 Joh 2,16). Zur biblischen Bedeutung von «Fleisch» siehe → Den Weg allen *Fleisches* gehen; zum johanneischen Verständnis von «Welt» siehe → Nicht von dieser *Welt*.

Sich nach den Fleischtöpfen Ägyptens sehnen: *Ironisch über Leute, die aus einer unwürdigen Situation befreit wurden, aber später in den Schwierigkeiten der neuen Freiheit die früheren Verhältnisse wieder herbeiwünschen.* Auf ihrer entbehrungsvollen Wüstenwanderung zum Sinai murrten die Israeliten und erinnerten sich an die Zeit in Ägypten, «als wir bei den Fleischtöpfen saßen und hatten Brot die Fülle zu essen» (Ex 16,2f.).

Keine Fremden Götter neben sich dulden: *Von jemandem, der jeden Rivalen in seinem Machtbereich auszuschalten bestrebt ist.* Am Sinai sagte Gott zu den Israeliten: «Du sollst keine anderen Götter haben neben mir» (Ex 20,3; Dtn 6,4; ähnlich Jes 45, 5f.).

Fremdling: *Altertümlich für einen Ortsfremden oder Ausländer.* So übersetzte Luther das hebräische Wort «ger»: «Die Fremdlinge sollst du nicht bedrücken; denn ihr seid auch Fremdlinge im Ägypterland gewesen» (Ex 22,21; ähnlich Lev 19,33 und Dtn 10,18f.). Auch von den Propheten werden die Fremdlinge zusammen mit den → *Witwen* und Waisen als besonders schutzwürdig bezeichnet (Jer 7,6 und 22,3; Sach 7,10). Siehe auch → Nur ein *Gast* auf Erden

Bist du der einzige Fremdling in jerusalem?: *Scherzhafte Anfrage an einen, der eine allseits bekannte Neuigkeit noch nicht kennt.* Im Bericht von den beiden Jüngern, die am dritten Tag nach Jesu Kreuzigung nach Emmaus gingen, wird erzählt, daß sich, während sie von diesem Geschehen sprachen, ein Wanderer zu ihnen gesellte, ohne daß sie erkannten, daß es Jesus war. Dieser tat, als ob er nichts wüßte und fragte die beiden, wovon sie denn redeten. Da sagten sie zu ihm: «Bist du der einzige unter den Fremden in Jerusalem, der nicht weiß, was in diesen Tagen geschehen ist?» (Lk 24,18).

HERR, ER WILL MICH FRESSEN: → Herr, hilf mir, er will mich *verschlingen*

SICH FREUEN MIT DEN FRÖHLICHEN UND WEINEN MIT DEN WEINENDEN: *Mitfühlend auf die Stimmung anderer eingehen.* Nach einer Aufforderung des Apostels Paulus an die Christen in Rom (Röm 12,15).

FREUND, RÜCKE HINAUF: *Launige Aufforderung, beim Platznehmen an einem Tisch ohne falsche Bescheidenheit nach oben aufzuschließen.* Als Jesus einmal beobachtete, wie die zu einem Mahl geladenen Gäste zu den ehrenvollsten Plätzen strebten, sagte er: «Setze dich nicht obenan; denn es könnte einer eingeladen sein, der vornehmer ist als du, und dann kommt der, der dich eingeladen hat, und sagt zu dir: Weiche diesem! ... Sondern wenn du eingeladen bist, so setze dich untenan, damit, wenn der kommt, der dich eingeladen hat, er zu dir sagt: Freund rücke hinauf! Dann wirst du Ehre haben vor allen, die mit dir zu Tische sitzen» (Lk 14,7–10).

FRIEDENSTAUBE: *Symbol der Versöhnung und des Friedens.* Als in der Sintflut der Regen geendet hatte, ließ Noah nach einiger Zeit eine Taube aus der Arche fliegen, die mit einem frischen Ölzweig im Schnabel zurückkehrte, so daß Noah erkannte, daß die Überschwemmung abnahm (Gen 8,10f.). Die Rückkehr der Taube mit dem Ölzweig wird gern als Zeichen dafür gedeutet, daß Gottes Zorn gegen die Menschheit vergangen war.

FRIEDE IM LANDE!: *Scherzhafter Ausruf bei Streit oder Unruhe.* Gott versprach seinem Volk als Lohn für den Gehorsam gegenüber seinen Weisungen: «Ich will Frieden geben in eurem Lande» (Lev 26,6).

DER FRIEDE SEI MIT EUCH (lat.: Dominus vobiscum): → *Shalom*

FRIEDFERTIG: *Stets bereit, Frieden zu halten oder zu schließen.* Nach dem Jesuswort: «Selig sind die Friedfertigen» (Mt 5,9), wobei Luther ein älteres «friedsam» umprägte. Der auch in anderen Ausdrücken vorkommende Wortteil «-fertig» ist abgeleitet von «Fahrt», meint also «zur Fahrt bereit».

FROMM: *Beiwort für eine religiös bestimmte Haltung, Person oder Tat; altertümlich auch: gutmütig, fügsam, z. B. von einem Pferd.* Ursprünglich stammt das Wort aus einer Wurzel, in der «nützlich» und «tüchtig» anklingt, was noch in den Redewendungen mit dem Verb «frommen» durchscheint. Im 16. Jh. erhielt «fromm» durch die Bibel seine heutige Bedeutung.

VERBOTENE FRUCHT/FRÜCHTE: *Umschreibung für ein verbotenes, aber lockendes Objekt oder Tun.* Im Paradies war es Adam und Eva von Gott untersagt worden, vom → *Baum* der Erkenntnis zu essen (Gen 2,16f.).

AN IHREN FRÜCHTEN ERKENNEN: *Die Qualität einer Lehre oder Praxis läßt sich an den guten oder schlechten Ergebnissen feststellen.* Ein Vergleich Jesu, auf falsche Propheten gemünzt: «So bringt jeder gute Baum gute Früchte, aber ein fauler Baum bringt schlechte Früchte» (Mt 7,16–20; Lk 6,43f.).

... UND FÜHREN, WOHIN DU NICHT WILLST: *Manchmal als Motto für eine Geschichte, die einen Leidensweg beschreibt.* Bei seiner Erscheinung am See nach der Auferstehung sagt Jesus zu Petrus, um ihm den gewaltsamen Tod anzukündigen: «Als du jünger warst, gürtetest du dich selbst und gingst, wohin du wolltest; wenn du aber alt wirst, wirst du deine Hände ausstrecken und ein anderer wird dich gürten und führen, wohin du nicht willst» (Joh 21,18).

FÜRBITTE TUN: *Altertümlich für «Fürsprache einlegen».* So in der Luther-Bibel: Hiob 42,8 und 10; Eph 6,18; Phil 1,19; 1 Tit 2,1.

DIE FURCHT DES HERRN: *Manchmal ironisch für die Furcht vor einem Vorgesetzten.* Nach dem Psalmwort: «Die Furcht des Herrn ist der Weisheit Anfang» (Ps 111,10; Spr 1,7 und 9,10; ähnlich Hiob 28,28).

MIT FURCHT UND ZITTERN: *Synonymes Wortpaar zur Beschrei-*
bung der Angst vor der Übernahme einer schwierigen Aufgabe.
Die Redeweise findet sich mehrfach beim Apostel Paulus (1
Kor 2,3; 2 Kor 7,15; Eph 6,5; Phil 2,12).

DER FÜRST DIESER WELT: *Bezeichnung für den Teufel oder*
Satan. Der Ausdruck stammt aus dem Johannes-Evangelium
(12,31; 14,30; 16,11), das die gegenwärtige Welt als von Satan regiert ansieht, im Gegensatz zur kommenden Welt, in der
Christus der Herrscher ist.

DEN FUSS AUF DEN NACKEN SETZEN: *Harte und verächtliche*
Behandlung eines Unterlegenen durch den Sieger. Bei der Eroberung Kanaans durch die Israeliten besiegte Josua eine
Koalition von fünf Königen, die alle gefangen wurden. Um
dem Volk die Angst vor den Feinden zu nehmen, befahl Josua
seinen Unterführern, ihren Fuß auf die Nacken der fremden
Herrscher zu setzen (Jos 10,24).

ZU FUSS: *Scherzhafte Aufforderung bei einem Mahl, der Ein-*
fachheit halber ein Stück Brot oder eine Frucht ohne den zuge-
hörigen Behälter zu reichen. Der Ausdruck geht zurück auf die
deutsche Übersetzung des lateinischen → *per* pedes (apostolorum).

ZU JEMANDES FÜSSEN SITZEN: *Jemand zum Lehrer haben.* Paulus sagt zur Bekräftigung seiner jüdischen Herkunft von sich
selbst, er sei einst zu den Füßen Gamaliels (eines damals allgemein geachteten jüdischen Lehrers) unterwiesen worden (Apg
22,3). Auch von Maria, der Schwester Marthas (→ *Martha-*
dienste), wird gesagt: «(Sie) setzte sich dem Herrn zu Füßen
und hörte seiner Rede zu» (Lk 10,39).

AUF TÖNERNEN FÜSSEN: → *Koloß* auf tönernen Füßen

IN JEMANDES FUSSTAPFEN TRETEN: *Ein Vorbild nachahmen.*
Redewendung aus den Apostelbriefen für → *Nachfolge* im geistigen Sinne (2 Kor 12,18; 1 Petr 2,21).

G

DER RAT DES GAMALIEL: *Aufforderung, gegen eine neue Lehre nicht mit Verboten vorzugehen, sondern abzuwarten, ob sie Bestand hat.* Als die Apostel nach der Auferstehung Jesu wegen ihrer Predigt in Jerusalem verhaftet und vor den Hohen Rat gebracht wurden, widersetzte sich Gamaliel, ein angesehener Schriftgelehrter und Pharisäer, einem Todesurteil, indem er sagte: «Laßt ab von diesen Menschen und laßt sie gehen! Ist dies Vorhaben oder dies Werk von Menschen, so wird's untergehen; ist es aber von Gott, so könnt ihr sie nicht vernichten» (Apg 5,38f.). Gamaliel der Ältere, aus anderen Quellen bekannt als Haupt einer Schulrichtung der Pharisäer, war übrigens auch der Lehrer des Apostels Paulus (Apg 22,3).

GASSENWEISHEIT: *Heute für banale Sprichwörter.* Nach einer ganz anders gemeinten Stelle im Buch der Sprüche (1,20). Dort wird die Weisheit personifiziert und von ihr gesagt, sie gehe den Propheten gleich durch die Stadt, um deren Bewohner aus ihrer falschen Sicherheit zu wecken: «Die Weisheit klagt draußen und läßt sich hören auf den Gassen.»

NUR EIN GAST AUF ERDEN: *Ausdruck für das Bewußtsein, daß der Mensch in dieser Welt mit dem, was sie ihm bietet, seine letzte Erfüllung nicht finden kann.* Wie die biblischen Patriarchen nicht als Bürger, sondern nur als Gäste/Fremde in dem Land lebten, das ihren Nachkommen verheißen war, so empfand sich der fromme Israelit auch noch nach der Besitznahme Kanaans in einer ähnlichen Situation gegenüber Gott, dem eigentlichen Eigentümer des Landes: «Höre mein Gebet, Herr; denn ich bin ein Gast bei dir, ein Fremdling wie alle meine Väter» (Ps 39,13; ähnlich Ps 119,19). Das Wort «Gast» hatte früher im Deutschen die Bedeutung von «Fremder».

GEBEN IST SELIGER DENN NEHMEN: *Spruch über die frohma-chende Wirkung des Schenkens.* Ein Wort Jesu, das sich in den Evangelien nicht findet, aber als einer seiner Aussprüche vom Apostel Paulus zitiert wird (Apg 20,35). Vielleicht liegt ein damals verbreitetes Sprichwort zugrunde; denn ein ähnlicher Spruch («Geben ist königlicher als Nehmen») wird vom antiken Schriftsteller Plutarch dem Perserkönig Artaxerxes zugeschrieben.

EIN FRÖHLICHER GEBER: *Wer anderen gibt, ohne darüber verdrießlich zu werden.* In einem Spendenaufruf für die Jerusalemer Gemeinde versicherte der Apostel Paulus: «Einen fröhlichen Spender hat Gott lieb» (2 Kor 9,7).

DER HERR HAT GEGEBEN, DER HERR HAT GENOMMEN: → Geduldig wie *Hiob*

WER SICH IN GEFAHR BEGIBT, KOMMT DARIN UM: *Warnung vor der leichtsinnigen Übernahme gefährlicher Aufgaben.* Alttestamentlicher Weisheitsspruch (Sir 3,27, alte Übers.).

GEHEIMNIS: *Ein nicht jedermann zugängliches Wissen.* «Geheimnis» ist eine Wortbildung Luthers, der damit unter Benutzung von «geheim», d. h. heimlich, vertraulich, das griechische Wort «mysterion» wiedergab, z. B. in Mk 4,11; Mt 13,11.

GEH HIN UND TU DESGLEICHEN: *Aufforderung zu Werken der Barmherzigkeit.* Mit dieser Ermahnung an den Schriftgelehrten, der ihn gefragt hatte: Wer ist mein Nächster?, schloß Jesus das Gleichnis vom Barmherzigen → *Samariter* ab (Lk 10,37).

DEN GEIST AUFGEBEN: *Sterben.* Der Ausdruck findet sich in der Klage des Propheten Jeremia über die nach dem Untergang Jerusalems verhungernden Säuglinge, «da sie auf den Gassen der Stadt verschmachten und in den Armen ihrer Mütter den Geist aufgeben» (Kl 2,12); auch bei der Schilderung der Evangelisten von Jesu Tod (Mt 27,50; Mk 15, 37 und 39;

Lk 23,46; Joh 19,30) und in der Apostelgeschichte (5,5 und 10).

DEN GEIST (NICHT) AUSLÖSCHEN: *Kreativität (nicht) unterbinden.* Eine Ermahnung des Apostels Paulus, die Luther zwar anders übersetzt, die aber im Originaltext lautet: «Löscht den Geist nicht aus!» (1 Thess 5,19). Paulus dachte dabei an die Äußerungen im Heiligen Geist durch prophetische Rede.

DER GEIST WEHT, WO ER WILL: *Im übertragenen Sinne gebrauchter Ausspruch für außerhalb von Überlieferungen und herkömmlichen Strukturen auftretende Kreativität.* Im Gespräch mit Nikodemus, einem Mitglied des jüdischen Hohen Rates, der das Wort von der notwendigen Neugeburt des Menschen aus dem Geiste nicht verstand, sagte Jesus über das Wirken des göttlichen Geistes: «Der Wind bläst, wo er will, und du hörst sein Sausen wohl; aber du weißt nicht, woher er kommt und wohin er fährt. So ist ein jeglicher, der aus dem Geist geboren ist» (Joh 3,8).

DER GEIST IST WILLIG, ABER DAS FLEISCH IST SCHWACH: *Ironisch für einen guten Willen, der aber zu schwach ist, mit einer Aufgabe fertig zu werden.* So sagte Jesus in der Nacht seiner Gefangennahme zu seinen Jüngern im Garten von → Gethsemani, als er sie schlafend fand, obwohl er sie gebeten hatte, mit ihm zu wachen (Mt 26,41; Mk 14,38).

SEINEN GEIST BEFEHLEN: *Sterben.* Kurz vor seinem Tod rief Jesus laut: «Vater, ich befehle meinen Geist in deine Hände» (Lk 23,46). Er zitiert hier Ps 31,6. Das Wort «befehlen» hat hier noch die altertümliche Bedeutung von «empfehlen, anvertrauen».

AUF DEN GEIST GEHEN: *Die Stimmung beeinträchtigen.* Der Ausdruck als solcher steht nicht in der Bibel, ist aber wohl von ihr abgeleitet, wie die Verwendung des Wortes «Geist» für Gemüt zeigt. So heißt es, als der Pharao der Josefsgeschichte nach den beunruhigenden Träumen von den →*fet-*

ten und mageren Kühen bzw. Ähren aufwachte: «Da es Morgen ward, war sein Geist bekümmert (Gen 41,18).

DIENSTBARE GEISTER: *Scherzhaft für Hausangestellte.* Zu Beginn des Hebräerbriefes argumentiert der Autor über den Unterschied zwischen Jesus Christus und den Engeln. Über letztere sagt er: «Sind sie nicht allzumal dienstbare Geister, ausgesandt zum Dienst um derer willen, die das Heil ererben sollen?» (1,14).

WES GEISTES KIND EINER IST: *Meist abfällig über eine Geistesverfassung, die sich in fragwürdigen Taten oder Worten verrät.* Als Jesu Jünger einmal in einem Dorf nicht aufgenommen wurden, wollten einige von ihnen Feuer vom Himmel rufen. Jesus aber wies sie zurecht: «Wißt ihr nicht, wes Geistes Kinder ihr seid? Der Menschensohn ist nicht gekommen, das Leben der Menschen zu vernichten, sondern zu erhalten» (Lk 9,55, nach einer textlich nicht gesicherten Lesart).

GEISTIG – GEISTLICH: *«Geistig» wird heute meist im Sinne von «nicht-körperlich» oder auch von «gedanklich» in Gegensetzung zu Gemüt und Herz gebraucht, während «geistlich» als Abgrenzung zu «weltlich» verwendet wird.* Bei Luther hieß es noch: «Selig sind die da geistlich arm sind», wo jetzt mit «geistig arm» oder «arm im Geiste» übersetzt wird (Mt 5,3). Das Wort «Geist», aus einer germanischen Wurzel mit der ursprünglichen Bedeutung: «belebende, göttliche (ekstatische) Kraft» kommend, hat im Deutschen diesen Aspekt weitgehend verloren. Man denkt eher an ein unkörperliches Wesen (deshalb: Gespenst). So ist das Wort heute zur Wiedergabe der griechischen und lateinischen Wörter «pneuma» bzw. «spiritus», die eigentlich «Hauch» im Sinne von Lebenskraft meinen, wenig geeignet.

GEIZHALS: *Heute Schimpfwort für einen Menschen, der von seinem Besitz nichts abgeben will.* Das Wort wurde von Luther zur Kennzeichnung von Habgier geprägt (Lk 16,14; 1 Kor 5,10f. und 6,10), da «Geiz» in seiner ursprünglichen

Wortbedeutung nicht Knausrigkeit, sondern Gier bedeutete, wie dies noch in «Ehrgeiz» erhalten ist.

GELEGEN ODER UNGELEGEN (lat.: «opportune, importune»): *Zu einer Aussage, die unabhängig davon gemacht wird, ob der Adressat sie gerne hört oder nicht.* In einem Brief schärft der Apostel Paulus dem Gemeindeleiter Timotheus ein: «Predige das Wort, stehe dazu, es sei gelegen oder nicht» (2 Tim 4,2). In der Luther-Bibel heißt es «zur Zeit oder zur Unzeit».

GELOBTES LAND: *In übertragenem Sinne ein Land oder auch ein Zustand, nach dem man sich sehnt.* Das Beiwort «gelobt» ist altertümlich und meint hier «verheißen». Es stammt aus der Übersetzung einer Stelle im Hebräerbrief (11,9) und bezieht sich auf Gottes Landverheißung an die Patriarchen Abraham, Isaak und Jakob.

DER BLICK INS GELOBTE LAND: *Die Erfüllung eines Lebenszieles zwar selbst nicht mehr erleben, aber doch noch Kenntnis erhalten, daß es sich verwirklichen wird.* Moses, der die Israeliten vierzig Jahre lang durch die Wüste zum → *Gelobten* Land geführt hatte, mußte an dessen Grenze sterben, weil er es während der Wanderung einmal an Vertrauen zu Gott hatte fehlen lassen (Num 20,12; Dtn 32,49–52). Er durfte jedoch auf den hohen Berg Nebo steigen, der östlich des Jordans liegt, und konnte von dort auf das westlich des Flusses gelegene Kanaan hinüberblicken, bevor er starb (Dtn 32,48–52 und 34,1–6). Erst nach dem Tode des Moses konnten die Israeliten unter Josua das Land in Besitz nehmen.

ES GENUG SEIN LASSEN: *Als Aufforderung, mit etwas aufzuhören.* Als Gott es reute, daß er wegen Davids Volkszählung die Pest geschickt hatte, sagte er zu dem Engel, der das Verderben brachte: «Es ist genug; laß nun deine Hand ab!» (2 Sam 24,16) Eine ähnliche Wendung gebrauchte Gott, als Moses ihn anflehte, vor seinem Tode noch das Gelobte Land betreten zu dürfen: «Laß es genug sein! Rede mir davon nicht mehr!» (Dtn 3,26).

DER **GERECHTE** MUSS VIEL LEIDEN: *Oft scherzhaft oder ironisch zu jemandem, der sich wehleidig über seine Gebrechen beklagt.* Im Psalter heißt es: «Der Gerechte muß viel erleiden, aber aus alledem hilft ihm der Herr» (Ps 34,20).

DEM **GERECHTEN** GIBT'S DER HERR IM SCHLAF: → Den *Seinen* gibt's der Herr im Schlaf

WENIGSTENS ZEHN **GERECHTE** IN EINER STADT: *Anspielung auf das alte jüdische Axiom, daß eine Stadt, ein Land oder sogar die ganze Welt nur durch die Existenz einiger Gerechter immer wieder vor der Vernichtung bewahrt wird.* Als Abraham für die wegen ihrer Bosheit vom Untergang bedrohte Stadt → *Sodom* bei Gott Fürbitte einlegte, argumentierte er damit, daß sich in ihr auch Gerechte befinden könnten, die zugleich mit den Bösen zu vernichten ein großes Unrecht wäre. Auf sein wiederholtes Drängen hin versprach Gott, die Stadt zu verschonen, wenn 50, 45, 30 oder 20, zuletzt sogar, wenn wenigstens zehn Gerechte sich in ihr fänden (Gen 18,20–32). Die anschließende Zerstörung der Stadt wird also nicht damit begründet, daß in ihr viel gesündigt wurde, sondern daß sich außer Lot, der ein Fremder war, kein einziger Gerechter in ihr fand. Das auf den ersten Blick seltsame Einhalten Abrahams bei der Zahl Zehn erklärt sich aus der jüdischen Vorstellung, daß erst mit dieser Anzahl eine «Gemeinde» besteht, was z. B. für die Errichtung einer Synagoge bedeutsam ist.

MIT JEMAND INS **GERICHT** GEHEN: *Jemand streng zur Rechenschaft ziehen.* In Psalm 143,2 fleht der Beter zu Gott: «Geh nicht ins Gericht mit deinem Knecht».

IN KEINEM GUTEN **GERUCH**: *Schlechter Ruf.* Der erste Versuch von Moses und Aaron, für die Israeliten vom Pharao die Erlaubnis zum Auszug aus Ägypten zu erhalten, führte nur zu noch härterer Bedrückung. Da warfen die eigenen Vorarbeiter den beiden Anführern vor, daß sie die Israeliten beim Pharao in Verruf gebracht hätten, was Luther ursprünglich übersetzte: «daß ihr unseren Geruch habt stinkend gemacht» (Ex 5,21).

WAS ICH GESCHRIEBEN HABE, HABE ICH GESCHRIEBEN: *Strikte Weigerung an einem Text etwas zu ändern.* Bei der Hinrichtung Jesu ließ → *Pontius* Pilatus, offensichtlich um die Juden zu ärgern, am Kreuz eine Inschrift anbringen: «Jesus von Nazareth, König der Juden» (vgl. auch → *I. N. R. I.*). «Da protestierten die Hohenpriester der Juden und sagten zu Pilatus: «Schreib nicht: Der König der Juden, sondern, daß er gesagt hat: Ich bin der König der Juden». Pilatus antwortete: Was ich geschrieben habe, das habe ich geschrieben (Joh 19,21 f.). Diese Antwort des Pilatus wird gerne auch lateinisch zitiert: «Quod scripsi, scripsi.»

UND WARD NICHT MEHR GESEHEN: *Scherzhafte Redewendung, die gerne gebraucht wird, wenn jemand, nachdem er etwas angestellt hat, verschwunden ist.* Im Geschlechtsregister aus der Urzeit der Menschheit heißt es von dem frommen Henoch: «Und weil er mit Gott wandelte, nahm ihn Gott hinweg, und er ward nicht mehr gesehen» (Gen 5,24). Nach späteren Legenden soll Henoch nicht gestorben, sondern ins Paradies versetzt worden sein.

WIR HABEN EIN GESETZ (UND NACH DIESEM GESETZ MUSS ER STERBEN): *Sarkastische Bemerkung, wenn jemand nach dem bloßen Buchstaben einer Vorschrift bestraft oder mit Hilfe einer Vorschrift zur Strecke gebracht werden soll.* Der Satz stammt aus der Argumentation der jüdischen Anführer gegenüber Pilatus, als sie Jesu Tod fordern (Joh 19,7).

MIT STRAHLENDEM GESICHT: *Für Freude und Begeisterung, die im Gesichtsausdruck sichtbar wird.* Von Moses heißt es, daß «die Haut seines Angesichts glänzte», als er mit den Tafeln des Gesetzes vom Berg Sinai herabstieg. Sein strahlendes Gesicht zwang ihn, eine Art Gesichtsmaske aufzusetzen (Ex 34,29–35). Nach Paulus war es ein Tuch, wohl ein Schleier (2 Kor 3,13). Wenn Moses später in Werken der Kunst mit Hörnern dargestellt wurde, so hat dies seinen Grund darin, daß alte Übersetzungen, darunter die lateinische Vulgata, den Sinn des Textes nicht mehr verstanden und fälschlich von einem gehörnten Moses sprachen, da die hebräische Bezeich-

nung für Maske einen gleichlautenden Stamm mit dem Wort
«Horn» hat.

ZUM GESPÖTT WERDEN: → Zum *Spott* der Leute werden

VON GESTERN SEIN: *Heute für Menschen oder auch Institutio-*
nen, die den Ideen und Idealen einer vergangenen Zeit anhän-
gen. Der Bibeltext, aus dem die Redeweise stammt, meint
allerdings etwas anderes. Wenn einer der Freunde, die den
von seinem Unglück verstörten → *Hiob* belehren wollen, sagt:
«Wir sind von gestern her und wissen nichts; unsere Tage sind
ein Schatten auf Erden» (Hiob 8,9), so will er damit auf die
Kürze eines einzelnen Menschenlebens hinweisen, dessen Erfahrungen nicht ausreichen, um die von Hiob im Gespräch
neu aufgeworfenen Fragen nach Ursache und Sinn des Leidens zu beantworten. Man müsse deshalb auf den in der Überlieferung gesammelten Schatz an Wissen zurückgreifen, wie es
sich aus dem vorausgehenden Vers ergibt.

GETHSEMANI/GETHSEMANE: *Stunde höchster Todes- und Lei-*
densangst. Anspielung auf die Angst Jesu am Vorabend seiner
Passion im Garten Gethsemani, ein Name der deutsch mit
«Ölkelter» wiedergegeben werden kann (Mt 26,36ff.; Mk
14,32ff.; Lk 22,39ff.). Man spricht auch von «Ölbergstunde», da der Garten am Fuße des Jerusalem gegenüberliegen-
den Ölbergs lag, dessen Name von den dortigen Olivenhainen
kommt.

GEWALT ERGEHT VOR RECHT: *Situation voller Rechtlosigkeit.*
Der Ausdruck geht auf den Propheten Habakuk zurück, der
um 600 v. Chr. lebte und die Ungerechtigkeit seiner Zeit beklagte (1,3).

GEWALT ZU BINDEN UND ZU LÖSEN: → *Schlüsselgewalt*

GEWISSEN: *Bewußtsein dessen, was sittlich gefordert ist.* Eine
Lehnübersetzung für das lateinische Wort «conscientia», griechisch «syneidesis». Der Ausdruck, wenn auch nicht die Sache, taucht in der Bibel erst in den Briefen der Apostel auf.

EIN GUTES/SCHLECHTES GEWISSEN: *Innerer Einklang mit sich selbst, beruhend auf dem Bewußtsein, keine Verfehlungen begangen zu haben bzw. das Gegenteil davon.* Im 1.Petrusbrief (3, 16 und 21) sagt die neue Einheitsübersetzung «reines Gewissen», während Luther das griechische «agathon» mit «gut» übersetzt hat. Vom «schlechten Gewissen» spricht der Apostel Paulus in Röm 14,22.

SICH (K)EIN GEWISSEN AUS ETWAS MACHEN: *Sich die Frage nach der ethischen Qualität eines Tuns oder Unterlassens stellen bzw. nicht stellen.* Im Römerbrief sagt der Apostel Paulus nach Luthers ursprünglicher Übersetzung: «Selig, der sich selbst kein Gewissen macht, bei dem, was er für recht hält» (14,22 – in neueren Lutherbibeln anders). Die neue Einheitsübersetzung gibt den griechischen Wortlaut genauer wieder: «Wohl dem, der sich nicht zu verurteilen braucht bei dem, was er für recht hält.»

GEWISSENSBISSE/GEWISSENSWURM: *Schmerzhafte Erinnerung an begangene Verfehlungen.* Hiob sagte zu den Freunden, die ihm einreden wollen, sein Unglück sei eine Strafe für verborgene Sünden: «Mein Gewissen beißt mich nicht wegen eines meiner Tage» (27,6). Auch gab es die Vorstellung, daß die Toten von Würmern geplagt werden, wozu der Wortlaut einer Stelle im Markus-Evangelium beigetragen haben mag, die von der Hölle sagt: «. . . wo ihr Wurm nicht stirbt und ihr Feuer nicht erlöscht» (Mk 9,48; ein Zitat aus Jes 66,24).

GEWOGEN UND ZU LEICHT BEFUNDEN: *Fazit, wenn jemand bei einer Aufgabe versagt hat.* Aus der Deutung des Drohspruches an der Wand durch den Propheten Daniel beim Gastmahl des Belsazzar (Dan 5,15 ff.). → *Menetekel*

GIFT UND GALLE: *Synonymes Wortpaar für Neid und Bosheit.* Die Redeweise stammt aus einem Vorwurf gegen die Feinde Israels im Abschiedslied des Moses: «Ihr Wein ist Drachengift und wütiger Ottern Galle» (Dtn 32,33). So die ursprüngliche Übersetzung Luthers.

GLAUBE, DER BERGE VERSETZT: → *Berge* versetzen

WER'S GLAUBT, WIRD SELIG: *Ironischer Ausruf beim Hören
einer unwahrscheinlichen Geschichte, oft mit dem Zusatz: «...
und wer nicht glaubt, wird auch nicht verdammt».* Parodie auf
das Jesuswort, mit dem der Auferstandene am Schluß des
Markusevangeliums seine Jünger in die Welt schickt: «Predigt
aller Kreatur. Wer da glaubt und getauft wird, der wird selig
werden; wer aber nicht glaubt, der wird verdammt werden»
(16,15 f.).

(BESTRAFUNG) BIS INS DRITTE UND VIERTE GLIED: *Nicht selten als
Hinweis auf die angeblich für das Alte Testament typische Un-
versöhnlichkeit Gottes gebraucht; dabei wird manchmal Gottes
Strafdrohung fälschlich sogar «bis ins tausendste Glied» ausgedehnt.* Der zugrundeliegende alttestamentliche Text sagt über
Gott: «Der da Tausenden Gnade bewahrt und vergibt Missetat, Übertretung und Sünde, aber ungestraft läßt er niemanden, sondern sucht die Missetat der Väter heim an Kindern
und Kindeskindern bis ins dritte und vierte Glied» (Ex 34,7;
ähnlich auch Ex 20,5 f. und Jer 32,18). Die Pointe der biblischen Aussage liegt also gerade nicht in Gottes Strenge, sondern in seiner Treue und Barmherzigkeit, die Tausenden, d. h.
einer unendlichen Menge, zuteil werden, während seine Strafdrohung nicht so weit reicht, nämlich nur «bis ins dritte und
vierte Glied», d. h. sich auf die gerade lebende und deshalb
verantwortliche Generation (Großväter, Väter, Söhne und
Enkel) erstreckt.

GLORIA: *Gesang in der katholischen Messe, benannt nach seinem Anfangswort.* Der Text des Hymnus stammt aus dem
9. Jh. und beginnt mit den lateinischen Worten des Lobpreises
der Engel bei Christi Geburt: «Gloria in excelsis Deo et in
terra pax hominibus», d. h. «Ehre sei Gott in der Höhe und
Friede den Menschen auf Erden» (Lk 2,14).

GNADE FINDEN VOR JEMAND/IN JEMANDS AUGEN: *Scherzhaft
oder ironisch für ein herablassendes Akzeptiertwerden.* Die Redewendung kommt in der Bibel häufig vor, sie stammt wohl

aus einer orientalischen Höflichkeitsformel zur Einleitung einer Bitte: «Wenn ich Gnade gefunden habe in deinen Augen, ...» (z. B. Gen 18,3; 19,19; Ex 33,12–16).

GNADE UND BARMHERZIGKEIT: *Synonymes Wortpaar in verschiedenen Redewendungen, z. B. «aus Gnade und Barmherzigkeit» für ein herablassendes Zugeständnis; «ohne Gnade und Barmherzigkeit» für ein mitleidloses Vorgehen; «auf Gnade und Barmherzigkeit» für ein bedingungsloses Sichausliefern.* Häufig in der Bibel, so in Ps 103,4; Jer 16,5.

GNOSIS: *Oft abwertend, für esoterische Lehren, die das Heil des Menschen entscheidend von seinen Fortschritten in der Erkenntnis Gottes und/oder der Welt abhängig machen. So besonders für eine religiös-philosophische Strömung um die Zeitenwende mit hellenistischer, jüdischer oder christlicher Ausprägung.* Das Wort «gnosis» (griechisch: «Erkenntnis») wird vom Apostel Paulus manchmal auch für die christliche Erkenntnis verwendet (z. B. 1 Kor 1,5; Gal 3,7f.), während damit an anderen Stellen schon polemisch die «falsche» Gnosis gemeint ist (Kol 2,23; 1 Tim 6,20) welche die Liebe zu Gott und zum Nächsten zugunsten gedanklicher Spekulationen vernachlässigt.

DAS GOLDENE KALB ANBETEN: → *Tanz* ums Goldene Kalb

GOLGOTHA: *Für einen Ort oder eine Stunde extremen Leidens.* Golgotha hieß ein kleiner Hügel, damals außerhalb Jerusalems, wo Jesus gekreuzigt wurde (Mt 27,33; Mk 15,22; Lk 23,33; Joh 19,17). Das aramäische Wort bedeutet «Schädel» und weist auf die Form des Hügels hin (lat. «calvaria»). Nach einer anderen Interpretation ist es von einer Sage hergeleitet, nach der dort das Haupt des von David erschlagenen Riesen → *Goliath* begraben war.

EIN GOLIATH: *Ein überdurchschnittlich großer und starker Mensch.* Der Gegner des Hirtenknaben David (→ *David* gegen Goliath) wird von der Luther-Bibel als «Riese» bezeichnet, «sechs Ellen und eine Handbreit groß» (1 Sam 17,4). Die Elle war damals etwa ein halber Meter.

GOTT BEFOHLEN: *Altertümliche Formel des Abschieds, heute manchmal ironisch verwendet.* Entstanden aus dem Psalmwort: → «*Befiehl* dem Herrn deine Wege».

GOTT SEI DANK: *In der Erleichterung über eine günstige Entwicklung gebrauchte Redensart.* Die Wendung findet sich häufig in den Briefen des Apostels Paulus, so Röm 6,17; 1 Kor 1,14; 2 Kor 8,16 und 9,15; ähnlich Offb 7,12.

GOTT SEI MIR/UNS GNÄDIG!: *Erschrockener, oft auch sarkastischer Ausruf bei einer unabwendbaren Gefahr.* In ganz anderem Sinne, nämlich voll Demut, betet in Jesu Gleichnis vom Pharisäer und Zöllner, die zum Tempel gingen, der Zöllner: «Gott, sei mir Sünder gnädig!» (Lk 18,13).

GOTT MIT UNS: *Ein – meist sarkastischer – Wunsch, wenn man etwas Riskantes unternimmt; Inschrift auf dem Koppelschloß (Gürtelschließe) der Heeresuniform in der deutschen Wehrmacht.* Der Ausdruck ist eine Übersetzung des hebräischen Namens «Immanuel/Emmanuel» für den vom Propheten Jesaja angekündigten Heilsbringer (Jes 7,14), eine Weissagung, die vom Matthäus-Evangelium zitiert wird (Mt 1,23).

WENN/SO GOTT WILL: *Ausdruck der Ergebenheit hinsichtlich eines künftigen Geschehens oder Tuns.* Im Brief des Apostels Jakobus heißt es gegen diejenigen, die in ihren Planungen allzu sicher wissen, was sie demnächst tun wollen: «Dagegen sollt ihr sagen: Wenn der Herr will, werden wir leben und dies oder das tun» (Jak 4,13–15).

GOTT DER RACHE: → *Tag* der Rache

VON GOTT GEZEICHNET: → *Kainsmal*

VON GOTTES GNADEN: *Früher eine Beifügung zu Herrschertiteln; heute polemisch verwendet für Herrschaft ohne demokratische Legitimierung.* Beim Apostel Paulus heißt es: «Durch Gottes Gnade bin ich, was ich bin» (1 Kor 15,10). Hier war die Wendung noch ein Ausdruck der Demut und Bescheidenheit. In diesem Sinne wurde sie im Mittelalter zunächst auch geistlichen und weltlichen Titeln beigefügt, während sie dann dahingehend verstanden wurde, daß der Herrscher seine Regierungsgewalt unmittelbar von Gott habe und deshalb nur ihm verantwortlich sei.

MAN MUSS GOTT FÜR ALLES DANKEN: *Scherzhafte Wendung, wenn man sich entgegen großer Erwartungen mit einem kleinen Erfolg zufrieden geben muß.* Nach einer Aufforderung des Apostels Paulus: «Sagt Gott Dank, dem Vater, allezeit für alles im Namen unseres Herrn Jesus Christus» (Eph 5,20).

BEI GOTT IST KEIN DING UNMÖGLICH: *Ausruf beim Eintreten eines unerwarteten Ereignisses (manchmal mit dem scherzhaften Zusatz: «... und bei meiner Schwiegermutter») oder wenn jemand auf unkonventionelle, wenig erfolgversprechende Weise agiert.* Der biblische Spruch stammt aus der Antwort des Engels auf die Frage Marias bei der Verkündigung, wie sie ohne Mann den Erlöser gebären könne (Lk 1,37; ähnlich auch Gen 18,14 und Jer 32,27).

MAN MUSS GOTT MEHR GEHORCHEN ALS DEN MENSCHEN: *Vorrang einer göttlichen Berufung oder des Gewissens vor den Geboten menschlicher Obrigkeiten.* Antwort der Apostel auf die Forderung der Hohenpriester, Jesu Lehre nicht mehr zu verkünden (Apg 5,29; ähnlich schon 4,19).

GOTT SEI'S GELOBT, GETROMMELT UND GEPFIFFEN: *Salopper Freudenausbruch.* In Anlehnung an Psalm 150,3–5: «Lobet ihn (Gott) mit Posaunen, lobet ihn mit Psalter und Harfen! Lobet ihn mit Pauken und Reigen, lobet ihn mit Saiten und Pfeifen! Lobet in mit hellen Zimbeln, lobet ihn mit klingenden Zimbeln!»

WEN GOTT LIEBHAT, DEN STRAFT/ZÜCHTIGT ER: *Heute meist humorvoll oder ironisch als Trost im Unglück.* Im Hebräerbrief wird der alttestamentliche Weisheitsspruch (Spr 3,11 f.) zitiert und es heißt: «Mein Sohn, achte nicht gering die Erziehung des Herrn und verzage nicht, wenn du von ihm gestraft wirst.

Denn wen der Herr liebhat, den züchtigt er, und er schlägt
jeden Sohn, den er annimmt» (Hebr 12,5f.; ähnlich Offb
3,19; 1 Kor 11,32).

GOTT SAH, DASS ES GUT WAR: *Launig in Befriedigung über ein
wohlgetanes Werk; manchmal auch sarkastisch in Bezug auf
die wenig tröstliche Wirklichkeit der Welt.* Zitat aus dem biblischen Schöpfungsbericht (Gen 1), wo die Wendung mehrfach
gebraucht wird.

GOTT LÄSST SEINER NICHT SPOTTEN: *Drohende Warnung, daß
jede Schuld ihre Strafe finden wird.* Nach Luthers Übersetzung
einer Stelle im Galaterbrief des Apostels Paulus, in der es
anschließend heißt: «Denn was der Mensch sät, das wird er
ernten» (Gal 6,7).

GOTT VERLÄSST DIE SEINEN NICHT: *Ausdruck der Zuversicht im
Vertrauen auf Gottes Hilfe.* Nach dem Psalmwort: «Gott verläßt seine Heiligen nicht» (Ps 37,28).

WAS GOTT ZUSAMMENGEFÜGT/VERBUNDEN HAT, SOLL DER
MENSCH NICHT TRENNEN: *Manchmal scherzhaft im übertragenen Sinne.* Ein Wort Jesu gegen die Ehescheidung (Mt 19,6).

GOTTESEBENBILDLICHKEIT: *Betonung der Würde des Menschen, wenn sie aus seiner Ähnlichkeit und Gleichartigkeit mit
Gott (→ Ebenbild = Abbild) hergeleitet wird.* Im biblischen
Schöpfungsbericht heißt es: «Gott sprach: Lasset uns Menschen machen, ein Bild, das uns gleich sei ... Und Gott schuf
den Menschen zu seinem Bilde, zum Bilde Gottes schuf er
ihn» (Gen 1,26f.).

GOTTESFURCHT: *Altertümlich für Frömmigkeit.* Das in der Bibel häufige Wort ist die Lehnübersetzung von «timor Dei» aus
der lateinischen Bibel, womit eine Haltung der Rücksichtnah-
me gegenüber einem höheren Wesen gemeint war. Wenn in
der Apostelgeschichte von «Gottesfürchtigen» die Rede ist,
bezieht sich der Ausdruck meist auf zum Judentum bekehrte
Heiden, die am Synagogengottesdienst teilnahmen, ohne sich

jedoch, wie die → *Proselyten*, beschneiden zu lassen und das ganze jüdische Gesetz zu übernehmen.

EINE **GOTTESGABE**/GABE GOTTES: *Eine gute Eigenschaft oder ein Gut, die einem zufallen, ohne daß man etwas dafür getan hat.* Nachdem der Prediger Salomo die Hinfälligkeit allen menschlichen Tuns beschrieben und die Begrenztheit menschlichen Erkennens aufgewiesen hat (→ Ein Jegliches hat seine *Zeit*), fährt er fort: «Da merkte ich, daß es nichts Besseres dabei gibt als fröhlich sein und sich gütlich tun in seinem Leben. Denn ein Mensch, der da ißt und trinkt und hat guten Mut bei all seinem Mühen, das ist eine Gabe Gottes» (3,12 f.).

GOTTESGERICHT: *Neben der Bezeichnung für das germanische Rechtsinstitut des sog. Gottesurteils, z. B. durch das Los oder die Feuer- und Wasserprobe, wird der Ausdruck manchmal auch im Sinne einer augenscheinlichen Bestrafung von Übeltätern durch ein außergewöhnliches Eingreifen Gottes verwendet.* Ein Gottesgericht im letzteren Sinne kann man sehen in der Zerstörung → *Sodoms* (Gen 19), im Untergang der → Rotte *Korach* (Num 16) oder im Tod des Ehepaares Hananias und Saphira, das ein Grundstück verkaufte, um sich in der christlichen Urgemeinde hervorzutun, aber heimlich einen Teil des Erlöses für sich behielt (Apg 5,1–11).

GOTTESHAUS (hebr.: Beth-El): *Synonym für ein Kirchengebäude.* Als der spätere Patriarch Jakob wegen des Betrugs um den väterlichen Segen vor seinem Bruder Esau fliehen mußte und sich unterwegs auf einem Berg zum Schlafen niederlegte, hatte er die Vision von der Himmelsleiter. Beim Erwachen sagte er voll Furcht: «Wie heilig ist diese Stätte! Hier ist nichts anderes als Gottes Haus, und hier ist die Pforte des Himmels!» (Gen 28,17) Er nannte daraufhin den Ort «Beth-El», ein Name, der in der Form «Bethel» von Christen später auch als Ortsbezeichnung gebraucht wurde, z. B. für die von Bielefelder evangelischen Bürgern 1867 gegründeten Pfegeanstalten, deren Leitung Friedrich v. Bodelschwingh übernahm.

GOTTESLÄSTERUNG: → *Blasphemie*

GOTTVERLASSEN: *Beiwort für einen vereinsamten Menschen oder für eine öde und abgelegene Gegend.* Der Ausruf Jesu am Kreuz «Mein Gott, warum hast du mich verlassen» (Mt 27,46; Mk 15,34) ist der Beginn des Psalms 22. Man kann annehmen, daß die Evangelisten mitteilen wollten, Jesus habe in seiner Todesnot den ganzen Psalm gebetet. Daß sie nur den Anfang bringen, hängt mit der damaligen Zitierweise zusammen. Der Ausruf Jesu ist somit kein Schrei der Verzweiflung, sondern ein Gebet des Vertrauens, wie sich aus dem Gesamtinhalt des Psalms ergibt.

GÖTZE: *Abwertend für alle Götter und höheren Wesen, auch «Abgötter» genannt, die aus der Sicht der monotheistischen Religionen nicht existieren. Im übertragenen Sinne auch jeder irdische Wert (Geld, Sexualität, Staat, ein Mensch usw.), der absolut gesetzt wird.* Ursprünglich bezeichnete das Wort «Götze» im frühen Neuhochdeutsch ein Götterbild, ein Idol (vom griechischen «eidolon»: Bild), daher auch «Götzendienst» und das Fremdwort «Idolatrie» (aus der Zusammensetzung mit «latreia»: Dienst, Anbetung). Die Verwendung von «Götze» für die heidnische Gottheit selbst geht auf die Lutherbibel zurück.

EINE GRENZE SETZEN: *Heute meist im übertragenen Sinne gebraucht.* Wenn die Bibel die Schöpfertat Gottes preist, stellt sie sich diese als Ordnung des Chaos vor. So sagt sie, Gott habe dem Meer (Spr 8,29) und den Gebirgen (Ps 104,9) «eine Grenze gesetzt». Das Wort für Grenze ist polnischen Ursprungs («granica») und setzte sich seit dem 13. Jh. immer mehr anstelle der älteren Bezeichnung «Mark» durch.

DER GREUEL DER VERWÜSTUNG: *Pathetisch für eine zerstörte oder verwahrloste Örtlichkeit oder Landschaft.* Die Bibel meint nicht genau dasselbe; denn im Buch Daniel ist von einem «Greuelbild der Verwüstung» die Rede (Dan 9,27; 11,31, 12,11), da der syrische König Antiochus IV. 167 v. Chr. während der Glaubensverfolgung in der Makkabäerzeit im Jerusalemer Tempel einen Altar für den olympischen Zeus aufstellen ließ. Im Matthäus-Evangelium wird der Danieltext in der Endzeitrede Jesu, diesmal in Bezug auf die Zerstörung Jerusalems durch die Römer im Jahre 70 n. Chr., zitiert (Mt 24,15). Daß sich «Greuel der Verwüstung» im Sprachgebrauch eingebürgert hat, geht auf die lateinische Bibelübersetzung, die Vulgata, zurück, die abstrakter als das Original mit «abominatio desolationis» übersetzte.

MIT EISERNEM GRIFFEL SCHREIBEN: *Eine Nachricht so unauslöschlich aufzeichnen, daß sie nicht in Vergessenheit geraten kann.* In seinem Leiden sagt → *Hiob*: «Ach daß meine Reden aufgeschrieben würden! Ach daß sie aufgezeichnet würden als Inschrift, mit einem eisernen Griffel in Blei geschrieben, zu ewigem Gedächtnis in einen Fels gehauen!» (Hiob 19,23 f.).

DIE GROSSEN DIESER ERDE: *Heute meist ironisch gemeint.* Der Prophet Nathan verkündete dem König David als Verheißung Gottes: «Ich will dir einen großen Namen machen gleich dem Namen der Großen auf Erden» (2 Sam 7,9).

IN DIE GRUBE FAHREN: *Sterben.* Nach Spr 1,12. Luther übersetzte noch: «in die Hölle fahren», womit er die Totenwelt meinte. Siehe → Zur *Hölle* fahren

WER ANDERN EINE GRUBE GRÄBT, FÄLLT SELBST HINEIN: *Deutsches Sprichwort in Anlehnung an eine biblische Spruchweisheit.* Beim Prediger Salomo heißt es: «Wer eine Grube gräbt, der kann selbst hineinfallen» (10,8; ähnlich Ps 7,16; 9,16; 57,7; Spr 26,27).

WENN DAS AM GRÜNEN HOLZ GESCHIEHT: *Sarkastischer Ausruf, wenn scheinbar verständige oder noch sehr junge Menschen verdorben sind; manchmal auch beim Scheitern eines an sich aussichtsreichen Unternehmens.* Als Jesus auf seinem Kreuzweg von den Frauen Jerusalems beklagt wurde, sagte er zu ihnen, sie sollten nicht über ihn, sondern über sich selber und ihre Kinder klagen; es seien noch viel schrecklichere Dinge als sein Tod zu erwarten: «Denn was man tut am grünen Holz, was wird am dürren werden?» (Lk 23,31). Er will damit sagen: Wenn schon ein Unschuldiger zu Tode kommt, wie wird

es erst den Schuldigen ergehen. Hierin liegt eine Anspielung
auf den kommenden Untergang Jerusalems unter Kaiser Titus
im Jahre 70, die von den Evangelisten als Strafe für die Tö-
tung Jesu angesehen wurde. Das Bild vom grünen und vom
dürren Holz findet sich schon beim Propheten Ezechiel (21,3
und 8), der beschreibt, wie Gottes Zorn gleich einem Wald-
brand die grünen und die dürren Bäume, also die Gerechten
ebenso wie die Bösen, verzehrt.

EINEN **GRUNDSTEIN** LEGEN: *Ein Bild für die Schaffung der ma-
teriellen oder geistigen Voraussetzungen eines geplanten Werkes.* In diesem übertragenen Sinne heißt es schon in einem
vom Propheten Jesaja überlieferten Gotteswort: «Siehe, ich
lege in Zion einen Grundstein, einen bewährten Stein, einen
kostbaren Eckstein, der fest gegründet ist. Wer glaubt, der
flieht nicht» (Jes 28,16). Es ist umstritten, worauf sich hier
das Wort vom Grundstein bezieht. Nach einigen ist damit das
Recht oder der Glaube gemeint, andere denken an den Tempel oder die davidische Dynastie.

UNRECHT GUT **GEDEIHET** NICHT: *Sprichwort.* Vermutlich nach
dem Weisheitsspruch: «Unrecht Gut hilft nicht» (Spr 10,2).

SICH AN ETWAS **GÜTLICH** TUN: *Altertümlich für den Genuß einer
Sache.* Im Buch Prediger heißt es angesichts der Unergründlichkeit der Welt: «Da merkte ich, daß es nichts Besseres dabei gibt als fröhlich sein und sich gütlich tun im Leben» (Pred
3,12).

H

DIE **HAARE** STEHEN ZU BERG: *Anschauliches Bild für Entsetzen.* Im gleichnamigen Buch beschreibt Hiob einen ihm widerfahrenen nächtlichen Schrecken: «Ein Hauch fuhr an mir vorüber; es standen mir die Haare zu Berge an meinem Leib» (4,15).

ALLE **HAARE** AUF UNSEREM HAUPT SIND GEZÄHLT: *Manchmal in scherzhaften Anspielungen auf die geringe Zahl der Haare bei Kahlköpfigen.* Zur Stärkung ihres Vertrauens in der Verfolgung sagte Jesus seinen Jüngern: «Nun aber sind auch eure Haare auf dem Haupt alle gezählt» (Mt 10,30; Lk 12,7). Er wollte damit ausdrücken, daß Gott alles weiß und nichts bei ihm verloren geht.

HABET AETATEM (dt.: Er ist alt genug): *Hinweis, daß jemand seine Angelegenheiten selbst besorgen kann.* Der Ausdruck aus der lateinischen Bibelübersetzung ist ein Zitat aus der Geschichte der Heilung des Blindgeborenen im Johannes-Evangelium. Als Jesus den jungen Mann geheilt hatte, bedrängten die Pharisäer dessen Eltern, über die Heilung nähere Auskunft zu geben. Diese hatten aber Angst, dadurch als Anhänger Jesu zu gelten. Sie sagten: «Fragt ihn, er ist alt genug; laßt ihn für sich selbst reden» (9,21).

HALLELUJA: → *Alleluja*

ES KANN DEN **HALS** KOSTEN: *Gefahr für das Leben.* Als David auf der Flucht vor Saul in die Dienste der Philister getreten war, kam es zu einem Krieg der Philister gegen Israel. Die für David peinliche Situation wendete sich jedoch zum Guten: «Denn die Fürsten der Philister hielten Rat und schickten ihn weg und sprachen: Wenn er wieder zu Saul, seinem Herrn, überginge, so könnte es uns den Hals kosten» (1 Chr 12,19).

HALTE, WAS DU HAST!: → *Bewahre*, was du hast!

SEINE HAND VON JEMAND ABZIEHEN: *Den bisher gewährten Schutz entziehen.* Das Bild von der «Hand Gottes» steht in der Bibel für Gottes helfendes und schützendes Eingreifen in die Geschichte der Völker und der Einzelnen. Nach ihrer Widerspenstigkeit in der Wüste sagt Gott zu den Israeliten: «Ihr sollt vierzig Jahre eure Schuld tragen, auf daß ihr innewerdet, was es sei, wenn ich die Hand abziehe» (Num 14,34; ähnlich Jos 10,6).

JEMAND IN DER HAND HABEN: *Macht über eine Person haben.* Ursprünglich eine Rechtsformel, um die Verfügungsgewalt auszudrücken. So sagt in der Bibel Abraham zu seiner Frau Sara in Bezug auf ihre Magd Hagar: «Sie sei in deiner Hand» (Gen 16,6), ebenso Gott zu Satan in Bezug auf Hiob (Hiob 2,6).

HAND AN JEMAND LEGEN: *Altertümlich für «verhaften».* Bei der Gefangennahme Jesu wird von den Bewaffneten gesagt: «Die aber legten Hand an ihn und ergriffen ihn» (Mk 14,46; Mt 26,50; Apg 5,18 und 21,27). Dahinter steht der bis in unsere Zeit übliche Rechtsbrauch, bei der Festnahme einer Person dieser die Hand auf die Schulter zu legen zum Zeichen, daß es sich um einen obrigkeitlichen Akt handelte.

WER SEINE HAND AN DEN PFLUG LEGT UND SCHAUT ZURÜCK . . .: *Warnung vor zuviel Selbstreflexion beim Anpacken einer Aufgabe.* Jesus sagte zu einem, der ihm nachzufolgen bereit war, aber vorher noch von seiner Familie Abschied nehmen wollte: «Wer seine Hand an den Pflug legt und sieht zurück, der ist nicht geschickt für das Reich Gottes» (Lk 9,62).

DIE HAND MÖGE VERDORREN: *Formel zur Verwünschung eines Tuns.* Der Ausdruck «verdorrte Hand» kommt sprachlich aus einem Bericht über ein Heilungswunder Jesu: «Und siehe, da war ein Mensch, der hatte eine verdorrte Hand» (Mt 12,10; Mk 3,1; Lk, 6,6 und 8).

REINE **HÄNDE** HABEN: *An Verbrechen unbeteiligt sein.* In Ps 24,4f. heißt es: «Wer reine Hände hat, der wird vom Herrn Segen empfangen.»

SEINE **HÄNDE** IN UNSCHULD WASCHEN: *Die eigene Verantwortung für ein Geschehen auf andere schieben.* Nach dem Matthäus-Evangelium wollte der römische Statthalter Pilatus Jesus freilassen, gab aber dann dem Drängen der Feinde Jesu nach: «Er ließ Wasser bringen und wusch sich vor allen Leuten die Hände und sagte: Ich bin unschuldig am Blute dieses Menschen» (27,24). Das mosaische Gesetz kannte ein Ritual des Händewaschens für die Ältesten einer Stadt, in deren Nähe ein Mord durch einen unbekannten Täter geschehen war (Dtn 21,6f.). Dahinter stand die uralte Vorstellung, daß ungesühnte Blutschuld Unglück über das Land bringe und deshalb ein Unschuldsbekenntnis nötig sei, um Gott zu veranlassen, das Unheil abzuwenden. Auch im Jerusalemer Tempel gab es offenbar ein besonderes Ritual des Händewaschens für unschuldig Angeklagte, wozu Ps 26 möglicherweise das begleitende Gebet war: «Ich wasche meine Hände in Unschuld und umschreite deinen Altar» (Ps 26,6; eine Anspielung auf den Vorgang auch in Ps 73,13). Noch in der Liturgie der Messe wäscht sich der Priester beim sog. «Lavabo» die Hände unter Zitierung von Ps 26,6: «Lavabo inter innocentes manus meas.»

IN GOTTES **HAND**: *Meist in gefahrvollen Situationen als Ausdruck des Sichaufgehobenwissens oder der Hingabe an Gottes Willen.* Im Hebräischen war die Hand gleichbedeutend mit der schutzverleihenden Macht und Kraft eines Menschen oder auch – wie an vielen Stellen der Bibel – Gottes. Der Ausdruck «in Gottes Hand» findet sich im Buch des Predigers (9,1) und im Buch der Weisheit (3,1).

IN DIE **HÄNDE** VON JEMAND FALLEN: *Gefangen oder abhängig werden.* Siehe → Besser in die *Hand* Gottes fallen . . .

BESSER IN DIE **HAND**/HÄNDE GOTTES FALLEN ALS IN DIE HAND/ HÄNDE DER MENSCHEN: *Sarkastisch über die oft gnadenlose Unerbittlichkeit der Menschen beim Aufdecken und Verfolgen* *vor Verfehlungen.* König David ließ einmal eine Volkszählung durchführen, ein Unterfangen, das in damaligen Zeiten gern auf hochmütige Vermessenheit zurückgeführt wurde. Der Prophet Gad kam zu ihm, um Gottes Strafe anzukündigen, und stellt ihn vor die Wahl zwischen Hungersnot, Aufruhr und Exil oder Pest. David antwortete: «Es ist mir sehr angst, aber laß uns in die Hand des Herrn fallen, denn seine Barmherzigkeit ist groß; ich will nicht in die Hand der Menschen fallen» (2 Sam 24,14; 1 Chron 21,13; auch Sir 2,18). So schickte Gott eine Pest.

AUF HÄNDEN TRAGEN: *Jemand liebevoll umsorgen.* In Psalm 91,12 ist sich der Beter des göttlichen Schutzes gewiß: «Denn er hat seinen Engeln befohlen, daß sie dich auf den Händen tragen und du deinen Fuß nicht an einen Stein stoßest». Dieser Text wird auch im Bericht über die Versuchung Jesu zitiert (Mt 4,6 und Lk 4,11).

DIE HÄNDLER AUS DEM TEMPEL JAGEN: → *Tempelreinigung*

HÄRESIE: *Eine von der kirchlichen Norm abweichende Lehrmeinung, im übertragenen Sinne auch bei anderen weltanschaulichen Gemeinschaften.* Das griechische Wort «hairesis» (Wahl, Überzeugung) bedeutete im hellenistischen Zeitalter ganz allgemein eine philosophische Richtung oder Schule, im Latein auch «secta» (Sekte) genannt. Beide Termini wurden damals auch auf die verschiedenen religiösen Parteiungen innerhalb des Judentums (z.B. Sadduzäer, Pharisäer, Essener) angewandt. Mit der allmählichen Herausbildung zusammenhängender Lehrsysteme im Frühchristentum stellte sich die Frage der Scheidung rechter und falscher Lehre. Der Apostel Paulus kämpft in seinen Briefen mehrfach gegen «Häresien» an (1 Kor 11,19; Gal 5,20), was Luther (nach der → Rotte *Korach*) mit «Rotten» übersetzte, während man in der heutigen Lutherbibel von «Spaltungen» und in anderen Bibelausgaben von «Irrlehren» spricht. Siehe auch → *Schisma*

HARREN/WARTEN DER DINGE, DIE DA KOMMEN SOLLEN: *Launige Redensart in einer Situation des Wartens.* In seiner Rede über die bevorstehende → *Endzeit* sagte Jesus: «Und die Menschen werden vergehen vor Furcht und in Erwartung der Dinge, die kommen sollen über die ganze Erde» (Lk 21,26).

WER DA **HAT**, DEM WIRD GEGEBEN: *Sarkastische Beschreibung der häufig zu beobachtenden Tatsache, daß die Reichen immer reicher und die Armen immer ärmer werden.* In einer Rede Jesu an die Apostel, denen er seine Gleichnisse auslegt, heißt es: «Wer da hat, dem wird gegeben, daß er die Fülle habe; wer aber nicht hat, dem wird auch das noch genommen, was er hat» (Mt; 13,12 und 25,29; Lk 8,18). Dieser auf den ersten Blick als Jesuswort schockierende Ausspruch geht von der allgemeinen Lebenserfahrung aus, daß es im wirtschaftlichen Bereich eine Tendenz zur Akkumulierung von Vermögen gibt. Diese Gesetzmäßigkeit wendet Jesus, wohl nicht ohne Ironie, auf die Situation des geistig aufnahmebereiten Menschen an, der aus allem, was er erfährt, Gewinn ziehen kann (so schon Spr 9,9 für den «Weisen»), während der stumpfe Mensch immer mehr zurückfällt.

EIN GRAUES **HAUPT**: *Ein alter Mensch.* In einem Gebot des Moses heißt es: «Vor einem grauen Haupte sollst du aufstehen und die Alten ehren» (Lev 19,32).

NICHTS HABEN, WO MAN SEIN **HAUPT** HINLEGE: *Keine Unterkunft finden.* Einem Mann, der ihm nachfolgen wollte, antwortete Jesus mit dem Hinweis auf die dafür nötige Anspruchslosigkeit: «Die Füchse haben Gruben, und die Vögel unter dem Himmel haben Nester; aber der Menschensohn hat nichts, wo er sein Haupt hinlege» (Mt 8,20; Lk 9,58).

AUF DASS MEIN **HAUS** VOLL WERDE: *Launige Redewendung bei einem Andrang von Gästen oder der Aufstellung einer Einladungsliste.* Im Gleichnis Jesu vom großen Mahl, dem sich die ursprünglich Eingeladenen mit allerlei Entschuldigungen entziehen, schickt der Hausherr schließlich seinen Knecht hinaus zu den Leuten auf den Landstraßen und an den Zäunen: «Nötige sie hereinzukommen, daß mein Haus voll werde» (Lk 14,23). Siehe auch → *Compelle* intrare

SEIN HAUS BESTELLEN: *Vor dem Tode den Nachlaß ordnen.* Als der jüdische König Hiskija (um 700 v. Chr.) einmal sehr krank wurde, sagte der Prophet Jesaja zu ihm: «So spricht der Herr: Bestelle dein Haus, denn du wirst sterben und nicht am Leben bleiben» (Jes 38,1).

ICH ABER UND MEIN HAUS: *Bekenntnis zum Glauben, manchmal als Hausinschrift.* In einer Abschiedsrede vor seinem Tode stellte Josua die Israeliten vor die Entscheidung, ob sie dem einen Gott oder anderen Göttern dienen wollten. Er fügte hinzu: «Ich aber und mein Haus wollen dem Herrn dienen» (Jos 24,15).

EIN HAUS/REICH, DAS MIT SICH UNEINS IST, KANN NICHT BESTEHEN: *Ausspruch, berühmt geworden durch den amerikanischen Präsidenten Lincoln, über die Unmöglichkeit einer dauerhaften politischen Gemeinschaft bei Uneinigkeit in Grundsatzfragen.* Als man Jesus nach der Heilung eines Besessenen vorwarf, er treibe die bösen Geister mit Hilfe Beelzebubs, ihres Obersten, aus, antwortete er: «Jedes Reich, das mit sich uneins ist, wird verwüstet; und jede Stadt oder jedes Haus, das mit sich selbst uneins ist, kann nicht bestehen. Wenn nun der Satan den Satan austreibt, so muß er mit sich selbst uneins sein; wie kann dann sein Reich bestehen?» (Mt 12,25f.; Mk 3,24–26; Lk 11,17f.). Wenn Beelzebub in manchen Bibelausgaben Beelzebul heißt, so geht das auf verschiedene Lesarten in alten Handschriften zurück. Die etymologische Herkunft des Namens ist unklar.

BIS ZUR HEFE AUSTRINKEN: → Einen *Kelch* bis zur Neige leeren

HEIDENLÄRM: *Durcheinander heftiger Geräusche.* Zu Beginn des 2.Psalms, der zur Liturgie der Thronbesteigungsfeier des Jerusalemer Königs gehörte, heißt es bei Luther: «Warum toben die Heiden?». Damit wird auf den chaotischen Aufruhr angespielt, der bei jedem Thronwechsel von Seiten der unterworfenen oder benachbarten nicht-jüdischen Völker (hebr. «gojim», lat. «gentes», oft übersetzt mit «Heiden») zu befürchten war. Das deutsche Wort «Heide» (eine wüste, unkul-

tivierte Landschaft) diente als Lehnübersetzung für das spätla-
teinische «paganus», das von «pagus», dem Land außerhalb
der Stadt, abgeleitet ist. Die Leute auf dem Lande waren in
der Zeit des ausgehenden römischen Reiches im Gegensatz zu
den Städtern meist noch keine Christen.

HEILAND: *Im übertragenen Sinne ein Mensch, auf den man
seine ganze Hoffnung setzt.* Das Wort ist eine Lehnsüberset-
zung für das lateinische Wort «salvator», d. h. Retter. In der
Lutherbibel verkündigen die Engel bei der Geburt Jesu den
Hirten: «. . . euch ist heute der Heiland geboren» (Lk 2,11).

HEILLOS: *Für einen Menschen, der sich selbst den Weg zu
Glück und Erfolg versperrt, oder für eine total verfahrene Situation.* Nabal, der dumm-dreiste Gatte der klugen Abigail,
die König David später heiratet, wird als «ein heilloser Mann»
bezeichnet (1 Sam 25,17).

DIE **HEIMKEHR** DES VERLORENEN SOHNES: → Der *Verlorene
Sohn*

HEIMSUCHUNG: *Heute ein altertümlich wirkendes Wort für
ein Unglück, das einen guten Menschen trifft und deshalb
nicht als Strafe, sondern nur als göttliche Prüfung erklärt
werden kann.* In der Bibel hingegen bedeutet der Ausdruck
«Gott sucht heim» meistens, daß Gott einem Frommen oder
seinem Volk Hilfe bringt (z. B. Ex 3,16; 4,31; Lk 1,68);
nur gelegentlich, daß er vom Sünder Rechenschaft verlangt
und ihn straft.

BESSER **HEIRATEN**/FREIEN ALS BRENNEN: *Häufig als Argument
gegen die Ehelosigkeit verwendet.* Der Apostel Paulus gibt auf
die an ihn gerichtete Anfrage, ob es besser sei, keine Frau zu
haben, zunächst eine bejahende Antwort, indem er auf seine
eigene Ehelosigkeit verweist. Doch macht er daraus kein Gebot, sondern fährt fort: «Den Ledigen und den Witwen sage
ich: es ist ihnen gut, wenn sie auch bleiben wie ich. Wenn sie
aber sich nicht können enthalten, so laß sie freien; es ist besser
freien als von Begierde verzehrt werden» (1 Kor 7,7ff.).

HEIRATEN IST GUT, NICHT HEIRATEN IST BESSER: *Oft scherzhaft als Warnung vor der Ehe.* In alten Übersetzungen lautet der auf den Apostel Paulus zurückgehende Ausspruch: «Welcher (Vater) seine Jungfrau (Tochter) verheiratet, der tut wohl; welcher sie aber nicht verheiratet, der tut besser» (1 Kor 7,38). Vermutlich spricht Paulus jedoch von den Verlobten, so daß heute übersetzt wird: «Wer seine Jungfrau (Verlobte) heiratet, der tut wohl; wer sie aber nicht heiratet, der tut besser». Einige Kommentatoren meinen sogar, daß sich die Stelle auf einen im Frühchristentum verbreiteten Brauch bezieht, nach dem fromme Männer mit unverheirateten Frauen keusch zusammenlebten, um ihnen die Ehe zu ersparen und so ihre Jungfräulichkeit zu bewahren. Aus dem Kontext der Bibelstelle ergibt sich für alle drei Interpretationen, daß Paulus von der Voraussetzung des nahenden Weltendes ausgeht, weshalb die Frage nach einem Wechsel des Lebensstandes für ihn unwichtig ist.

BIS AUF DEN LETZTEN HELLER: *Bis auf alles Geld, das man noch besitzt.* In einem Gleichnis spielt Jesus auf die damalige Praxis des Schuldgefängnisses an, aus dem der Schuldner nicht herauskam, bis «auch der letzte Heller bezahlt» war (Mt 5,26; Lk 12,59). Der Heller war im deutschen Sprachraum der Name für eine Münzeinheit (nach dem ursprünglichen Prägeort Schwäbisch-Hall: «Häller»), wobei die Bezeichnung im Laufe der Zeit auf Geldstücke von immer geringerem Wert Anwendung fand.

SICH ZU VIEL HERAUSNEHMEN: *Anmaßend sein.* Der Vorwurf, den die → Rotte *Korach* gegen Moses und Aaron richtete, wird manchmal mit «Ihr nehmt euch zu viel heraus» wiedergegeben (Num 16,3). Luther hatte übersetzt: «Ihr macht es zu viel», während es jetzt in der Lutherbibel heißt: «Ihr geht zu weit!».

AUF HERBERGSSUCHE: *Scherzhaft für die Suche nach einem Hotelzimmer oder einer Wohnung.* Anspielung auf die Umstände der Geburt Jesu in Bethlehem, da Josef und Maria nur in einem Stall Unterschlupf fanden, «weil in der Herberge kein Platz für sie war» (Lk 2,7).

DIE KLEINE **HERDE**: *Liebevoll über eine kleine Gruppe von Anhängern.* Nach einem Wort Jesu zu seinen Jüngern: «Fürchte dich nicht, du kleine Herde!» (Lk 12,32).

DER **HERR** HAT GEGEBEN, DER **HERR** HAT GENOMMEN: → Geduldig wie *Hiob*

ER SOLL DEIN **HERR** SEIN: *Als Rechtfertigung für die Vormachtstellung des Mannes gegenüber der Frau gebrauchtes Bibelwort.* In der biblischen Erzählung vom Sündenfall des ersten Menschenpaares sagt Gott tatsächlich zur Frau: «Und dein Verlangen soll nach deinem Manne sein, aber er soll dein Herr sein» (Gen 3,16). Die benachteiligte Stellung der Frau lag jedoch nicht in der ursprünglichen Intention Gottes, der sie als ebenbürtige Gefährtin des Mannes geschaffen hatte (Gen 2,18 und 23). Sie ergab sich erst als Folge der Sünde, ähnlich der Strafe Adams, der von nun an → «im *Schweiße* seines Angesichts» arbeiten sollte.

MAN KANN NICHT ZWEI **HERREN** DIENEN: *Die Unvereinbarkeit zweier Tätigkeiten, von denen jede den ganzen Einsatz verlangt.* Jesus sagt einmal: «Niemand kann zwei Herren dienen: entweder er wird den einen hassen und den andern lieben, oder er wird dem einen anhangen und den andern verachten. Ihr könnt nicht Gott dienen und dem Mammon» (Mt 6,24; Lk 16,13). Siehe auch → *Mammon*

HERRJE: → Oh *Jemine*

SEIN **HERZ** AUSSCHÜTTEN: *Kummer und Sorgen offen darlegen.* Die Bibel verwendet den Ausdruck für das Gebet eines bekümmerten Menschen zu Gott (Ps 42,5 und 62,9). In 1 Sam 1,15 ist es Hanna, die künftige Mutter des Propheten Samuel, die im Heiligen Zelt wegen ihrer Unfruchtbarkeit «vor dem Herrn ihr Herz ausschüttet».

MIR BRICHT DAS **HERZ**: *Durch Leid schwer erschüttert werden.* Angesichts des Bösen, das im Lande geschieht, sagt der Prophet Jeremia: «Mein Herz will mir in meinem Leibe brechen» (Jer 23,9).

AUF HERZ UND NIEREN PRÜFEN: *Prüfung des Innersten eines Menschen.* In den Psalmen (7,10; 26,2) und beim Propheten Jeremia (11,20; 17,10) heißt es mehrfach, daß Gott die Herzen und Nieren prüfe, ähnlich in der Geheimen Offenbarung (2,23). Herz und Nieren galten dem biblischen Menschen als Sitz der Empfindungen, insbesondere das Herz als Sitz des Mutes und des Verstandes.

EIN HERZ UND EINE SEELE: *Synonymes Wortpaar für Einmütigkeit.* Über die urchristliche Gemeinde in Jerusalem wird gesagt: «Die Menge der Gläubigen war ein Herz und eine Seele; auch nicht einer sagte von seinen Gütern, daß sie sein wären, sondern es war ihnen alles gemeinsam» (Apg 4,32).

EINEM DAS HERZ STEHLEN: *Sich durch Versprechungen oder falsche Liebenswürdigkeit bei jemandem einschmeicheln.* Von Davids Sohn Absalom, der sich zur Vorbereitung seines Aufstandes beim Volk beliebt machte, heißt es: «So stahl Absalom das Herz der Männer Israels» (2 Sam 15,6). Und vom Patriarchen Jakob, der seinen Schwiegervater Laban über die bevorstehende Flucht täuschte, heißt es in der ursprünglichen Übersetzung Luthers: «Also stahl Jakob dem Laban zu Syrien das Herz, damit, daß er ihm nicht ansagte, daß er flöhe» (Gen 31,20).

EIN HERZ VON STEIN: *Gefühllosigkeit, vor allem gegen andere.* Beim Propheten Ezechiel sagt Gott in einer Verheißung über Israels Erneuerung: «Ich will euch ein neues Herz und einen neuen Geist in euch geben und will das steinerne Herz aus eurem Fleisch wegnehmen und euch ein fleischernes Herz geben» (Ez 36,26).

SEIN HERZ VERHÄRTEN ODER VERSTOCKEN: *Sich gegenüber den Leiden anderer gefühllos machen.* Im Sprachgebrauch der Bibel ist das Herz vornehmlich ein Organ der Vernunft. Die Redewendung meint dort eher: sich halsstarrig einer Einsicht widersetzen. So sagt Gott im Bericht vom Auszug aus Ägypten zu Moses und Aaron: «Ich will das Herz des Pharao verhärten» (Ex 4,21; 7,3). Und später heißt es dann vom Pharao nach einer Begegnung mit Moses und Aaron: «Das Herz des Pharao wurde verstockt und er hörte nicht auf sie» (Ex 7,13).

WES DAS **HERZ** VOLL IST, DES GEHT DER MUND ÜBER: *Über einen Menschen, der von seinen Gedanken oder Gefühlen so erfüllt ist, daß er sie nicht bei sich behalten kann.* Im Kontext der Rede Jesu, in der der Spruch verwendet wird, ist gemeint, daß die innersten Gedanken und Gefühle eines Menschen zwangsläufig nach Außen dringen (vgl. Mt 12,34: Lk 6,45).

SEIN **HERZ** AUF DER ZUNGE TRAGEN: *Alles spontan aussprechen.* Nach einem Spruch des Buches Jesus Sirach: «Die Toren haben ihr Herz auf der Zunge, die Weisen haben ihre Zunge im Herzen» (21,26).

SICH ETWAS ZU **HERZEN** NEHMEN: *Eine Mahnung oder Warnung ernstnehmen.* Der Prophet Jesaja zählt die Strafen auf, die Gott wegen dessen Untreue über das Volk gebracht hatte: «Aber sie nehmen's nicht zu Herzen» (Jes 42,25).

AUS SEINEM **HERZEN** KEINE MÖRDERGRUBE MACHEN: *Gedanken, auch negative, offen äußern.* Der Ausdruck «Mördergrube» geht vermutlich auf einen Vorwurf des Propheten Jeremia zurück, der sagt, der geheiligte Tempel sei «eine Mördergrube geworden» (Jer 7,11), was heute meist mit «Räuberhöhle» übersetzt wird, ähnlich den Worten Jesu bei der Tempelreinigung (Mt 21,13). In der Vulgata-Bibel heißt es: «spelunca latronum», was man früher, so ursprünglich auch Luther, mit «Mördergrube» übersetzte.

REINEN **HERZENS**: *Unschuldsvoll.* Nach dem Wort Jesu in den Seligpreisungen der → *Bergpredigt*: «Selig, die reinen Herzens sind» (Mt 5,8).

HERZENSGEHEIMNISSE: *Gedanken und Gefühle, um die man nur selber weiß.* Nicht bei Luther, aber nach manchen Übersetzungen heißt es in Annäherung an den griechischen Text von Gott: «Er kennt die Geheimnisse des Herzens» (Ps 44,22).

HERZZERREISSEND: *Heftige Gefühle des Schmerzes verursachend.* Der Prophet Joel wendet sich einmal gegen die bloß äußerlichen Zeichen von Reue und Zerknirschung, indem er sagt: «Zerreißet eure Herzen und nicht eure Kleider ...» (Joel 2,13).

HEULEN UND ZÄHNEKLAPPERN: *Wirkung von Furcht und Schrecken.* Im Neuen Testament häufig als anschauliche Beschreibung der Leiden der Verdammten (Mt 8,12; 13,42 und 50; Lk 13,28). «Zähneklappen» (später meist in der Iterativbildung «-klappern») ist eine Wortschöpfung Luthers, wo andere mit «Zähneknirschen» (lat.: «stridor dentium») übersetzten. «Klappen» drückte früher das Geräusch beim Zusammenschlagen von Gegenständen aus. Heute sagt man eher «klatschen».

HEUTE MIR, MORGEN DIR: *Sprichwörtlich im Sinne, daß das, was jetzt dem einen geschieht, bald auch dem anderen geschehen kann.* Die biblische Spruchweisheit rät, man solle um einen Toten nicht übermäßig trauern. So sagt der Tote zum Lebenden: «Denk: was mir bestimmt war, ist auch deine Bestimmung, gestern mir, heute dir» (Sir 38,22).

WIE IM HIMMEL: *Ein Zustand höchsten Glücks und Wohlbefindens.* «Himmel» ist ein sowohl kosmologischer als auch religiöser Begriff für das, was über der Erde ist. Das deutsche Wort ist in seiner Wurzel verwandt mit «Hemd» und meint ursprünglich Decke oder Hülle. In der Antike stellte man sich den Himmel vor als eine über die Erde gewölbte Glocke aus Erz, über der Wasser war. Erst darüber, im dritten Himmel, war der Thron Gottes. So sagt der Apostel Paulus von sich, er sei einmal «entrückt (worden) bis in den dritten Himmel» (2 Kor 12,2). Erst später, in Talmud und Koran, tauchte die Vorstellung auf, daß Gottes Wohnung «im siebten Himmel» sei. Mit «Himmel» ist in der Bibel oft auch Gott selbst gemeint. Denn im Judentum gab es eine Tendenz, zur Vermeidung des Gottesnamens statt von Gott vom Himmel zu sprechen, was auch ins Neue Testament übergegangen ist (z.B. Mk 11,30; Lk 15,18). In ähnlicher Weise sprach man vom

«Himmelreich» (z.B. Mt 3,2) anstelle von «Reich Gottes», das ursprünglich die Herrschaft von Gottes Gesetz auf Erden und nicht etwas Außerirdisches bezeichnete. Mit «Himmel und Erde» faßte die Bibel die ganze Schöpfung zusammen (z.B. Gen 1,1; 2,1; 14,22 und oft in den Psalmen oder im Neuen Testament).

BIS IN DEN **HIMMEL** HEBEN: *Eine Sache oder Person enthusiastisch loben.* Das Bibelwort, auf das der Ausdruck zurückgeht, meint nicht ganz das Gleiche, da Jesus ein Bild des Propheten Jesaja vom Hochmut eines damaligen Herrschers (→ *Luzifer*), der den Himmel ersteigen wollte (Jes 14,13), auf die Stadt Kapharnaum, die sich nicht bekehrt hatte, anwendet: «Und du, Kapernaum, wirst du bis zum Himmel erhoben werden? Du wirst bis in die Hölle hinuntergestoßen werden. Denn wenn in Sodom die Taten geschehen wären, die in dir geschehen sind, es stünde noch heutigen Tages» (Mt 11,23; Lk 10,15).

IN DEN **HIMMEL** KOMMEN: *Euphemismus für «sterben»; auch als Ausdruck der Hoffnung auf ein besseres Dasein im Jenseits.* Während das Alte Testament – wie die übrige antike Welt – die Unterwelt als den Ort der Toten ansah (→ Zur *Hölle* bzw. → In die *Grube* fahren), wuchs bei den Christen die Überzeugung, daß sie Seelen der verstorbenen Gläubigen schon vor dem → *Jüngsten* Gericht bei Gott im Himmel sind. Dazu hat offenbar der Ausspruch Jesu an den reuigen → *Schächer* am Kreuz beigetragen: Heute wirst du mit mir im Paradiese sein» (Lk 23,43).

DEN **HIMMEL** OFFEN SEHEN: *Ein großes Glücksgefühl.* Nach einem Wort Jesu zu seinen Jüngern: «Wahrlich, wahrlich, ich sage euch: Ihr werdet den Himmel offen sehen» (Joh 1,51).

HIMMEL UND HÖLLE IN BEWEGUNG SETZEN: *Alle Mittel und Kräfte mobilisieren.* Als Ansporn für den Wiederaufbau des Jerusalemer Tempels nach dem Babylonischen Exil (um 520 v. Chr.) sagte Gott zum Volk durch den Propheten Haggai: «Es ist nur noch eine kleine Weile, so werde ich Himmel und

Erde, das Meer und das Trockene erschüttern. Da sollen dann kommen aller Völker Kostbarkeiten und ich will dieses Haus voll Herrlichkeit machen» (Hag 2,6; aufgegriffen Heb 12,26). Die Erschütterung ist als → *Endzeit* mit kosmischen und politischen Umwälzungen gedacht (Hag 2,21 f.). In der lateinischen Bibel wurde «erschüttern» mit «movere» (= bewegen) übersetzt. Zum heutigen Gebrauch der Redewendung hat vermutlich Vergils Aeneis beigetragen. Dort droht die Göttin Juno den von anderen Gottheiten unterstützten Trojanern Unheil an: «Flectere si nequeo superos, acheronta movebo» (7,312), d. h.: Wenn ich die Himmlischen nicht beugen/beeinflussen kann, werde ich das Acherontische (Acheron-Fluß für Unterwelt/Hölle) bewegen, nämlich zu Hilfe holen.

DER **HIMMEL** ÖFFNET SEINE SCHLEUSEN: *Bild für einen sehr starken Regen.* Im Bericht über die → *Sintflut* heißt es: «An diesem Tag brachen alle Brunnen der großen Tiefe auf und taten sich die Fenster des Himmels auf» (Gen 7,11), wobei der Ausdruck «Fenster» meist mit «Schleusen» übersetzt wird. Nach altorientalischer Vorstellung war die Erde ursprünglich von einem Urmeer bedeckt, das Gott nach dem biblischen Schöpfungsbericht am zweiten Schöpfungstag durch ein Gewölbe, den → *Himmel*, in ein Meer darüber und ein Meer darunter trennte; letzteres wurde dann am dritten Tag vom Land geschieden (Gen 1, 7–10). Nach dieser Anschauung kam das Quellwasser der Brunnen aus dem Meer unter der Erde, der Regen hingegen aus dem Meer über dem Himmel, das in Kammern eingeteilt war (Ps 33,7), die je nach Bedarf geöffnet wurden. «Schleuse» ist ein Lehnwort aus dem mittelalterlichen Latein: «exclusa».

ZWISCHEN **HIMMEL** UND ERDE SCHWEBEN: *Ironisch für jemanden, der den Bezug zur Wirklichkeit verloren hat.* Absalom floh, nachdem er beim Aufstand gegen seinen Vater David die Entscheidungsschlacht verloren hatte, auf seinem Maultier aus dem Kampf, blieb aber mit den Haaren im Geäst einer Eiche hängen: «Er schwebte zwischen Himmel und Erde; denn sein Maultier lief unter ihm weg» (2 Sam 18,9).

HIMMELSCHREIEND: *Beiwort für ein sehr schweres Unrecht oder Verbrechen.* Nach dem Mord an Abel sagte Gott zu Kain: «Die Stimme des Blutes deines Bruders schreit zu mir von der Erde» (Gen 4,10). Die katholische Morallehre sprach früher von «himmelschreienden Sünden» (peccata clamantia): Mord, → *Sodomie*, Unterdrückung der Schwachen und → *Witwen* sowie → Vorenthalten des *Lohnes*

HIMMELSLEITER: → *Jakobsleiter*

HINKEN AUF BEIDEN SEITEN: *Ein Doppelspiel treiben, es jedem Recht machen wollen.* Vorwurf des Propheten Elias an die Israeliten, die zugleich den Gott Israels und die Götter Kanaans verehrten (1 Kön 18,21).

GEDULDIG WIE HIOB/JOB: *Von einem Menschen, der schwere Schicksalsschläge ohne Murren erträgt.* Hiob, eine sagenhafte Gestalt, wird zu Anfang des gleichnamigen biblischen Buches von einem Unglück nach dem andern getroffen und verliert dabei Reichtum, Kinder und Gesundheit, hört aber nicht auf, Gott zu preisen: «Der Herr hat's gegeben, der Herr hat's genommen» (Hiob 1,21). Diese sprichwörtlich gewordene Geduld Hiobs ist für ihn allerdings nur in der Rahmenhandlung des biblischen Buches typisch. Denn in den langen Streitgesprächen, die Hiob mit seinen Freunden führt, geht es um die Frage nach Gottes Gerechtigkeit beim Leiden Unschuldiger. Hier findet Hiob erstaunlich aufrührerische Worte gegen die hergebrachte Auffassung von Leid als Strafe oder Prüfung, bevor er sich der Unergründlichkeit Gottes beugt.

HIOBSBOTSCHAFT/HIOBSPOST: *Benachrichtigung über ein schlimmes Mißgeschick.* Hiob (→ geduldig wie *Hiob*) erfährt von den schrecklichen Unglücksfällen, die erst seine Herden, dann seine Kinder treffen, jeweils durch einen Boten (Hiob 1). Als «Post» wurde früher nicht nur die Organisation zur Beförderung von Mitteilungen bezeichnet, sondern auch deren Inhalt.

Das ist mir zu Hoch: *Ironisch über eine allzu komplizierte Darlegung.* Angesichts der unbegreiflichen Weise, in der Gott in der Welt präsent ist, sagt der Psalm 139,6: «Diese Erkenntnis ist mir zu wunderbar und zu hoch». Ähnlich Hiob 42,3 und Spr 24,7.

Hochmut kommt vor dem Fall: *Sprichwort.* Wörtlich aus der alttestamentlichen Spruchweisheit (Spr 16,18).

Hochmut tut nimmer gut: *Sprichwort.* Nach einem Weisheitsspruch in Luthers Übersetzung (Sir 3,26).

Kein Hochzeitliches Gewand/Kleid anhaben: *Scherzhafte Entschuldigung für eine unangemessene Kleidung in einer festlichen Situation.* In Jesu Gleichnis vom königlichen Hochzeitsmahl, das die zuerst Geladenen, nämlich die Juden, verschmähen, läßt der König einen der ersatzweise Eingeladenen hinauswerfen, weil er «kein hochzeitliches Gewand anhat» (Mt 22,11–13). Damit ist gemeint, daß sich auch die an Stelle der Juden getretenen Sünder und Heiden bekehren müssen, um das Himmelreich zu erlangen.

Seine Hoffnung auf jemand/etwas setzen: *Altertümliche deutsche Redewendung.* Luther übersetzte: «Wohl dem, der seine Hoffnung setzt auf den Herrn» (Ps 40,5), wo es wörtlich heißt: «Selig der, dessen Hoffnung der Name des Herrn ist.»

Eine Hoffnung wird (nicht) zuschanden: *Emphatische Redeweise für die Erfüllung bzw. Nichterfüllung einer Erwartung.* Der Apostel Paulus formuliert ursprünglich etwas anders. Er meint nämlich, daß die Hoffnung im Hl.Geist den Menschen nicht enttäuschen wird: «Wir wissen, daß Trübsal Geduld bringt; Geduld aber bringt Bewährung; Bewährung bringt Hoffnung; Hoffnung aber läßt nicht zuschanden werden» (Röm 5,5). Siehe auch → zu *Schanden* werden

Zur Hölle fahren: *Nach heutigem Verständnis, an den Ort der Verdammnis kommen.* Ursprünglich war mit dem Ausdruck ganz einfach sterben gemeint. So übersetzt Luther:

«Auf daß nicht ich gleich werde denen, die in die Hölle fahren» (Ps 28,1). Das Alte Testament kannte zunächst nur einen einzigen Aufenthaltsort für die Toten, ob gut oder böse.
Für dieses Totenreich fand der aus dem Germanischen stammende Ausdruck «Hölle» Verwendung. Auch in den alten
Fassungen des christlichen Glaubensbekenntnisses hieß es
deshalb von Christus: «abgestiegen zu der Hölle». Es war damit die Unterwelt gemeint, in die er nach seinem Tode zur
Befreiung der Seelen der Gerechten hinabstieg, bevor er von
Gott auferweckt wurde (Höllenfahrt Christi). Aber schon im
Judentum vor der Zeit Jesu gab es, um dem Problem der
Vergeltung gerecht zu werden, die Vorstellung von einer Höl-
le im heutigen Sprachgebrauch, nämlich einem Strafort, wo
die Sünder für ewig vom Feuer gefoltert werden. Im Neuen
Testament ist davon an vielen Stellen die Rede.

Der Weg zur Hölle ist mit guten Vorsätzen gepflastert:
*Scherzhaft bei einem Anlauf zum Guten, von dem man fürch-
tet, daß er nicht lange tragen wird.* Vermutlich nach einem
alttestamentlichen Weisheitsspruch, der früher mit: «Der
Weg der Sünder ist mit Steinen gepflastert; doch sein Ende
ist die Tiefe der Hölle» (Sir 21,10), übersetzt wurde. Richtiger müßte es heißen: «Der Weg ist frei von Steinen», was das
Gleiche meint, daß nämlich der Weg des Sünders leicht zu
gehen ist. «Pflaster» ist ein Lehnwort aus dem lateinischen
Wort «plastrum», das seinerseits aus dem Griechischen
kommt und Salbe bzw. einen mit Salbe bestrichenen Stoff
bedeutet. Im Mittelalter bezeichnete man damit auch einen
mit Mörtel überzogenen Fußboden und erst später einen Be-
lag mit Steinen.

Holocaust: *Seit der gleichnamigen amerikanischen Fernseh-
serie häufige Bezeichnung für die Vernichtung der Juden im
Dritten Reich; jetzt auch für die gezielte Ausrottung anderer
Gruppen von Menschen.* Bei den meisten Opferriten wurde
nur ein kleinerer Teil des Tierkörpers im Feuer vernichtet,
während die besten Stücke zum Opfermahl dienten (Schlacht-
opfer). Im Unterschied dazu gab es einen Ritus, bei dem das
geschlachtete Tier gänzlich verbrannt wurde (Lev 1), was Lu-

ther «Brandopfer» nannte. Das griechische Wort dafür, «holokautoma», war in der lateinischen Vulgata-Bibel mit dem griechischen Lehnwort «holocaustum» (holo = ganz, kauston = verbrannt) wiedergegeben worden, was auch in die englische Bibel übernommen wurde «holocaust»). Siehe auch → *Schoa*

HORTUS CONCLUSUS (dt.: «verschlossener Garten»): *Ironisch für ein elitäres Reservat des Geistes, das nur wenigen zugänglich ist und aus dem nichts herausdringt.* Im Hohenlied sagt der Bräutigam über die Braut: «Meine Schwester, liebe Braut, du bist ein verschlossener Garten, eine verschlossene Quelle, ein versiegelter Born» (4,12). Er will damit zum Ausdruck bringen,daß sie ihm allein gehört, da zu diesem Garten nur der Eigentümer Zutritt hat. Ähnlich das parallele Bild von der Quelle. Sie ist versiegelt, d.h. abgedeckt, damit ihr Wasser rein bleibt. Später wurde die erotische Bildsprache auch allegorisch gedeutet: Bei den Juden als die Liebe Gottes zu seinem Volk, bei den Christen als Liebe Christi zur Kirche oder zur Seele des Gläubigen. In der geistlichen Literatur des Mittelalters wurde das Bild auf Maria, die jungfräuliche Mutter Jesu, übertragen.

AUS DEM «**HOSANNA**» WIRD EIN «KREUZIGE IHN!»: *Jäher Wechsel in der Gunst der Volksmassen.* Aus dem hebräischen «Hosanna» (Hosi ah na = Hilf doch!) wurde schon im Alten Testament ein Lobpreis und eine Akklamation für den König. Die Redensart bezieht sich auf den Wechsel vom Jubel der Menge beim Einzug Jesu in Jerusalem am Palmsonntag (Mt 21,9; Mk 11,9; Lk 19,38; Joh 12,13) zur Forderung seines Todes beim Verhör durch Pilatus (Mk 15,13f.; Lk 23,21).

WIE EIN **HUND**, DER SEIN GESPEITES WIEDER FRISST: *Von einem Menschen, der nach einer inneren Umkehr wieder zu seinen früheren üblen Gewohnheiten zurückkehrt.* Nach einer alttestamentlichen Spruchweisheit: «Wie ein Hund wieder frißt, was er gespien hat, so ist ein Tor, der seine Torheit wieder treibt» (Spr 26,11).

HUNDERTFÄLTIGE FRUCHT TRAGEN: *Reichen Ertrag bringen.* Im Gleichnis vom Sämann sagt Jesus, daß die Samenkörner, die → «auf guten *Boden*» fielen, «hundertfältig Frucht» brachten (Lk 8,8; ähnlich Gen 26,12). Das «hundertfältig» bezieht sich auf die Zahl der Getreidekörner auf einem Halm und bezeichnet eine gute Ernte.

BIN ICH DER HÜTER MEINES BRUDERS?: *Sarkastische Ablehnung der Verantwortung für andere.* Nach der Ermordung seines Bruders in der Geschichte von → *Kain* und Abel gibt Kain auf die Frage Gottes: «Wo ist dein Bruder Abel?» die freche Antwort: «Ich weiß nicht; soll ich meines Bruders Hüter sein?» (Gen 4,9).

HIER LASST UNS HÜTTEN BAUEN: *Scherzhafte Aufforderung zum Verweilen an einem angenehmen Ort.* Bei der Verklärung Jesu auf dem hohen Berg (später mit dem Tabor identifiziert) hört Petrus, wie Jesus mit Moses und dem Propheten Elias spricht, und ruft, um dem überirdischen Glanz des Geschehens Dauer zu verleihen: «Herr, hier ist für uns gut sein! Willst du, so wollen wir hier drei Hütten machen, dir eine, Moses eine, und Elias eine» (Mt 17,4; Mk 9,5; Lk 9,33).

I

IDIOT: *Heute Schimpfwort für einen dummen Menschen; bis gegen Ende des 18. Jh. Bezeichnung für einen Stümper oder Laien im Sinne von Nicht-Fachmann, danach für einen Geisteskranken.* Im Griechischen bezeichnete das Wort «idiótes» (als lat. Lehnwort: «idiota») den Privatmann, der nur seinen eigenen Geschäften nachging und kein öffentliches Amt innehatte, oft auch den einfachen Mann, der nicht zu den Würdenträgern gehörte. So erzählt die Apostelgeschichte nach dem Text der alten Lutherbibel, daß die Mitglieder des Hohen Rates sich über das Auftreten des Johannes und Petrus «verwunderten; denn sie waren gewiß, daß es ungelehrte Leute und Laien (griech.: idiotai, lat.: idiotae) waren» (Apg 4,13). Das Wort «idiotes» hatte auch die Bedeutung von «stümperhaft». So sagt der Apostel Paulus von sich selbst: «Und wenn ich schon ungeschickt (idiotes) bin in der Rede, so bin ich's doch nicht in der Erkenntnis» (2 Kor 11,6). Aus dem Kontext ergibt sich, daß Paulus nicht als großer Prediger galt und andere Glaubenslehrer sich rühmten, besser reden zu können als er: «Denn seine Briefe, sagen sie, wiegen schwer und sind stark; aber wenn er selbst anwesend ist, ist er schwach und seine Rede kläglich» (ebd. 10,10).

IDOL: → *Götze*

IJOB: → *Hiob*

I. N. R. I.: *Häufig auf künstlerischen Darstellungen von Jesu Kreuzigung.* Pilatus ließ am Kreuz Jesu eine Inschrift in den drei Sprachen: Hebräisch, Griechisch und Latein anbringen: «Jesus von Nazareth, König der Juden» (Joh 19,19). I. N. R. I. sind die Anfangsbuchstaben der vier Wörter des lateinischen Textes: «Iesus Nazarenus Rex Iudaeorum». Siehe auch → Was ich *geschrieben* habe, habe ich geschrieben

IRRLEHRE: → *Häresie*

ISRAEL: *Heute bekannt als Name des 1948 neugegründeten Staates der Juden.* Israel bedeutet «Gott kämpft». Der Name wird von der Bibel auf den Patriarchen Jakob zurückgeführt, der nach seinem nächtlichen «Kampf mit dem Engel» (Gen 32,28) diesen Beinamen im Sinne von «Er hat gegen Gott gekämpft» erhielt. Daraus wurde die Bezeichnung für Jakobs/ Israels Nachkommen, das von Moses aus Ägypten geführte Volk. Nach der Bibel organisierte es sich zunächst als ein religiös-politischer Verband von zwölf Stämmen (Ende des 2. Jahrtausends v. Chr.), bis es dann unter Saul, David und Salomo ein Königreich bildete. Nach Salomos Tod (ca. 930 v. Chr.) teilte sich Israel in zwei Königreiche, wobei sich das südliche Reich Juda nannte (mit der Hauptstadt Jerusalem), während das nördliche Reich den Namen Israel beibehielt. 722 v. Chr. wurde es von den Assyrern zerstört, und seine Oberschicht nach Osten verschleppt. Nach dem jetzt üblichen Sprachgebrauch werden die Mitglieder des alttestamentlichen Volkes Israel als «Israeliten», die Bürger des modernen Staates Israel hingegen als «Israelis» bezeichnet.

DAS WAHRE ISRAEL: *Selbstbezeichnung, oft aber auch ironisch gebrauchte Fremdbezeichnung für eine Gruppe, die sich aus Gründen der Reinheit der Lehre oder des Lebenswandels von einer Gemeinschaft abspaltet.* Nach dem Untergang des Teil-reiches → *Israel* und der Wegführung seiner Bewohner fühlten sich die Angehörigen des übriggebliebenen Reiches Juda als «Rest» Israels. So blieb der Name in der religiösen Sprache des Judentums als Bezeichnung für die gläubige Gemeinde erhalten. Die Christen sahen dann in der Kirche, die sie als den in den alten Weissagungen angekündigten «Rest» verstan-den, das wahre Israel.

ISS, TRINK UND FREU DICH DEINES LEBENS: → Liebe *Seele*

J

JA UND AMEN SAGEN: → *Amen*

EIN GEWALTIGER JÄGER VOR DEM HERRN: → *Nimrod*

DIE BÖSEN JAHRE . . . : → Die *Tage*, von denen wir sagen, sie gefallen uns nicht

JAHRMARKT DES LEBENS/DER EITELKEIT: *Bild der Nichtigkeit des menschlichen Strebens.* Im (apokryphen) Buch der Weisheit heißt es vom Sünder und Götzendiener: «Er hält unser Leben für ein Kinderspiel, das Dasein für einen einträglichen Jahrmark» (15,12). Das Bild wird auch dem griechischen Philosophen Pythagoras (6. Jh. v. Chr.) zugeschrieben (Cicero: Tusc. Disp. V, 3, 9 und Diogenes Laertius VIII,1,8). Es wurde von John Bunyan (1628–1688) in «The Pilgrim's Progress» wieder aufgegriffen und von W. M. Thackeray (1811–1863) in seinem gesellschaftskritischen Roman «Vanity Fair» übernommen.

DER WAHRE JAKOB: *Jemand, der in einem bestimmten Bereich mehr Authentizität als andere beansprucht.* Der Name Jakob meint hier den Apostel Jakobus d. Ä. aus dem Neuen Testament. Von ihm berichtet die Apostelgeschichte (12,2) nur, daß er in Jerusalem enthauptet wurde. Nach der Legende soll sein Grab jedoch in Santiago de Compostela sein. Die Pilger, die im Mittelalter den weiten Weg in den Nordwesten Spaniens machten, legten Wert darauf klarzustellen, daß sie dessen eigentliches Grab, den «wahren Jakob», aufsuchten – im Unterschied zu anderen Pilgern, die näher gelegene Wallfahrtsorte mit einem Bezug zu diesem Apostel wählten.

JAKOBS- ODER HIMMELSLEITER: *Bild für die Verbindung zwischen Gott und Mensch.* Als der Patriarch Jakob auf der Flucht vor seinem Bruder Esau auf einem Berg für die Nacht ausruhte, sah er im Schlaf eine Leiter, die vom Himmel zur Erde führte und auf der die Engel auf- und niederstiegen (Gen 28,10–12).

JAMMERTAL: *Pessimistische Charakterisierung des irdischen Daseins.* Der Ausdruck geht auf Psalm 84,7 zurück, wo der Weg des zum Jerusalemer Tempel Wallfahrenden durch ein «dürres Tal» führt. In der lateinischen Bibel war das mit «vallis lacrymarum» (Tal der Tränen/des Jammers) übersetzt worden.

JÄMMERLICH UMKOMMEN: *Auf bemitleidenswerte Weise getötet werden.* Im (apokryphen) Buch Baruch wird in älteren Übersetzungen von Bewohnern Jerusalems gesagt, sie seien bei der Eroberung der Stadt durch die Babylonier (587 v. Chr.) «jämmerlich umgekommen» (2,25).

EIN **JEGLICHES** ZU SEINER ZEIT/STUNDE: → Alles zu seiner *Zeit*

JEHOVA: *Falsche lautliche Wiedergabe des alttestamentlichen Gottesnamens «Jahwe».* Die Bezeichnung «Jehova» taucht erst um das Jahr 1100 n.Chr. auf und wurde nie von den Juden, sondern nur von manchen Christen verwendet. Sie geht auf einen Irrtum beim Lesen der Vokale zurück. Die hebräische Schrift enthielt nämlich ursprünglich nur Konsonanten, aber keine Vokale. Als diese später ergänzt wurden, hatte man den Gottesnamen schon lange nicht mehr ausgesprochen, vielmehr an seiner Stelle das Wort «adonai», d.h. «Herr», gelesen. Die Vokale dieses Wortes setzte man dann zu den Konsonanten von «Jahwe», was dazu führte, den Gottesnamen fälschlich als «Jehova» auszusprechen.

OH **JEMINE**: *Ausruf des Erschreckens oder des Erstaunens.* Zusammengezogen aus der biblischen Anrede «Jesu domine», d.h. «Herr Jesus!» (wovon «Herrje» kommt), um das Verbot zu umgehen, den Namen Gottes oder Jesu leichtfertig auszusprechen. In der Übersetzung Luthers (und der Vulgata) findet sich die Bezeichnung «Kinder Jemini» für den israelitischen Stamm der Benjaminiter (Ri 19,16; 1 Sam 9,1 und 4).

Möglicherweise hat auch dieser seltsam klingende Name zur
Verbreitung von «Oh Jemine» beigetragen.

JEREMIADEN: *Kraftloses Gejammer.* Nach dem Namen des
Propheten Jeremias/Jeremia, der um 600 v. Chr. im Königreich Juda lebte. Ihm wurden von der Tradition die im biblischen Buch der → *Klagelieder* enthaltenen Gesänge zugeschrieben, die die Zerstörung Jerusalems durch die Babylonier im Jahre 587 v. Chr. betrauern.

DIE TROMPETEN/POSAUNEN VON JERICHO: *Bild für großen
Lärm.* Anspielung auf die Eroberung Jerichos unter Josua:
«Da erhob das Volk ein Kriegsgeschrei, und man blies die
Posaunen. Da fiel die Mauer um, und das Volk stieg zur Stadt
hinauf» (Jos 6,20).

DAS HIMMLISCHE JERUSALEM: *Symbolhafter Name für eine
kommende Zeit des Heiles.* Von König David erobert (2 Sam
5,6–9) und zu seiner Hauptstadt erhoben, wurde Jerusalem,
manchmal auch → *Sion* genannt, schon im Alten Testament
zum Symbol prophetischer Hoffnungen (so Jes 51,3 oder Sach
2,10ff.). In der Geheimen Offenbarung schaut der Seher in
die Zukunft: «Und ich sah die heilige Stadt, das neue Jerusalem, von Gott aus dem Himmel herabkommen, bereitet wie
eine geschmückte Braut für ihren Mann» (Offb 21,2). Und er
beschreibt ihre Herrlichkeit (21,10–27).

EINE JEZEBEL: *Symbolgestalt einer ruchlosen, grausamen Herr-
scherin.* Jezebel, eine phönizische Königstochter, war die Gattin des israelitischen Königs Ahab (874–853). Sie verfolgte
die Jahwe-Propheten, insbesonders Elias, und wurde im Aufstand des Jehu getötet (1.Buch Könige 16, 29ff.; 19 und 21;
2.Buch Könige 9).

JOB → *Hiob*

EIN SANFTES JOCH: *Für eine leichte Arbeit oder Beschäftigung.*
Das Joch, unter dem die Zugochsen gingen, war im Altertum
ein Sinnbild des Zwanges und der Unterwerfung. Denen, die

ihm nachfolgen wollten, versicherte Jesus: «Nehmt auf euch
mein Joch und lernt von mir; denn ich bin sanftmütig und von
Herzen demütig; so werdet ihr Ruhe finden für eure Seelen.
Denn mein Joch ist sanft, und meine Bürde ist leicht» (Mt
11,30).

JORDAN: *In vielen Gospel Songs Symbol für den Übergang in
ein besseres Dasein.* Unter Josua zogen die Israeliten durch
den Jordan, den Grenzfluß zum Gelobten Land Kanaan. Das
Geschehen wird in ähnlicher Weise als Wunder Gottes beschrieben wie der Zug durch das Meer unter Moses (Jos 3; Ps
114,3). Der Prophet Elischa heilte den syrischen Feldherrn
Naaman durch ein Bad im Jordan vom Aussatz (2 Kön 5,1–
14), und Jesus ließ sich im Jordan taufen (Mt 3,13; Mk 1,9;
Lk 3,21; Joh 1,29–34).

EIN KEUSCHER JOSEPH: *Spöttisch über einen allzu sittsamen
Mann.* Anspielung auf die Weigerung Josephs, Sohn des
Patriarchen Jakob, mit → *Potiphars* Weib zu schlafen (Gen
39). Manche denken dabei wohl auch an den neutestamentlichen Joseph, den Mann Marias, der Mutter Jesu (→ *Josephsehe*).

JOSEPHSEHE: *Ehe, bei der die Gatten durch Vereinbarung den
geschlechtlichen Verkehr ausschließen.* In Anspielung auf das
eheliche Verhältnis zwischen Maria, der Mutter Jesu, und ihrem Mann Joseph. Die christliche Tradition unterstellt, daß
die beiden nie Geschlechtsverkehr hatten. Manchmal nennt
man eine solche Beziehung auch «Engelehe», nach einem
Wort Jesu, demzufolge die vom Tode Auferstandenen «weder
heiraten noch sich heiraten lassen, sondern sie sind wie Engel
im Himmel» (Mt 22,30).

KEIN JOTA oder NICHT EIN JOTA: *Pedantischer Ausschluß auch
der kleinsten Konzession in Bezug auf einen verbindlichen
Text.* Die Ausdrucksweise geht auf ein Jesuswort im Matthäus-Evangelium zurück: «Bis daß Himmel und Erde vergehen, wird nicht vergehen der kleinste Buchstabe noch ein Tüp-
felchen vom Gesetz» (5,18). In der lateinischen Bibelüberset-

zung stand das Wort «Jota» für «der kleinste Buchstabe», da das Jota im hebräischen Alphabet (dort: jod/jud) tatsächlich diese Charakteristik hat.

ALLE JUBELJAHRE EINMAL: *Ein Ereignis tritt nur in größeren Zeitabständen ein.* Der Ausdruck Jubeljahr (auch Jobeljahr) geht auf eine Vorschrift im alttestamentlichen Gesetz zurück, nach der alle sieben mal sieben Jahre der im vorausgegangenen Zeitraum veräußerte Grund und Boden wieder den ursprünglichen Besitzern zufallen sollte (Buch Leviticus 25,8–17.23–55). Das Wort kommt vermutlich vom Klang des Hornes (hebr. «Jobel»), mit dem das Jahr eröffnet wurde. Luther übersetzte deshalb mit «Halljahr», obwohl vielleicht auch die hebräischen Wörter «jabal» (= als Gabe bringen) oder «jebulk» (= Ertrag des Landes) zugrundeliegen. Die katholische Kirche kennt vom Papst ausgerufene «Jubeljahre» als Anlaß zu einer Pilgerfahrt nach Rom zwecks Ablaßgewinnung, zum ersten Mal im Jahre 1300.

EIN JUDAS, JUDASLOHN, JUDASKUSS: *Der Name Judas wurde zum Synonym für «Verräter».* Nach den Evangelien bot der Apostel Judas mit dem Beinamen Iskariot den Hohenpriestern an, ihnen Jesus auszuliefern (Mt 26,14–16; Mk 14,10f.; Lk 22,1–6). Sie versprachen ihm dafür als Lohn dreißig Silberlinge. Daraufhin führte Judas das Verhaftungskommando in den Garten Gethsemani am Ölberg vor den Toren Jerusalems, wo Jesus mit seinen Jüngern die Nacht zu verbringen pflegte. Judas vereinbarte mit den Bewaffneten, er werde denjenigen küssen, den sie verhaften sollten. Das ist wohl nicht als besondere Bosheit anzusehen, sondern entsprach dem Brauch, daß ein Jünger, der abwesend gewesen war, bei der Rückkehr in den Kreis dem Meister einen Kuß auf die Wange gab. Erst das Wort Jesu: «Judas, mit einem Kuß verrätst du den Menschensohn?» (Lk 22,47f., ähnlich Mt 26,47–50; Mk 14,43–46; Joh 18,1ff.) macht auf die Inkongruenz des Geschehens aufmerksam. Das Wort «Silberling» taucht als Eindeutschung der lateinischen Bezeichnung für eine Silbermünze («argenteus») bereits um das Jahr 830 in einer deutschen Übersetzung des Diatesseron des Tatian auf, einer sog «Evangelienharmonie» die aus den Texten der vier Evangelien einen einheitlichen Handlungsablauf erstellte.

JUDEN: *Mitglieder der Volks- und Religionsgemeinschaft, die sich von den biblischen Patriarchen Abraham, Isaak und Jakob herleitet.* Für die Bibel war der Stamm Juda einer der zwölf Stämme Israels. Nach dem Tode Salomos war Juda ein neben → *Israel* selbständiges Königreich. Das Reich Israel wurde von den Assyrern Ende des 8. Jh.s v. Chr. zerstört, und die in ihm lebenden Stämme verschwanden aus der Geschichte. Das Reich Juda existierte hingegen bis zur Zerstörung Jerusalems im Jahre 587 v. Chr. Seine Bewohner, die trotz des nachfolgenden Exils ihre Identität bewahren konnten, verstanden sich zwar im religiösen Sinne als Israeliten, Nachfolger des → wahren *Israel*. Doch wurden sie in den Jahrhunderten vor der Zeitenwende immer häufiger «Juden» genannt. Im Johannes-Evangelium, das entstand, als die Trennung des Christentums vom Judentum endgültig geworden war, erhielt die Bezeichnung «Juden» einen stark polemischen Beigeschmack. Sie bezieht sich allein auf die Gegner Jesu und läßt dabei außer acht, daß Jesus selbst und seine ersten Anhänger ebenfalls Juden waren.

JUGENDSÜNDEN: *Ironisch für Verfehlungen, die mit der Unbeschwertheit oder Naivität der frühen Lebensjahre erklärt werden.* Der Ausdruck geht auf eine Bitte an Gott im Psalm 25,7 zurück, wo es heißt: «Gedenke nicht der Sünden meiner Jugend!»

JÜNGER: *Schüler oder Anhänger eines Menschen oder einer Lehre.* Die typisch biblische Bezeichnung sowohl für die Apostel als auch für den weiteren Kreis der Anhänger Jesu ist eine Steigerung von «jung», die zum Hauptwort wurde. Sie gibt das griechische Wort für «Schüler» wieder und hat deshalb auch ihren Gegensatz nicht im Ältesten, sondern im Meister.

ZU ETWAS KOMMEN WIE DIE **JUNGFRAU** ZUM KIND: *Wenn einem unerwartet etwas zufällt, um das man sich nicht bemüht hat.* In der Erzählung von der Geburt Jesu verkündet ein Engel der

Jungfrau Maria, daß sie ihren Sohn Jesus vom Heiligen Geist empfangen werde (Lk 1,26 ff.).

JÜNGSTES GERICHT/JÜNGSTER TAG: *Oft ironisch oder sarkastisch, um einen unbestimmten, nie erlebbaren Zeitpunkt zu bezeichnen.* Die altertümliche Ausdrucksweise für das göttliche Gericht über alle Menschen am Ende der Zeiten geht auf das althochdeutsche «zi jungist», nämlich «endlich, zuletzt» zurück und meint «letztes» Gericht. Die Christen erwarten die Wiederkunft Jesu in Herrlichkeit (Parusie), um Gericht zu halten (→ *Apokalyptik*). Nach Mt 25,31–46 sind dabei Maßstab nicht religiöse Werke, sondern Taten der Nächstenliebe. Im Johannes-Evangelium ist mehrfach von der Auferstehung am Jüngsten Tag die Rede (Joh 6,39–44; 11,24; 12,48). Siehe auch → *Tag* des Herrn

K

KAHLKOPF: *Ein Mann mit Glatze.* Eine neue Wortbildung Luthers, verbreitet durch die seltsame Erzählung von den Knaben, die von Bären gefressen wurden, weil sie den Propheten Elischa als «Kahlkopf» verspotteten (2 Kön 2,23 f.).

WIE KAIN UND ABEL: *Symbolgestalten für einen Mörder und sein unschuldiges Opfer.* Die Bibel berichtet, daß Adams erster Sohn Kain seinen Bruder Abel erschlug, weil Gott dessen Opfer angenommen hatte, seines aber nicht (Gen 4). Die Bibel gibt für die Bevorzugung des einen Bruders vor dem anderen durch Gott keinen Grund an und keine der dafür angeführten religionsgeschichtlichen Erklärungen ist voll befriedigend. Die Pointe der parabelhaften Erzählung liegt wohl darin, daß unter den an sich gleichen Brüdern eine Ungleichheit entstand, auf die Kain mit Neid reagierte. Es wird damit eine menschliche Grundsituation beschrieben: Die durch scheinbare oder wirkliche Unterschiede hervorgerufene Rivalität kann zum Mord führen, wenn sie nicht in der rechten Weise bewältigt wird.

KAINSMAL/KAINSZEICHEN: *Im übertragenen Sinne ein unauslöschliches Attribut, das einem Mörder lebenslang anhaftet; manchmal verbunden mit der Vorstellung, daß ein Mörder an seinem Gesichtsausdruck erkennbar sei.* Der Ausdruck hat in der Bibel jedoch einen anderen Sinn. Es heißt dort von → *Kain*, der seinen Bruder Abel erschlagen hatte: «Der Herr machte ein Zeichen an Kain, daß ihn niemand erschlüge, der ihn fände» (Gen 4,15). Es zielt also nicht auf die Brandmarkung eines Schuldigen, sondern ist ein Zeichen des Schutzes, das die uferlose Ausbreitung der Blutrache verhindern will.

KAIROS: *Ein für ein Unternehmen günstiger Zeitpunkt.* Das griechische Wort «kairos» bezeichnet den schicksalhaften Augenblick, der genützt werden muß, oder den Zeitraum, der

sich durch ein besonderes Geschehen von allen anderen unter-
scheidet, im Gegensatz zur gleichförmig dahinfließenden Zeit,
die «chronos» genannt wird. Der Ausdruck «kairos» findet
sich mehrfach im Neuen Testament, um die rechte Zeit für das
Handeln oder das Eintreffen eines Geschehens zu bezeichnen
(Joh 7,6; Mk 1,15; Luk 21,8; Apg 1,7). Im Kapitel 3 des
Predigers wird ebenfalls das Wort «kairos» für «Zeit» oder
«Stunde» verwendet. Siehe auch → Alles zu seiner *Zeit*

DEM KAISER GEBEN, WAS DES KAISERS IST, (UND GOTT, WAS
GOTTES IST): *Ein Wort Jesu, das gerne zitiert wird, wenn es um
Fragen der Abgrenzung zwischen Staat und Religion geht.* Der
Ausspruch findet sich in Jesu Geschichte vom «Zinsgroschen»
(Mt 22,15–22; Mk 12,13–17; Lk,20,20–26). In seiner Allge-
meinheit ist er nicht sehr hilfreich, da die eigentliche Problematik in der schwierigen Abgrenzung des religiösen vom politischen Bereich liegt. Die Pointe der Erzählung Jesu liegt tatsächlich woanders: Die Frage an Jesus, ob man dem Kaiser
Steuer zahlen dürfe, war eine Falle. Denn mit einem Ja hätte
er sich gegen die jüdischen Frommen, mit einem Nein gegen
die römischen Besatzer gestellt. Er vermied geschickt das Dilemma einer eindeutigen Antwort, indem er ein Geldstück zu
sehen verlangte. Ein solches hätte aber, wegen des aufgepräg-
ten Kaiserbildes, eigentlich keiner der Frager besitzen dürfen.
Jesu Antwort, dem Kaiser zu geben, was des Kaisers ist, konnte unter diesen Umständen bei niemandem Anstoß erregen,
weder bei den Frommen noch bei den Römern.

EIN FETTES/GEMÄSTETES KALB SCHLACHTEN: *Versprechen, seine
Gäste gut zu bewirten, besonders in Fällen, wo ein Gast lange
ausgeblieben war.* In Jesu Gleichnis vom → *Verlorenen* Sohn
läßt der Vater bei dessen Rückkehr das Mastkalb schlachten
(Lk 15,23). Gemeint ist ein Tier aus der Herde, das zum
Verzehr bestimmt war und deshalb besonders gefüttert wurde.

KALVARIENBERG: → *Golgotha*

EIN KAMEL DURCH EIN NADELÖHR: *Ein ziemlich unwahrschein-
licher Vorgang.* Die Ausdrucksweise kommt vom Wort Jesu:

«Es ist leichter, daß ein Kamel durch ein Nadelöhr gehe, als daß ein Reicher in das Reich Gottes komme» (Mt 19,24). Es gibt Erklärungsversuche für den doch etwas ungewöhnlichen Vergleich. Nach den einen handelt es sich um eine falsche Lesart, da im griechischen Text statt «kamälon» richtig «kamilion», d. h. Schiffstau, stehen müßte. Andere meinen, mit «Nadelöhr» sei ein kleiner, nur für Fußgänger benutzbarer Einlaß in oder neben einem der Stadttore Jerusalems bezeichnet worden. Diese Erklärungen sind aber vermutlich nur unnötige Abmilderungen einer bewußt paradoxen Formulierung.

KAMELE VERSCHLINGEN: → *Mücken* seihen

IN SEINEM KÄMMERLEIN BETEN: *Heute gerne als Ausdruck privater Frömmigkeit der Teilnahme am kirchlichen Gemeindegottesdienst entgegengesetzt.* Das zugrundeliegende Jesuswort meint nicht genau dasselbe. Jesus wandte sich gegen ein heuchlerisches Zurschaustellen von Frömmigkeit in der Öffentlichkeit: «Wenn du aber betest, so geh in dein Kämmerlein und schließe die Tür zu und bete zu deinem Vater, der im Verborgenen ist; und dein Vater, der in das Verborgene sieht, wird dir's vergelten» (Mt 6,6).

EINEN GUTEN KAMPF KÄMPFEN: *Einsatz für etwas Gutes.* Der Apostel Paulus sagte von sich: «Ich habe den guten Kampf gekämpft, ich habe den Lauf vollendet, ich habe den Glauben gehalten» (2 Tim 4,7; ähnlich 1 Tim 1,18; 6,12).

EIN KAMPF MIT DEM ENGEL: *Überwindung einer tiefen inneren Krise des Selbstwertgefühls.* Anspielung auf ein Erlebnis des Patriarchen Jakob, der bei seiner Rückkehr aus dem Exil in Mesopotamien am Fluß Jabbok in der Nacht mit einem geheimnisvollen Wesen ringen mußte, bevor er seinem Bruder Esau, den er um den Erstgeburtssegen betrogen hatte, gegenübertreten konnte (Buch Genesis 32,25–30).

SPRACHE KANAANS: *Im Protestantismus verwendeter Ausdruck für schwülstiges, am Wortlaut der Bibel klebendes Theologen-*

deutsch. Ursprünglich hieß das Land, in dem die Israeliten siedelten, Kanaan, bevor es → *Palästina* genannt wurde. In einer prophetischen Weissagung über eine bevorstehende Bekehrung Ägyptens heißt es, daß dort fünf Städte «die Sprache Kanaans sprechen» werden (Jes 19,18).

UNTER ALLER KANONE: *Eine Arbeit oder Leistung, die keiner Anforderung genügt.* Eine Wiedergabe der lateinischen Redeweise «sub omni canone» (unter jedem Kanon), nämlich noch unterhalb der bei Schulnoten üblichen Stufen. Das Wort «Kanon» ist hebräischen Ursprungs und bezeichnete zunächst eine Art von Schilfrohr, aber auch eine Meßrute (Ez 40,5) oder einen Wagebalken (Jes 46,6).

KARITATIV: *Für Maßnahmen christlicher Wohlfahrtspflege, meist im katholischen Bereich verwendet, während bei Protestanten eher das Wort → Diakonie üblich ist.* Das Wort kommt von (lat.) «caritas», d.h. Liebe im Sinne von Nächstenliebe, Barmherzigkeit. Es ist die Übersetzung des griechischen Wortes «agape», das die christliche Nächstenliebe vom sinnlich bestimmten «eros» unterscheiden will.

KATECHISMUS: *Systematischer Aufriß der christlichen Glaubenslehre; im übertragenen Sinne auch für eine knappe, übersichtliche Darstellung anderer Wissensgebiete.* Zugrunde liegt das im Neuen Testament verwendete griechische Zeitwort «katächeo», das Informieren oder Belehren bedeutet und mehrfach im Neuen Testament vorkommt (z.B. Röm 2,18 oder Apg 18,25). Davon sind auch die Fremdwörter «Katechese» für die religiöse Unterweisung und «Katechet» für den Religionslehrer abgeleitet.

EINEN KELCH TRINKEN BZW. BITTEN, DASS DER KELCH VORÜBERGEHE: *Anspielung auf eine schwierige, unangenehme Aufgabe.* Während seiner Todesangst im Garten → *Gethsemani* betete Jesus: «Vater, ist's möglich, so gehe dieser Kelch an mir vorüber» (Mt 26,39). In der Antike tranken die Teilnehmer eines Gastmahls nicht jeder aus einem eigenen Becher, sondern aus einem gemeinsamen Kelch, der an der Tafel herumging. Ihn ließ man wohl manchmal vorübergehen, etwa wenn der Wein zu sauer schien. «Kelch» ist ein uraltes Lehnwort der Weinbauern nach dem lateinischen «calix».

EINEN KELCH/BECHER BIS ZUR NEIGE LEEREN ODER DEN BITTEREN KELCH BIS ZU ENDE/BIS ZUR HEFE TRINKEN: *Eine unangenehme Sache bis zum Ende durchstehen.* Die Ausdrucksweise geht auf die Vorstellung zurück, daß das Schicksal eines Menschen mit dem Inhalt eines Bechers verglichen werden kann. Das Alte Testament spricht bei der Ankündigung von Unheil mehrfach vom «Zornbecher» Gottes, der bis zur Neige zu leeren ist: «Der Herr hat einen Becher in der Hand, mit starkem Wein voll eingeschenkt. Er schenkt daraus ein, und die Gottlosen auf Erden müssen alle trinken und sogar die Hefe schlürfen» (Ps 75,9; ähnlich auch Jes 51,17–23; Jer 25,15ff.; Jer 49,12; Klgl 4,21; Hab 2,16). Mit «Hefe» ist in diesem Zusammenhang der Bodensatz des Weines gemeint.

EIN KIND UNTER DEM HERZEN TRAGEN: *Schwanger sein.* Die schöne Wendung findet sich in manchen Übersetzungen von 2 Makk 7,27.

EIN KIND DES TODES: *Ein Mensch in einer Situation, die unausweichlich zu seinem gewaltsamen Sterben führt.* Die Redeweise geht auf 1 Sam 26,16 und 2 Sam 12,5 zurück.

WERDEN WIE DIE KINDER: *Arglos und unkompliziert im Denken und Fühlen.* Nach dem Jesuswort: «Wenn ihr nicht umkehrt und werdet wie die Kinder, so werdet ihr nicht ins Himmelreich kommen (Mt 18,3).

DIE KINDER DES LICHTS: *Emphatisch für gute Menschen.* Nach einem Wort des Apostels Paulus an seine Christen: «Ihr wart früher Finsternis; nun aber seid ihr Licht in dem Herrn. Lebt als Kinder des Lichts; die Frucht des Lichts ist lauter Güte, Gerechtigkeit und Wahrheit» (Eph 5,8f.). Der Ausdruck findet sich auch häufig in den Schriftrollen von Qumran. Die Anhänger dieser Gemeinde bezeichneten sich als «Söhne des

Lichts» im Gegensatz zu den übrigen Menschen, den «Söhnen der Finsternis». Dahinter steht die Vorstellung, daß die Welt von zwei Mächten oder Engeln beherrscht sei: dem Fürsten des Lichts und dem Fürsten der Finsternis.

KINDER SIND EINE GABE GOTTES: *Manchmal auch ironisch als Ausdruck der Resignation über eine unerwartete Entwicklung beim Nachwuchs.* Nach einem Psalmwort (127,3).

KINDER UND KINDESKINDER: *Abfolge mehrerer Generationen von Nachkommen.* Typische Wendung aus der Lutherbibel (zuerst Ex 34,7; siehe dazu → bis ins dritte und vierte *Glied*).

KINDER DIESER WELT: → *Weltkind*

LASSET DIE KINDLEIN ZU MIR KOMMEN: *Manchmal scherzhaft unter entsprechenden Umständen.* Ein Wort Jesu, als man einmal Kinder zu ihm brachte, damit er sie segne, und die Jünger diese Zudringlichkeit abwehren wollten (Mt 19,14). Luther verwendete hier «Kindlein» anstelle von «Kinder» wie in den meisten neueren Übersetzungen.

WAS WIRD AUS DIESEM KINDLEIN WERDEN?: *Scherzhafter Ausruf angesichts eines frühreifen Kindes.* Bei der Beschneidung des kleinen Johannes des Täufers, konnte sein Vater Zacharias, der wegen seines anfänglichen Glaubensmangels stumm geworden war (Lk 1,18–20), plötzlich wieder sprechen. «Und alle, die es hörten, nahmen's zu Herzen und sprachen: Was meinst du, will aus diesem Kindlein werden?» (Lk 1,66).

KIRCHE: *Bezeichnung sowohl für die Gemeinde der Christen als auch für ein christliches Gotteshaus.* Das deutsche Lehnwort ist vom spätgriechischen Adjektiv «kyri(a)kón», dem Herrn («kyrios») gehörig, abgeleitet. Es wurde zunächst auf das Gotteshaus und später erst auf die Gemeinde angewandt, während es im Latein und in den romanischen Sprachen, die das biblische griechische Wort «ekklesia» (Versammlung) für Gemeinde verwenden (ecclesia, église), umgekehrt war.

KLAGELIEDER ANSTIMMEN: *Ironisch für fruchtloses Klagen über ein Unglück.* Der Ausdruck bezieht sich auf das alttestamentliche Buch der Klagelieder, die der Prophet Jeremias angesichts des durch die Babylonier 587 v. Chr. zerstörten Jerusalems verfaßt haben soll. Man spricht daher auch von → *«Jeremiaden»*. Die Klagelieder, beeindruckend durch ihre Melodie voller Trauer und Anklage, finden in der jüdischen und christlichen Liturgie Verwendung, in letzterer am Karfreitag.

IM KLEINEN TREU SEIN: *Lobender Ausspruch für gewissenhafte Pflichterfüllung auch in unwichtig erscheinenden Dingen.* Die Redeweise geht zurück auf das Jesuswort: «Wer im Geringsten treu ist, der ist auch im Großen treu» (Luk 16,10).

ÜBER EIN KLEINES: *Altertümlich für «bald».* Nach einem Wort in den Abschiedsreden Jesu beim Letzten Abendmahl. Wo heute in der Lutherbibel steht «Noch eine kleine Weile», hatte Luther ursprünglich übersetzt: «Über ein Kleines, so werdet ihr mich nicht sehen, und aber über ein Kleines, so werdet ihr mich sehen, denn ich gehe zum Vater» (Joh 16,16).

KLERUS und (altertümlich, bis ins 18. Jh. üblich) KLERISEI: *Bezeichnung für die Gesamtheit der geweihten Träger der Kirchengewalt.* Das griechische Wort «kleros» bedeutet «Los», aber auch «Anteil» oder «Erbe», im weiteren Sinne alles, was einem außer durch Arbeit zufällt. Im Alten Testament wurde damit der durch das Los den Familien zugeteilte Bodenanteil bezeichnet. Auch Israel galt als «Erbbesitz» Gottes (Dtn 9,29). Im Anschluß daran bezeichnete der Ausdruck auch noch im Neuen Testament das ganze christliche Volk (1 Petr 5,3). Die spätere Unterscheidung zwischen Klerus und Laien stützt sich auf eine Stelle in der Apostelgeschichte. Dort wird bei der Nachwahl des durch seinen Verrat und Tod weggefallenen Apostels Judas von diesem gesagt: «Denn er gehörte zu uns und hatte dieses Amt mit uns empfangen» (Apg 1,17), wobei die neue Einheitsübersetzung den Ausdruck «Amt» nicht verwendet, sondern sagt: «Er hatte Anteil an unserem Dienst». Da die Mitglieder des Klerus, die Kleriker, im frühen

Mittelalter die einzigen Schriftkundigen waren, wird im Englischen ein Schreiber oder Buchhalter noch heute «clerk» genannt.

KLOPFET AN . . .: → Wer *sucht*, der findet

EINE GROSSE KLUFT: *Unüberbrückbare Gegensätze.* Im Gleichnis vom Reichen Prasser und dem Armen Lazarus bittet der Reiche, der in den Qualen der Hölle leidet, den Stammvater Abraham, ihm Lazarus, der nach seinem Tode von den Engeln in → *Abrahams* Schoß getragen wurde, mit einem Tropfen Wasser zu senden. Abraham sagt in seiner Weigerung: «Und überdies besteht zwischen uns und euch eine große Kluft, daß niemand, der von hier zu euch hinüber will, dorthin kommen kann und auch niemand von dort zu uns herüber» (Lk 16,26).

KLUG WIE EINE SCHLANGE: *Hinterhältige Schläue.* Bei der Aussendung seiner Jünger gab ihnen Jesus die paradoxe Weisung mit auf den Weg: «Seid klug wie die Schlangen und ohne Falsch wie die Tauben» (Mt 10,16). Nach dem Bericht vom Sündenfall des Menschen war die Schlange «listiger als alle Tiere auf dem Feld» (Gen 3,1).

DIE KNIE NICHT BEUGEN VOR BAAL: *Sich dem Druck einer ideologischen Diktatur nicht unterwerfen.* Als der Prophet Elias sich auf der Flucht vor der Königin Isebel verzweifelt darüber beklagt, daß er allein von allen Anhängern des Herrn übriggeblieben sei und ihm die Götzendiener nach dem Leben trachteten, ermuntert ihn Gott am Berg Horeb, zurückzugehen: «Ich will übriglassen siebentausend in Israel, alle Knie, die sich nicht gebeugt haben vor Baal» (1 Kön 19,18). Die Wendung wird vom Apostel Paulus aufgegriffen (Röm 11,4).

FEURIGE KOHLEN AUF SEIN HAUPT SAMMELN: *Einen Gegner durch Freundlichkeit beschämen, meist in der Hoffnung, ihn dadurch zum Einlenken zu veranlassen.* Die Redeweise stammt vom Apostel Paulus: «Wenn dein Feind hungert, so speise ihn; dürstet ihn, so tränke ihn. Wenn du das tust, wirst du feurige Kohlen auf sein Haupt sammeln» (Röm 12,20). Der Gedanke findet sich bereits in der alttestamentlichen Spruchweisheit (Spr 25,22).

EIN **KOLOSS** AUF TÖNERNEN FÜSSEN: *Macht ohne feste Grundlage.* Im Buch Daniel wird ein Traum von einem riesigen Standbild geschildert. Dessen Haupt war aus Gold, die Brust aus Silber, Bauch und Lenden aus Erz, seine Füße aber teils aus Eisen, teils aus Ton. Als ein Stein das Standbild an den Füßen traf, fiel alles kraftlos zusammen (Dan 2,31 ff.). In diesem Traum wird symbolisch die Abfolge verschiedener Reiche im damaligen Orient angedeutet, die vom kommenden messianischen Reich abgelöst werden. «Koloss» hieß im Griechischen ein Riesenstandbild, so beispielsweise der Koloss von Rhodos, die Statue eines Mannes über der Hafeneinfahrt der Insel, unter deren beiden Beinen die Schiffe durchfahren konnten.

DEN **KOPF** HÄNGEN LASSEN: *Deprimiert sein.* So beschreibt der Prophet Jesaja ironisch die äußeren Gebärden eines heuchlerischen Fastens (Jes 58,5).

SICH ETWAS ÜBER DEN **KOPF** WACHSEN LASSEN: *Mit der Menge oder der Schwierigkeit der anstehenden Probleme und Aufgaben nicht mehr fertig werden.* Im Buch Esra (9,6) klagt sich das Volk vor Gott an: «Unsere Missetat ist über unser Haupt gewachsen . . .»

EINE ROTTE **KORACH**: *Altertümliche Bezeichnung für eine aufmüpfige Gruppe.* Während der langen Wüstenwanderung der Israeliten stellten Korach und sein Anhang die Autorität von Moses und Aaron in Frage. Korach berief sich dabei auf ein allgemeines Priestertum aller Gemeindemitglieder, andere warfen Moses vor, er habe sie nicht, wie versprochen, ins Gelobte Land gebracht. Als Moses das Urteil Gottes anrief, spaltete sich der Erdboden und verschlang die Aufrührer (Num 16).

NICHT GANZ KOSCHER SEIN: *Im übertragenen Sinne verwendet für Sachen oder Angelegenheiten, die den Verdacht der Unkorrektheit erwecken.* Das hebräische Wort «koscher» bedeutet «tauglich, erlaubt» und drückt aus, daß ein Nahrungsmittel den jüdischen Speisevorschriften entspricht, wie sie im Alten Testament (insbes. Lev 11 und Deut 14) grundgelegt sind.

KRÄMERVOLK: *Schimpfwort für eine handeltreibende Nation, in der deutschen Propaganda vor und nach dem I.Weltkrieg gegen die Engländer verwendet; aber schon Adam Smith sprach von einer «nation of shopkeepers».* – Mit dem Ausdruck bezeichnet Luther die in einem dem heutigen orientalischen Bazar ähnlichen Viertel Jerusalems wohnenden Händler, denen der Untergang geweissagt wird (Zef 1,11).

WIE EIN KREBS(GESCHWÜR) UM SICH FRESSEN: *Von einem Übel, das sich ausbreitet.* Als Warnung vor Irrlehrern sagt der Apostel Paulus: «Ihr Wort frißt um sich wie der Krebs» (2 Tim 2,17).

KRETHI UND PLETHI: *Abwertend über eine sehr gemischte Gesellschaft im Sinne von «Pöbel».* So werden die Mitglieder von Davids Leibwache genannt (2 Sam 8,18; 15,18 und 20,7; 1 Kön 1,38). Die Annahme, daß diese aus ausländischen Söldnern bestand und mit den beiden Namen Kreter und Philister gemeint waren, ist nicht sicher. Eher handelt es sich um hebräische Ausdrücke für Scharfrichter und Eilboten.

SEIN KREUZ TRAGEN/AUF SICH NEHMEN: *Geduldige Hinnahme eines Leidens oder einer ungeliebten Aufgabe.* Anspielung auf die Passion Jesu, der sein Kreuz (vermutlich dessen Querbalken) selbst zur Hinrichtungsstätte schleppen mußte.

KRIPPE: *Bezeichnet seit dem 19. Jh. auch ein Tagesheim für Säuglinge und Kleinkinder.* Das Wort bedeutete im Deutschen ursprünglich einen Flechtkorb, speziell einen Futterbehälter. Im Bericht von der Geburt Jesu übersetzte Luther: «Und (Maria) gebar ihren ersten Sohn, und wickelte ihn in Windeln und legte ihn in eine Krippe, denn sie hatten sonst keinen Raum in der Herberge» (Lk 2,5). Seit dem Mittelalter gab es figürliche Darstellungen der Heiligen Familie im Stall zu Bethlehem, die «Krippen» genannt wurden. Diese Erweiterung des Begriffs führte später dazu, daß Betreuungsstätten für Kinder danach benannt wurden.

KRUMME WEGE GEHEN: *Unaufrichtiges, verstecktes Handeln gegen Normen.* In Ps 125,5 heißt es: «Die aber abweichen auf ihre krummen Wege, wird der Herr dahinfahren lassen mit den Übeltätern.»

KYRIE: *Gesangstext zu Beginn der katholischen Messe.* Dabei wird jeweils dreimal wiederholt: «Kyrie eleison – Christe eleison – Kyrie eleison», deutsch: «Herr, erbarme dich» bzw. «Christus, erbarme dich!», wobei die dritte Anrufung auf den Heiligen Geist bezogen wird. Es ist der einzige griechische Text, der sich aus der Liturgie des griechisch geprägten Frühchristentums in der lateinischen Messe erhalten hat. Das Wort «kyrie» ist der Vokativ von «kyrios», der Herr. Die Anrufung findet sich in Psalm 50,3 und häufig in den Evangelien als Hilferuf an Jesus (z. B. Mt 9,28 und 17,15; Lk 7,13).

L

Langer Laban: *Ein Mann von großer, aber vielleicht nicht allzu gut proportionierter Körpergestalt.* In der Bibel gibt es zwar einen Laban, nämlich den schlauen Schwiegervater des Patriarchen Jakob (Gen 29–31). Es wird aber dort nichts über sein Aussehen gesagt. Vermutlich geht der Ausdruck auf eine volkstümliche Alliteration zurück, wobei auch mitgespielt haben mag, daß das Wort Laban an «Lappen» oder «Laffe» erinnert.

Laie: *Ein nicht zu den Amtsträgern gehörendes Mitglied einer Religionsgemeinschaft; im übertragenen Sinne auch jeder, der in Wissenschaft oder Kunst keine professionelle Ausbildung hat.* Das deutsche Lehnwort ist aus «laos», der griechischen Übersetzung des hebräischen Wortes für «Volk», abgeleitet. Damit wird – wie das Volk Israel – auch die christliche Gemeinde der Gläubigen bezeichnet (1 Petr 2,9). Das dazugehörige Adjektiv «laikós» kommt allerdings in der Bibel nicht vor. Sein Gebrauch bei der Gegensetzung von Laien und → *Klerus* hat sich erst später eingebürgert. Wenn in der Bibel vom Laien im heutigen Sinne die Rede ist, steht dafür der Terminus «idiótes», aus dem unser Schimpfwort → *Idiot* entstanden ist.

Wie ein Lamm/Schaf, das zur Schlachtbank geführt wird: *Bild für jemandem, der sich apathisch und widerstandslos einem schlimmen Schicksal entgegenführen läßt, eine Redeweise, die ironisch oft auch in weniger ernsten Situationen gebraucht wird.* Das Bild geht auf den Propheten Jesaja zurück, der vom leidenden Gottesknecht sagte: «Als er gemartert ward, litt er doch willig und tat seinen Mund nicht auf wie ein Lamm, das zur Schlachtbank geführt wird; und wie ein Schaf, das verstummt vor seinem Scherer, tat er seinen Mund nicht auf» (Jes 53,7). Der leidende Gottesknecht wird dann im Christentum mit Jesus gleichgesetzt (Apg 8,30–35).

EIN **LAND**, DARIN MILCH UND HONIG FLIESST: *Ein Land, in dem es sich gut leben läßt.* Häufige Bezeichnung für das → *Gelobte* Land (Ex 3,8; Deut 31,20; Jos 5,6; Jer 11,5; und 32,22; Ez 20,6 und 15; Sir 46,8; Bar 1,20). Es ist ein Land, das anders als die Wüste Erträge bringt, die für den Gaumen besonders köstlich sind. Dieser Gegensatz zur Wüste tritt beim Aufruhr der → Rotte *Korach* deutlich hervor (Num 16,13f.).

DES TAGES **LAST** UND HITZE TRAGEN: *Die Mühen einer Arbeit oder Aufgabe voll auf sich nehmen.* Der Ausdruck geht zurück auf das Gleichnis Jesu von den Arbeitern im Weinberg, in dem ein Hausvater denen, die nur eine Stunde gearbeitet hatten, den gleichen Lohn gibt wie den Arbeitern, die er schon am frühen Morgen angeheuert hatte. Letztere beschwerten sich mit den Worten: «Du hast sie uns gleich gemacht, die wir des Tages Last und Hitze getragen haben» (Mt 20,12). Siehe auch → *Arbeiter* der ersten bzw. elften Stunde

EINER TRAGE DES ANDEREN **LAST**: *Aufforderung, einander hilfreich zu sein; manchmal auch: die Schwächen des Mitmenschen geduldig auszuhalten.* Das Wort geht zurück auf eine Ermahnung des Apostels Paulus an die Christen im Galaterbrief (6,2).

EINE SÜSSE **LAST**: *Emphatisch für einen Liebesdienst, den man gerne auf sich nimmt.* Vermutlich nach dem Jesuswort: «Mein Joch ist sanft, und meine Last ist leicht» (Mt 11,30). Die lateinische Bibel hatte «sanft» mit «suave» (= süß) übersetzt, was sich dann auch in deutschen Übersetzungen fand.

ANDEREN **LASTEN** AUFERLEGEN, DIE MAN SELBER NICHT TRAGEN WILL: *Moralische Forderungen erheben, ohne sich selbst daran zu halten.* In einer polemischen Rede warf Jesus den Schriftgelehrten vor: «Ihr beladet die Menschen mit unerträglichen Lasten, und ihr selbst rührt sie nicht mit einem Finger an» (Lk 11,46; ähnlich Mt 23,4). Damit wandte er sich gegen eine Richtung unter den damaligen Gesetzeslehrern, welche die rituellen Vorschriften immer mehr zu verfeinern suchte, ohne dabei auf die Lebensumstände der einfachen Menschen Rücksicht zu nehmen.

LÄSTERMAUL: *Jemand, der boshaften Klatsch verbreitet.* Der Ausdruck geht, wie auch «Lästerzunge», auf Luther zurück, der die alttestamentliche Spruchweisheit sagen läßt: «Tu von dir die Falschheit des Mundes und sei kein Lästermaul» (Spr 4,24).

WAS LAU IST, WIRD AUSGESPIEN: *Warnung vor Unentschiedenheit in grundsätzlichen Auseinandersetzungen.* Die Redeweise knüpft an ein Wort der Offenbarung des Johannes an: «Ach, daß du doch kalt oder warm wärest! Weil du aber lau bist und weder warm noch kalt, werde ich dich ausspeien aus meinem Munde» (3,15 f.).

ARMER LAZARUS: *Ein Mensch, der durch äußerste Armut und Krankheit Mitleid erregt.* Anspielung auf die Gestalt des mit Geschwüren bedeckten Bettlers im Gleichnis Jesu vom reichen Prasser und vom armen Lazarus (Lk 16,19 ff.). Siehe → *Abrahams* Schoß

LAZARETT: *Heute Bezeichnung für Militärkrankenhaus.* Die Mitglieder des vom hl. Vinzenz von Paul (1581–1660) gegründeten Krankenpflegerordens nannten sich in Erinnerung an die Gestalt des → Armen *Lazarus* «Lazaristen». Für ihre Krankenanstalten kam dann in Italien der Name «Lazarett» auf.

DAS IST DER LAUF DER/DIESER WELT: *Resignierte Feststellung angesichts ungerecht erscheinender menschlicher Schicksale.* Die Redeweise hat bei Paulus einen etwas anderen Sinn, wenn er die durch Christus lebendig gemachten Gläubigen an ihre frühere Situation erinnert: «Ihr waret tot in euren Übertretungen und Sünden, in welchen ihr vormals gewandelt seid nach dem Lauf dieser Welt» (Eph 2,1 f.).

SEIN LEBEN FINDEN/GEWINNEN – VERLIEREN: *Im übertragenen Sinne für das Erreichen bzw. Verfehlen einer Bestimmung oder eines Sinnes im Dasein.* Nach dem Jesuswort: «Wer sein Leben findet, der wird's verlieren; und wer sein Leben verliert um meinetwillen, der wird's finden.» (Mt 10,39; Lk 9,24; Joh 12,25).

Nach dem Leben trachten: *Mordpläne hegen.* So übersetzte Luther, was in der Vulgata «animam quaerere» heißt (Jer 4,31).

Herrlich und in Freuden Leben: *Synonymes Wortpaar für Wohlleben.* Zu Beginn des Gleichnisses Jesu vom reichen Prasser und dem → Armen *Lazarus* heißt es: «Es war ein reicher Mann, der kleidete sich mit Purpur und köstlicher Leinwand und lebte alle Tage herrlich und in Freuden» (Lk 16,19).

Lebendig tot sein: *Jemand, dessen Lebensäußerungen radikal reduziert sind; im übertragenen Sinne auch jemand, der aus einer Gemeinschaft ausgeschlossen ist.* In einer Ermahnung über das rechte Betragen der → Witwen sagt der Apostel Paulus: «Eine aber, die ausschweifend lebt, ist lebendig tot» (1 Tim 5,6).

Lebenssatt: → *satt* an Tagen

Gesegneten Leibes: *Altertümlich für Schwangerschaft.* Die Bibel bringt immer wieder Segen und Fruchtbarkeit zusammen, so schon bei der Erschaffung des ersten Menschenpaares: «Und Gott segnete sie und sprach zu ihnen: Seid fruchtbar und mehret euch!» (Gen 1,28). Als die schwangere Maria, die Mutter Jesu, zu ihrer Base Elisabeth kam, sagte diese zu ihr, eine alte Segensverheißung (Dtn 28,4) aufgreifend: «Gebenedeit (d. h. gesegnet) ist die Frucht deines Leibes» (Lk 1,42), was dann zur Wendung «gesegneten Leibes» geführt haben mag, da die Worte Elisabeths in das vielgebrauchte Gebet des → *Ave* Maria einbezogen wurden.

Sein Leid in sich hineinfressen: *Unfähigkeit zur Aussprache, typisch für depressive Stimmungen.* In Psalm 39,3 klagt der Beter: «Ich bin verstummt und still und schweige fern der Freude und muß mein Leid in mich hineinfressen».

Aussehen wie das Leiden Christi: *Scherzhaft-frivol über jemanden, der einen kranken Eindruck macht.* Anspielung auf Jesu Passion.

LEIHMUTTER: *Eine Frau, die auf Grund einer Abmachung an Stelle einer anderen, kinderlosen Frau von deren Ehemann ein Kind empfängt und dieses austrägt.* Der Vorgang, wenn auch nicht das Wort, findet sich mehrfach in den biblischen Patriarchenerzählungen. So wenn Sara, Abrahams unfruchtbare Ehefrau, diesem ihre Magd Hagar zuführt (Gen 16) oder wenn Jakob mit den beiden Mägden seiner Frauen Lea und Rahel auf deren Aufforderung hin Kinder zeugt (Gen 30,1–12). Nach damaliger Sitte galt das unter solchen Umständen geborene Kind rechtlich als Nachkomme der Ehefrau.

DIE LETZTEN WERDEN DIE ERSTEN SEIN: → Die *ersten* werden die letzten sein

LEVIATHAN: *Seit dem gleichnamigen staatsphilosophischen Werk des Engländers Thomas Hobbes (erschienen 1651) ein Bild der Staatsmaschinerie, an welche die von der Anarchie bedrohten Einzelnen all ihre Rechte übertragen.* Die Bezeichnung «Leviathan» bei Hobbes kommt vom biblischen Namen für den aus der phönizischen Mythologie entlehnten Chaosdrachen, ein riesiges Meerungeheuer (so Ps 74,14 und 104,26; Jes 27,1). Im Buch Hiob 3,8 und 40,20 ist wohl eher an das Krokodil gedacht.

JEMANDEM DIE LEVITEN LESEN: *Eine ausführliche Zurechtweisung erteilen.* Die Redeweise scheint auf einen Brauch in Mönchs- oder Klerikergemeinschaften zurückzugehen, als Bestrafung lange Passagen aus der Bibel anhören zu müssen, wobei das Buch Leviticus (= 3.Buch Mose), das fast nur aus Gesetzesvorschriften besteht, als besonders langweilig galt.

ES WERDE LICHT! (lat.: Fiat lux!): *Manchmal als scherzhafte Aufforderung, endlich Licht zu machen.* Nach der biblischen Schöpfungsgeschichte schuf Gott mit diesem Wort als erstes das Licht (Gen 1,3).

MIR GEHT EIN LICHT AUF: *Umgangsprachlich für Beginn einer Einsicht.* Der Psalmvers: «Den Frommen geht ein Licht auf in der Finsternis von dem Gnädigen, Barmherzigen und Gerech-

ten (Gott)» (Ps 112,4) wird vom Matthäus-Evangelium auf
die Menschen zur Zeit des Auftretens Jesu angewandt: «Denen, die saßen am Ort und im Schatten des Todes, geht ein
Licht auf» (4,16).

SEIN LICHT LEUCHTEN LASSEN – SEIN LICHT NICHT UNTER DEN
SCHEFFEL STELLEN: *Fähigkeiten und Begabungen offen wirk-
sam werden lassen.* Nach einem Jesuswort, das den Jüngern
Mut zur Verkündigung der Botschaft machen will: «Man zün-
det auch nicht ein Licht an und setzt es unter einen Scheffel,
sondern auf einen Leuchter; so leuchtet es allen die im Hause
sind. So laßt euer Licht leuchten vor den Leuten, damit sie
eure guten Werke sehen und euren Vater im Himmel preisen»
(Mt 5,15; ähnlich Mk 4,21; Lk 8,16 und 11,33). «Scheffel»
wurde früher ein Gefäß, meist aus Holz, genannt, vom heute
noch in Süddeutschland gebräuchlichen «Schaff», nord-
deutsch «Bütte». Davon kommt die alte Berufsbezeichnung
«Schäffler» bzw. «Böttcher».

DAS LICHT SCHEUEN: *Schlechte Absichten oder Machenschaften vor der Öffentlichkeit verbergen.* In der Lutherbibel heißt
es von den nächtlichen Einbrechern: «Am Tage verbergen sie
sich und scheuen alle das Licht» (Hiob 24,16).

DIE LIEBE IST STARK WIE DER TOD: *Ein Lobpreis auf die Macht
der Liebe.* Nach einer Stelle im Hohenlied (8,6).

DIE LILIEN AUF DEM FELDE: *Schönheit bei Bedürfnislosigkeit.*
In einer Rede gegen das Schätzesammeln und Vorsorgen sagte
Jesus: «Und warum sorgt ihr euch um die Kleider? Schaut die
Lilien auf dem Feld an, wie sie wachsen: sie arbeiten nicht,
auch spinnen sie nicht. Ich sage euch, daß auch Salomo in aller
seiner Herrlichkeit nicht gekleidet gewesen ist wie eine von
ihnen» (Mt 6,28f.; Lk 12,27)

EINE LILIT: *Verführerisch schöne, dämonische Frau.* In einem
Abschnitt über die Verödung des Nachbarlandes Edom wird
geschildert, wie unter den Trümmern der Häuser und Paläste

mit den wilden Tieren jetzt Geister hausen und «Lilit wird auch dort herbergen» (Jes 34,14). Der Name Lilith kommt in der Bibel an keiner anderen Stelle vor. Da in diesem Namen das hebräische Wort für «Nacht» anklingt, vermutet man, daß damit ein weibliches Nachtgespenst gemeint war. In späteren jüdischen Sagen soll Lilit jedoch Adams erste Frau gewesen sein, mit der er aber in Streit geriet, da sie ihm gleich sein wollte. Da habe sie Gott aus dem Paradies vertrieben, weshalb sie sich seither in der Nacht an Männer und Kinder heranmacht, um ihnen zu schaden. Nach dem Sündenfall soll sich Lilit, als Adam später einmal zur Buße lange nicht mit Eva schlief, nachts zu ihm gelegt haben, woraus dann unzählige Dämonen entstanden seien.

WILLST DU ZUR LINKEN, WILL ICH ZUR RECHTEN, (WILLST DU ZUR RECHTEN, WILL ICH ZUR LINKEN): *Großzügige Bereitschaft, beim Streit um eine Sache dem anderen die erste Wahl zu lassen.* Als die Herden des Patriarchen Abraham und seines Neffen Lot zu groß geworden waren, um noch nebeneinander weiden zu können, bot Abraham eine Teilung des bisher gemeinsamen Weidegebietes an und sagte, obwohl er als der ältere das Recht zur Wahl gehabt hätte: «Trenne dich doch von mir! Willst du zur Linken, so will ich zur Rechten, oder willst du zur Rechten, so will ich zur Linken» (Gen 13,9).

DIE LINKE (HAND) WEISS NICHT, WAS DIE RECHTE TUT: *Heute für inkongruentes Verhalten eines Menschen oder einer Institution.* Nach einem Jesuswort gegen diejenigen, die nur Gutes tun, um Ansehen zu gewinnen: «Wenn du aber Almosen gibst, so laß deine linke Hand nicht wissen, was die rechte tut, auf daß dein Almosen verborgen sei» (Mt 6,3).

FÜR EIN LINSENGERICHT: *Aus momentaner Gier etwas weit Wertvolleres verspielen.* Der hungrige Esau, ältester Sohn des Patriarchen Isaak, verzichtete auf das Vorrecht des Erstgeborenen, als ihm sein jüngerer Bruder Jakob bei der Heimkehr von der Jagd einen Topf mit Linsensuppe als Gegenleistung anbot (Gen 25,27–34).

LIPPENBEKENNTNIS: *Eine Obrigkeit oder ein Regime nur mit Worten, aber ohne innere Zustimmung anerkennen.* Durch den Propheten Jesaja droht Gott der Stadt Jerusalem Verderben an, «weil dies Volk mir naht mit seinem Munde und mit seinen Lippen mich ehrt, aber ihr Herz fern von mir ist» (Jes 29,13), ein Vorwurf, der von Jesus aufgegriffen wird (Mt 15,7f.; Mk 7,6f.).

LITURGIE: *Bezeichnung für eine gottesdienstliche Feier, besonders auch für ihren Ablauf nach einem genau festgelegten Zeremoniell.* Das Wort «leitourgía» (wörtlich: «Dienst» oder «zu erbringende Leistung») wurde im Griechischen für die Beiträge einzelner zum Flottenbau oder zu religiösen Festen gebraucht. Im Neuen Testament steht das Wort teils für den Gottesdienst selbst (Lk 1,23; Apg 13,2; Hebr 8,6 und 9,21), teils auch in seinem griechischen Wortsinn für Hilfeleistungen außerhalb des Gottesdienstes (2 Kor 9,12; Phil 2,30).

LOCKVOGEL: *Ein Mensch, der benutzt wird, um andere zu einem Tun zu veranlassen, etwa ein schönes Mädchen, das Gäste in ein Lokal ziehen soll; manchmal auch verwendet für einen Lockspitzel (agent provocateur).* In der Antike verwendete man zum Vogelfang oft Körbe, deren Tür nur den Zutritt, nicht aber den Austritt erlaubte. Zahme oder bereits gefangene Vögel, die hineingesetzt wurden, veranlaßten dann ihre Artgenossen, in den Korb zu kommen. Ein Bild, das mehrfach in der Bibel verwendet wird, um vor schlechten Menschen zu warnen; so Jer 5,27 und Sir 11,30.

SEINEN LOHN DAHIN HABEN: *Keine Ansprüche mehr haben, da man schon etwas, wenn auch Minderwertigeres, bekommen habe.* Über Leute, die mit ihrer Wohltätigkeit prahlen, sagte Jesus, sie hätten durch den Ruhm bei den Menschen bereits ihren Lohn gehabt, was Luther usprünglich übersetzte: «Sie haben ihren Lohn dahin» (Mt 6,2).

DEN LOHN VORENTHALTEN: *Jemand etwas rechtmäßig Zustehendes verweigern.* In seiner Belehrung, die er dem jungen Tobias mit auf den Weg gibt, sagt der alte Vater: «Du sollst dem Dürftigen seinen Lohn nicht vorenthalten». Luther formulierte noch: «vorbehalten» (Tob 4,14). Der Spruch richtet sich gegen die Praxis damaliger Arbeitgeber, durch Nichtauszahlen des Lohnes den Arbeiter an sich zu binden. So fordert eine biblische Gesetzesvorschrift: «Es soll des Tagelöhners Lohn nicht bei dir bleiben bis zum Morgen», d. h. nicht über Nacht (Lev 19,13). Noch deutlicher heißt es anderswo: «Du sollst ihm seinen Lohn am selben Tage geben, daß die Sonne nicht darüber untergehe», wobei die Vorschrift noch auf Fremdlinge ausgedehnt wird (Deut 24,14f.). Siehe auch → *Bluthund*

WIE LOTS FRAU/WEIB: *Über jemand, der in einer gefahrvollen Situation sich mit Vergangenem beschäftigt, anstatt sein Augenmerk nach vorne, auf die zu überwindende Gefahr, zu richten; manchmal auch für jemand, der sich in Lebensgefahr wegen seines Besitzes beunruhigt oder der in einer Gefahr zu neugierig ist.* Anspielung Jesu (Lk 17,32) auf eine Episode im Bericht vom Untergang → *Sodoms*: Als Lot mit seiner Familie von den Engeln aus der Stadt geführt wurde, erhielt er die Warnung, niemand solle sich umdrehen. Nur seine Frau tat es, woraufhin sie → zu einer *Salzsäule* erstarrte (Gen 19,17 und 26).

WIE EIN BRÜLLENDER LÖWE UMHERGEHEN: *Manchmal scherzhaft-ironisch über eine Autoritätsperson, die sich aufspielt.* Der Ausdruck ist bekannt durch seine Aufnahme in die Komplet, das kirchliche Abendgebet: «Seid nüchtern und wacht; denn euer Widersacher, der Teufel, geht umher wie ein brüllender Löwe und sucht, wen er verschlinge» (aus 1 Petr 5,8).

LÖWENGRUBE: *Ein Ort voller Feinde.* Das Bild war sehr populär wegen der biblischen Erzählung von Daniel, der wegen seiner Weigerung, das Gebet zu seinem Gott zu unterlassen, in eine Löwengrube geworfen wird (Dan 6). Löwen und andere wilde Tiere, die ein Fürst zur Schau stellen wollte, wurden nicht in Käfigen, sondern in Gruben gehalten.

LÜCKENBÜSSER: *Jemand, der mangels eines Besseren einen leeren Platz ausfüllt.* Der Ausdruck kommt von einer früheren

Bedeutung des Wortes «büßen», nämlich «flicken, ausbessern». So heißt es bei Luther in einem Bericht über die Wiederherstellung der Mauern Jerusalems durch Nehemia, daß «sie die Lücken angefangen hatten zu büßen» (Neh 4,1).

LUZIFER: *Gängiger Name für den Anführer der bösen Geister.* Das lateinische Wort «lucifer» bedeutet eigentlich den Bringer des Lichtes, den Morgenstern. Das Buch Jesaija vergleicht in einem, vermutlich auf phönizische Vorbilder zurückgehenden Hymnus den gestürzten König von Babel mit dem Morgenstern: «Wie bist du vom Himmel gefallen, du schöner Morgenstern!... Du aber gedachtest in deinem Herzen: Ich will in den Himmel steigen und meinen Thron über die Sterne Gottes erhöhen. Ja, hinunter zu den Toten fuhrest du, in die tiefste Grube» (Jes 14,12–5; ähnlich Ez 28,11–19). Später wurde die Stelle dann als Hinweis auf den Sturz des Anführers der Engel gedeutet, die sich gegen Gott aufgelehnt hatten.

M

DIE MACHT DER FINSTERNIS: *Die dunkle Seite der Wirklichkeit.*
Bei seiner Gefangennahme sagte Jesus zu den Anführern der
Schar, die ihn verhaftete: «Ich bin täglich bei euch im Tempel
gewesen und ihr habt nicht Hand an mich gelegt. Aber dies ist
eure Stunde und die Macht der Finsternis» (Lk 22,53).

EINE MAGDALENA: *Manchmal ironisch für eine Frau von zwei-
felhaftem Lebenswandel.* Im neuen Testament wird von einer
Maria aus Magdala gesagt, Jesus habe sie «von sieben Dämonen befreit» (Lk 8,2; Mk 16,9). In der späteren Überlieferung
wurde sie deshalb gern mit jener nicht namentlich bezeichneten Frau identifiziert, die Jesus beim Gastmahl des Pharisäers
Simon die Füße wusch, diese mit ihren Haaren trocknete, und
die von den Anwesenden als Sünderin angesehen wurde (Lk
7,36ff.).

DIE MAGEREN JAHRE → Die *fetten* und die mageren Jahre

MAGIER: *Zauberer, Wahrsager.* Die Bezeichnung geht auf den
Stamm der Mager bzw. ihre Priester im westlichen Iran zurück, denen besondere Kenntnisse in den geheimen Wissen-
schaften, besonders in der Traumdeuterei, zugeschrieben wurden. Später fand der Audruck im Griechischen ganz allgemein
auf Weise und Astrologen aus dem Orient Anwendung und
kam so ins Matthäus-Evangelium. Im Deutschen wurden daraus «die Weisen aus dem Morgenland» (Mt 2,1), Erst die
spätere außerbiblische Überlieferung wußte, daß sie zu dritt
waren, und machte aus ihnen Könige.

EINS MAKKABÄER ZWÖLF ACHTZEHN (geschrieben: «1. Macc
12,18»): *Früher in bibelfesten Kreisen manchmal scherzhaft
auf Einladungen für «u. A. w. g.» (um Antwort wird gebeten).*
Als sich die Juden um die Mitte des 2. Jhs. v. Chr. unter Führung der Makkabäer eine gewisse Unabhängigkeit vom helle-

nistischen Syrer-Reich erkämpft hatten, schickten sie mehrfach Gesandte mit Bündnisangeboten nach Rom und Sparta.
Das 1.Buch Makkabäer berichtet darüber und bringt den Text
eines (vermutlich fiktiven) Briefes an die Spartaner, der mit
den Worten endet: «Es wäre freundlich von euch, uns darauf
Antwort zu geben» (12,18).

SCHNÖDER MAMMON: *Verächtliche Bezeichnung für Geld und
Gut.* «Mammon» bedeutete im Aramäischen, der Umgangs-
prache im Palästina der Zeit Jesu, «Besitz, Vermögen». So
sagte Jesus: «Ihr könnt nicht Gott dienen und dem Mammon»
(Lk 16,13; so auch Mt 6,24). Bei Lukas ist vom «ungerechten
Mammon» die Rede (Lk 16,9), wobei der Vorwurf anklingt,
daß Reichtum nicht auf die rechte Weise erworben sein kann.

SEI EIN MANN!: *Mahnung zu Tapferkeit und Entschlossenheit.*
Ein Wort des sterbenden David zu seinem Sohn Salomo
(1 Kön 2,2).

WIE EIN (EINZIGER) MANN: *Für eine Menschengruppe, die in
großer Einigkeit handelt.* Der Ausdruck findet sich mehrfach
in der Bibel: im Buch Richter (20,1,8 und 11) sowie in den
Büchern Esra (2,64; 3,1 und 9; 6,20) und Nehemia (7,66;
8,1).

MANN GOTTES: *Umgangssprachlicher Ausruf.* Moses wird von
der Bibel als «Mann Gottes» bezeichnet (Dtn 33,1).

EIN MANN/KÖNIG NACH DEM HERZEN GOTTES: *Lob eines tüchti-
gen Herrschers.* Gemeint ist David, der Saul als König ersetzte
(1 Sam 13,14; Apg 13,22).

DER MANN IST DES WEIBES HAUPT: *Oft angeführt als biblischer
Beweis für den Vorrang des Mannes vor der Frau.* Eine Behauptung des Apostels Paulus (1 Kor 11,3; Eph 5,23).

MIT MANN UND ROSS UND WAGEN HAT SIE DER HERR GESCHLA-
GEN: *Ironisch bei schweren Niederlagen.* Das Spottgedicht,
nach den Befreiungskriegen entstanden, schildert Napoleons

Rückzug aus Rußland in Anspielung auf den biblischen Bericht über den Untergang des ägyptischen Heeres beim Durchzug der Israeliten durch das Rote Meer: «Und der Pharao zog
hinein ins Meer mit Rossen und Wagen und Männern. Und
der Herr ließ das Meer wieder über sie kommen. Aber die
Israeliten gingen trocken mitten durchs Meer. Da nahm Mirjam, die Prophetin, Aarons Schwester, eine Pauke in ihre
Hand, und alle Frauen folgten ihr nach mit Pauken im Reigen.
Und Mirjam sang ihnen vor: Laßt uns dem Herrn singen, denn
er hat eine herrliche Tat getan, Roß und Mann hat er ins Meer
gestürzt» (Ex 15,19–21).

MANNA: *Heute oft für eine besonders wohlschmeckende Speise.*
Nach der Bibel wurden die Israeliten auf ihrer Wüstenwanderung von Gott mit Manna gesättigt, als sie wegen ihres Hun-
gers gegen Gott und Moses murrten. Es waren kleine Körner, die wie Reif auf dem Boden lagen und nach Honig
schmeckten (Ex 16). Dem durch seine vielen Ausschmückun-
gen zu einem Wunder stilisierten Bericht liegt vermutlich ein
in der Wüste gelegentlich auftretendes Phänomen zugrunde:
Schildläuse, die auf einer Tamariskenart schmarotzen, sau-
gen dort im Frühjahr Pflanzensaft, um ihre Larven zu ernäh-
ren. Der Überschuß fällt in kleinen, syrupartigen Tropfen auf
die Blätter oder den Boden, woraus dann innerhalb weniger
Tage harte und nicht mehr klebrige Krümchen werden, die
wie kristallisierter Honigzucker schmecken. Der Name dafür
wird von der Bibel volksetymologisch durch die Frage der
Israeliten «man hu'», d. h. «Was ist das?», erklärt (Ex
16,15), geht aber wohl auf eine arabische Bezeichnung
(«mann») zurück.

MIT DEM **MANTEL** DER CHRISTLICHEN NÄCHSTENLIEBE ZUDEK-
KEN: *Fehler oder Schwächen übergehen, um den Schuldigen
nicht in Verlegenheit zu bringen.* Im 1.Petrus-Brief heißt es:
«Die Liebe deckt auch der Sünden Menge» (4,8; so auch
schon Spr 10,12 und ähnlich Jak 5,20). Die Erweiterung der
Redewendung durch das Bild vom Mantel geht wohl auf die
Predigten der Barockzeit über den schützenden Mantel Gottes
oder Mariens zurück.

MARK UND BEIN DURCHDRINGEND: *Für ein besonders schrilles Geräusch.* Der Ausdruck stammt aus dem Hebräerbrief, wo allerdings kein Geräusch, sondern die Wirkung des Gotteswortes geschildert wird: «Das Wort Gottes ist lebendig und kräftig und schärfer denn ein zweischneidig Schwert und dringt durch, bis daß es scheidet Seele und Geist, auch Mark und Bein, und ist ein Richter der Gedanken und Sinne des Herzens» (Hebr 4,12).

MARTHADIENSTE: *«Niedrige» Arbeiten in Küche und Haushalt, im Unterschied zu den «höher» eingeschätzten Tätigkeiten intellektueller Art.* Als Jesus einmal bei einer Frau namens Martha einkehrte, setzte sich deren Schwester Maria zu seinen Füßen nieder und hörte seinen Worten zu, während Martha sich geschäftig um die Bewirtung des Gastes kümmerte (Lk 10,38–42). Siehe auch → *Eins* ist notwendig

MARTERN: *Synonym für foltern.* Da die → *Märtyrer* meist sehr grausam zu Tode gebracht wurden, wurde für die dabei angewendete Quälerei das deutsche Lehnwort «martern» (schon bei Luther in 2 Makk 7,42) und «Marter» üblich. Davon abgeleitet ist auch das süddeutsche «Marterl», ein kleines Mahnmal am Wege, das an einen Unglücksfall erinnert.

MARTYRER/MÄRTYRER UND MARTYRIUM: *Jemand, der für seine Überzeugung leidet und sogar stirbt; in der Umgangssprache manchmal auch ironisch für den entsagungsbereiten Verfechter einer Idee verwendet.* Die Sache, wenn auch nicht der Begriff des «Märtyrers» findet sich schon im Judentum der Makkabäerzeit (um die Mitte des 2. Jh. v. Chr.), in der der Ausschließlichkeitsanspruch der biblischen Religion in einen Konflikt auf Leben und Tod mit der vorherrschenden antiken Götterreligion geriet. Es war das erste Mal in der Geschichte, daß Menschen ausdrücklich vor die Wahl gestellt wurden, entweder ihre religiöse Überzeugung aufzugeben oder zu sterben (1 Makk 1,41–64; Beispiele in 2 Makk 6,18ff. und 7). Im römischen Reich konnten die Juden diesem Dilemma entgehen, da sie als Religion anerkannt waren («religio licita»), während die Christen diesen Status erst unter Konstantin (Kaiser seit

312) erlangten. Das griechische Wort «martys» heißt zunächst nur «Zeuge», und «martyrion» das von ihm abgelegte Zeugnis. Im Neuen Testament wurden die Apostel als Zeugen bezeichnet, da sie von dem, was sie mit Jesus erlebt hatten, Zeugnis geben sollten: «Ihr werdet meine Zeugen sein zu Jerusalem und in ganz Judäa und Samarien und bis ans Ende der Erde» (Apg 1,8; ähnlich auch Lk 24, 47f.). Später nannte man Märtyrer nur noch jene Christen, die ihr Glaubenszeugnis mit dem Tod bekräftigten («Blutzeugen»).

MIT DEM MASSE, MIT DEM IHR MESST, WIRD AUCH EUCH ZUGEMESSEN WERDEN: *Warnung vor Selbstgerechtigkeit oder vor Knausrigkeit.* Nach einem Jesuswort: «Nach welchem Recht ihr richtet, werdet ihr gerichtet werden; und mit welchem Maß ihr meßt, wird euch zugemessen werden» (Mt 7,2; Mk 4,24).

MATTHÄI AM LETZTEN: *Feststellung, daß es mit jemand oder mit etwas aus ist.* Die Redewendung ist eine Anspielung auf das Ende der Welt, da das Matthäus-Evangelium mit den Worten des auferstandenen Jesus an seine Jünger schließt: «Und siehe, ich bin bei euch alle Tage bis ans Ende der Welt» (Mt 28,20). «Am letzten» (lat.: in fine) ist eine der formelhaften Angaben, mit denen man sich bis zur Neuzeit beim Zitieren von biblischen und anderen Texten behalf. Die Einteilung der Bibel in Kapitel wurde erst im 13. Jh. durch die Pariser Universität etabliert, nach einem Vorschlag des Kardinals und Erzbischofs von Canterbury Stephen Langton (1150–1228). Und die Einteilung in Verse erfolgte sogar noch später, um 1551/53, durch den Lyoner Verleger Robert Estienne, der sie angeblich auf einem Ritt zu Pferde nach Paris erstellte.

MÄTZCHEN MACHEN: *Unvernünftiges Zeug treiben oder reden.* «Mätzchen» ist ein Diminutiv von Matz, einer Verkürzung des Namens Matthäus, die noch heute in den Koseworten «Hemden-» oder «Hosenmatz» auftaucht. Ob die Redeweise: «Mach keine Mätzchen!» auf die Abwehr der Drohung, es sei → *Matthäi* am letzten, zurückgeht, bleibe dahingestellt.

WIE EINE **MAUER** STEHEN: *Ein Bild für unerschütterlichen Widerstand.* Über den Durchzug der Israeliten durch das Meer auf der Flucht vor ihren ägyptischen Verfolgern sagt die Bibel: «Und die Israeliten gingen hinein mitten ins Meer auf dem Trockenen, und das Wasser war ihnen eine Mauer zur Rechten und zur Linken» (Ex 14,22). Und im anschließenden Siegeslied des Moses, das das Geschehen in hymnischer Sprache schildert, heißt es: «Die Fluten standen wie ein Wall» (Ex 15,8).

DAS **MAUL** HALTEN: *Grobe Aufforderung, stille zu sein.* Nach der Luther-Übersetzung von Jesus Sirach 23,7: «Lernet das Maul halten; denn wer es hält, der wird sich mit Worten nicht vergreifen».

EINEM DAS **MAUL** STOPFEN: *Jemand zum Schweigen bringen.* Die Wendung steht mehrmals in den Psalmen, z. B.: «Aller Bosheit wird das Maul gestopft werden» (Ps 107,42; ähnlich Ps 40,10 und 63,12 sowie Tit 1,11).

MAZZEN: *Die runden, ungesäuerten Brote der Juden.* Bei ihrem eiligen Auszug aus Ägypten (→ *Exodus*) konnten die Israeliten den Teig zum Brotbacken nur ungesäuert mitnehmen (Ex 12,34 und 39), aus dem dann auf Glutasche oder erhitzten Steinen Fladen gebacken wurden. Zur Erinnerung daran essen die Juden bis heute beim Passahfest nur ungesäuertes Brot; entsprechend auch die Hostien beim christlichen Abendmahl, der Eucharistie.

MEMENTO: *Gedenken, Erinnerungswort.* Das lateinische Wort bedeutet: «Du sollst dich erinnern! Gedenke!» Es fand Eingang in den Sprachgebrauch, weil es bei der katholischen Zeremonie des Aschestreuens am Aschermittwoch (oder ähnlich in der Begräbnisliturgie) oft gehört wurde: «Memento, homo, quia pulvis es», d. h. «Gedenke, Mensch, daß du Staub bist!». Der Spruch stammt aus dem Buch Genesis, wo Gott nach dem Sündenfall dem Menschen ankündigt: «Du bist Erde und sollst zu Erde werden» (Gen 3,19).

EIN MENETEKEL: *Wort oder Geschehen, das drohendes Unheil ankündigt.* Als der babylonische König Belsazzar während eines Gelages plötzlich eine geheimnisvolle Schrift an der Wand sah, die keiner seiner Weisen entziffern und deuten konnte, wurde der jüdische Prophet Daniel geholt. Er las die Worte der Inschrift «Mene tekel u-parsin» und erklärte ihren Sinn: «Mene, das ist, Gott hat dein Königtum gezählt und beendet. Tekel, das ist, man hat dich auf der Waage gewogen und zu leicht befunden. Peres, das ist, dein Reich ist zerteilt» (Dan 5,24 ff.).

DER MENSCH DENKT, UND GOTT LENKT: *Wenn etwas anders kommt, als man es sich vorgestellt und gewünscht hat.* Die Redeweise entstand wohl in Anlehung an ein Wort der biblischen Spruchweisheit: «Des Menschen Herz erdenkt sich seinen Weg; aber der Herr allein lenkt seinen Schritt» (Spr 16,9). In seiner heutigen Form wurde der Spruch bekannt durch die «Nachfolge Christi» des Thomas von Kempen (1379/80–1471).

DER MENSCH LEBT NICHT VOM BROT ALLEIN: *Es gibt wichtigere Dinge im menschlichen Leben als die vordergründige Sorge um Nahrung; auch scherzhaft, wenn man Leckerbissen serviert oder serviert bekommt.* Als Jesus in der Wüste hungerte und der Versucher ihn aufforderte, durch ein Wunder aus Steinen Brot zu machen, sagte Jesus zu ihm: «Der Mensch lebt nicht vom Brot allein, sondern von jeglichem Wort, das durch den Mund Gottes geht», d. h. aus dem Mund Gottes kommt (Mt 4,4). Er zitiert damit eine fast gleichlautende Stelle aus dem Alten Testament, nach der der Mensch vor allem aus Gottes Weisungen lebt (Dtn 8,3).

MENSCHEN GUTEN WILLENS: *Menschen, die bestrebt sind, recht zu handeln und anderen zu helfen.* Der Ausdruck geht auf die Übersetzung des Engelgesanges vor den Hirten bei Christi Geburt durch die lateinische Vulgata zurück. Diese Version entspricht sicher nicht dem griechischen Original. Luther, dem das allzu voluntaristisch klang, übersetzte deshalb: «Ehre sei Gott in der Höhe und Friede auf Erden und den Menschen ein Wohlgefallen» (Lk 2,14), während es in der neuen deutschen Einheitsübersetzung heißt: «... und auf Erden ist Friede bei den Menschen seiner Gnade».

WAS HÜLFE ES DEM MENSCHEN, WENN ER DIE GANZE WELT GEWÖNNE UND NÄHME DOCH SCHADEN AN SEINER SEELE: *Warnung vor dem Streben nach Ruhm oder Gütern unter Vernachlässigung der eigentlichen Lebensziele.* Ein Spruch Jesu (Mt 16,26; Mk 8,36; Lk 9,25).

ICH KENNE DIESEN MENSCHEN NICHT: *Barsche Negierung früherer Beziehungen; auch als Weigerung, mit jemand Kontakt aufzunehmen.* Als der Apostel Petrus nach der Gefangennahme Jesu im Hof des Hohenpriesters auf das Ergebnis des Verhörs wartete, wurde er verdächtigt, zum Kreis der Jünger Jesu zu gehören. Voller Angst leugnete er und versicherte: «Ich kenne den Menschen nicht» (Mt 26,72 und 74; Mk 14,71; Lk 22,57).

MENSCHENSKIND: *Ausruf mit verschiedensten Nuancen.* In der Erzählung vom Turmbau von Babel heißt es in der Luther-Bibel: «Da fuhr der Herr hernieder, daß er sähe die Stadt und den Turm, die die Menschenkinder bauten» (Gen 11,5). Luther übersetzte den in der Bibel häufigen hebräischen Ausdruck «bene adam», Söhne des Menschen, mit «Menschenkinder». Damit gibt er sehr treffend wieder, daß der Text hier ironisch auf die geschöpfliche Natur der Menschen anspielt, die der von ihnen unternommenen Aufgabe von vorneherein nicht gewachsen ist. Denn im Hebräischen bezeichnet die Redewendung «Söhne des...» eine Gattung oder Gruppe. Je nach dem Kontext wird «ben adam» in der Bibel auch mit «Menschensohn» übersetzt.

DAS MESSER AN DIE KEHLE SETZEN: *Bedrohen.* In einem biblischen Weisheitsspruch, der sich schon in ägyptischen Spruchsammlungen findet, steht die Warnung: «Wenn du zu Tische sitzt mit einem hohen Herrn, so bedenke wohl, was du vor dir hast, und setze ein Messer an deine Kehle, wenn du gierig bist; wünsche dir nichts von seinen Speisen; denn es ist trügerisches

Brot» (Spr 23,1–3). Das Bild vom Messer meint hier vermutlich, man solle seiner Eßlust Zügel anlegen; oder aber, daß
der Vielfraß sein Leben gefährdet.

EIN MESSIAS: *Heute oft für einen Menschen, von dem man sich
eine grundsätzliche Veränderung der politischen und/oder sozialen Umstände erhofft.* Das hebräische Wort «maschiach»
bedeutet «Gesalbter» und wurde im Alten Testament vornehmlich auf den König, ausnahmsweise auch auf einen Propheten (1 Kön 19,16) und später auch auf die Priester ange-
wendet. Die Salbung mit Öl sollte für die Erfüllung einer Aufgabe tauglich machen, so wie der Krieger oder Athlet seine
Glieder salbt, um sie für den Kampf geschmeidig zu machen.
Am bekanntesten ist die Salbung Sauls und Davids durch den
Propheten Samuel (1 Sam 10,1 und 16,13). In der nachexilischen Zeit verband sich mit dem Titel die Sehnsucht nach
einem Ende von Not und Unterdrückung, das der Messias
durch einen Umsturz aller Verhältnisse herbeiführen sollte.
Griechisch hieß der Messias «christos» (von «chrio» = salben)
und wurde so zu einem der Titel Jesu.

METANOIA: *Ein in den Jahren nach dem II.Weltkrieg in
Deutschland häufig gebrauchter Begriff für Umkehr und Reue.*
Das griechische Wort bedeutet Sinneswandel und Umdenken.
Im Matthäus-Evangelium ruft Johannes der Täufer: «Kehrt
um (metanoeite)! Denn das Himmelreich ist nahe» (Mt 3,2).
Im Markus-Evangelium wird seine Taufe eine solche der
«metanoia» genannt (Mk 1,4; ähnlich Apg 13,24), was hier
meist mit «Buße» übersetzt wird.

ALT WIE METHUSALEM: *Ein sehr hohes Alter.* Bis zur Sintflut,
nach der die Dauer eines Menschenlebens von Gott auf
120 Jahre begrenzt wurde (Gen 6,3), schreibt die Bibel in
ihrer Liste der Nachkommen Adams (Gen 5) den Menschen
ein ungewöhnlich hohes Alter zu. Am ältesten, nämlich 969
Jahre, wurde Methusalem/Metuschelach (Gen 5,27). Man hat
versucht, diese Altersangaben durch die Hypothese glaubwür-
diger zu machen, daß damals anstelle der Jahre mit Monaten
gezählt wurde. Das hilft aber nicht weiter, da dann auch die

Jahresangaben über das Alter bei der Zeugung des jeweils ersten Sohnes entsprechend umgerechnet werden müßten, was ins Kindesalter führt. Vor allem aber gehen derartige Berechnungen an der Aussageabsicht des biblischen Textes vorbei, der die Nachkommen Adams bis zur Sintflut ausdrücklich im Rahmen des Menschlichen halten will. So übernimmt die Bibel zwar die altorientalische Vorstellung von einem weitaus längeren Leben in den frühesten Zeiten der Menschheit, geht dabei jedoch nie über die den göttergleichen Wesen vorbehaltene Grenze von tausend Jahren hinaus – in klarem Kontrast zur babylonischen Geschichtsmythologie, in der das Alter der Urkönige, die als Götter oder Halbgötter galten, nach Jahrtausenden und sogar Jahrzehntausenden gezählt wurde.

EIN MIETLING: *Jemand, der einen Beruf, der existentielles Engagement verlangt, nur um des Gelderwerbs willen ausübt.* Im Johannesevangelium sagt Jesus: «Der gute Hirt läßt sein Leben für seine Schafe. Der Mietling aber sieht den Wolf kommen und verläßt die Schafe und flieht» (Joh 10,11–13).

MILLENARISMUS: → *Tausendjähriges* Reich

MITARBEITER: *Heute meist für Angehörige eines Betriebes.* Das Wort ist eine luthersche Lehnübersetzung des griechischen «synergos». So sagt der Apostel Paulus im Zusammenhang mit dem Einpflanzen und Erbauen (→ *erbaulich*) der Gemeinde Christi: «Wir sind Gottes Mitarbeiter» (1 Kor 3,9).

MITLEID: *Anteilnehmendes Fühlen mit dem Leid anderer.* Eine Lehnübersetzung des griechischen Wortes «sympatheia», das als «compassio» latinisiert worden war. Luther übersetzte eine Ermahnung des Apostels Petrus an seine Gläubigen: «Seid allesamt gleichgesinnt, mitleidig, brüderlich, barmherzig, demütig» (1 Petr 3,8).

MITTAGSDÄMON: → *Daemonus* meridianus

MOHRENWÄSCHE: *Heute meist für den Versuch, einen schuldig gewordenen Menschen als Ehrenmann hinzustellen; früher auch für vergebliche Arbeit.* Der Prophet hält seinen unbußfertigen Landsleuten vor: «Kann etwa ein Mohr seine Haut wandeln oder ein Panther seine Flecken?» (Jer 13,23). Im griechischen Altertum bezeichnete man die Farbigen als «Äthiopier», während unser Wort «Mohr» vom entsprechenden lateinischen Ausdruck «morus/maurus» abgeleitet ist (daher auch «Mauren» und «Mauretanier»).

EIN MOLOCH: *Sinnbild für politische oder soziale Systeme, die den Menschen zerstören.* Moloch (mit verschiedenen Namensvarianten) war eine im Orient und westlichen Mittelmeer (Karthago!) verbreitete Gottheit, der in Not- und Kriegszeiten durch Verbrennen in einer Feuerstätte Menschen, auch Kinder geopfert wurden. Es ist möglich, daß das phönizische Wort zunächst nur die Opfergabe oder einen Opferritus bezeichnete. Die Bibel wendet sich heftig gegen Menschenopfer (Lev 18,21), die offenbar immer wieder auch in Jerusalem Eingang fanden, so nach 2 Kön 23,10 und Jer 32,35, wo der Moloch ausdrücklich genannt ist. Andere Stellen verwenden den Ausdruck «durch das Feuer gehen lassen» (z.B. 2 Kön 16,3; 17,17; 21,6), was dasselbe bedeutet. Der Bericht über die dem Stammvater Abraham von Gott zunächst befohlene, aber dann auf Gottes Geheiß nicht vollzogene Opferung Isaaks (Gen 22) wollte bekräftigen, daß für Abrahams Nachkommen die in Israels Umwelt üblichen Menschenopfer durch Tieropfer zu ersetzen waren.

MÜCKEN SEIHEN UND KAMELE VERSCHLUCKEN: *Widerspruch zwischen skrupulöser moralischer Ängstlichkeit in kleinen Dingen und grober Mißachtung elementarer Verpflichtungen.* Jesus wandte sich mit diesem Bild gegen die Tendenz, die Vorschriften über den Zehnten auch auf Früchte auszudehnen, die im biblischen Gesetz gar nicht erwähnt waren: «Ihr verzehntet Minze, Dill und Kümmel und lasset dahinten das Wichtigste im Gesetz, nämlich das Recht, die Barmherzigkeit und den Glauben» (Mt 23,23f.).

MÜHE UND ARBEIT: → biblisches *Alter*

EIN MÜHLSTEIN AM HALS: *Eine Sache oder Person, die bei der Durchführung einer Aufgabe oder Arbeit hindert.* Im Zusammenhang mit seinem Wort von der Notwendigkeit, zu → werden wie die *Kinder*, sagte Jesus: «Wer aber ärgert dieser Geringsten einen, die an mich glauben, dem wäre besser, daß ein Mühlstein an seinen Hals gehängt und er ersäuft würde im Meer, da es am tiefsten ist» (Mt 18,6; Mk 9,42; Lk 17,2). Die größeren der damals verwendeten Getreidemühlen bestanden aus zwei runden Steinen, deren oberer von einem Menschen oder Esel auf dem unteren gedreht wurde. Dabei faßte ein Zapfen im Unterstein in eine Durchbohrung in der Mitte des Obersteines. Diese Öffnung machte es möglich, jemandem den Oberstein mit einem Strick um den Hals zu binden.

DIE MÜHSELIGEN UND BELADENEN: *Emphatisch für Menschen in schwierigen Lebensumständen.* Nach dem Jesuswort: «Kommt her zu mir, alle, die ihr mühselig und beladen seid; ich will euch erquicken» (Mt 11,28). «Mühselig» kommt von «Mühsal», das wie «Labsal»mit dem Ableitungssuffix «-sal» gebildet ist. Es hat also nichts mit «selig» zu tun, das auf ein altes Wort für Glück zurückgeht.

MULIER FORTIS: *Ironisch für eine übermäßig beleibte Frau.* «Stark» war früher ein beliebter Euphemismus für «dick». Der aus der Vulgata stammende lateinische Ausdruck, der auch mit «eine starke Frau» übersetzt werden kann, steht am Beginn eines Weisheitstextes, der die tatkräftige Hauswirtschafterin preist (Spr 31,10–31): «Wem eine tüchtige Frau beschert ist, die ist viel edler als die köstlichsten Perlen».

MULIER TACEAT IN ECCLESIA: *In grober, manchmal sarkastischer Weise gebraucht, um die Mitsprache der Frauen in Angelegenheiten auszuschließen, die als Männersache angesehen werden.* Der lateinische Ausspruch, der auf den Apostel Paulus zurückgeht, heißt wörtlich: «Sollen die Frauen schweigen in der Gemeinde» (1 Kor 14,34). Wenn manchmal übersetzt wird, die Frauen sollten «in der Kirche» schweigen, so erklärt sich das daraus, daß das aus dem Griechischen kommende Wort «ecclesia» zwar ursprünglich Gemeinde bedeutete, spä-

ter aber im Deutschen mit dem Wort → *Kirche* wiedergegeben
wurde, was sowohl die Gemeinschaft aller Gläubigen als auch
das Kirchengebäude bezeichnen kann.

SEINEN MUND NICHT AUFTUN: *Schweigen, wo man reden könnte
oder sollte.* Nach dem Wort des Propheten Jesaja vom Gottesknecht: «Als er gemartert war, litt er doch willig und tat seinen
Mund nicht auf wie ein Lamm, das zur Schlachtbank geführt
wird; und wie ein Schaf, das verstummt vor seinem Scherer,
tat er den Mund nicht auf» (Jes 53,7).

SEIN MÜTCHEN AN JEMANDEM KÜHLEN: *Der Aggressivität freien
Lauf lassen.* In seinem Siegeslied über den Untergang der
ägyptischen Verfolger beim Durchzug der Israeliten durch das
Rote Meer beschreibt Moses die Absicht des Feindes: «Ich
jage nach, hole ein. Ich teile die Beute, ich stille die Gier» (Ex
15,9), wobei Luther anstelle von «Ich stille die Gier» übersetzte: «Ich kühle meinen Mut».

WIE DIE MUTTER, SO DIE TOCHTER: *Alte Volksweisheit.* Der
Prophet Ezechiel bezieht sich offenbar auf ein Sprichwort,
wenn er die Stadt Jerusalem als eine Tochter → *Israels* bezeichnet, die, wie schon die Mutter, immer wieder von Gott abfiel
(Ez 16,44).

N

NACHFOLGE: *Im übertragenen Sinne auch für die Übernahme eines Vorbildes oder die Weiterführung einer Aufgabe.* In dieser Bedeutung häufig in der Bibel, vor allem in Bezug auf Jesus. Eigentlich ist «mitgehen» gemeint. Die andere Ausdrucksweise erklärt sich aus der damaligen Sitte, daß zwei oder mehr Menschen nicht nebeneinander, sondern hintereinander gingen.

NÄCHSTER: *Heute allgemein Bezeichnung für Mitmensch, meist in einem Kontext gebraucht, der eine Aufforderung oder Verpflichtung zur Hilfe anklingen läßt.* Das deutsche Lehnwort «Nächster» gibt ein hebräisches Wort für die Mitglieder der gleichen politischen oder militärischen Gemeinschaft wieder, das ins Griechische mit «plesios» übersetzt worden war, was ungefähr so viel wie «Nachbar» bedeutete.

NÄCHSTENLIEBE: *Tätige Anteilnahme und Verbundenheit mit allen Menschen, besonders mit den Hilfsbedürftigen.* Das Gebot: «Du sollst deinen Nächsten lieben wie dich selbst!» steht schon im Alten Testament (Lev 19,18), bezog sich damals aber auf die Mitglieder des Volkes Israel und die unter ihnen wohnenden Fremden (so Lev 19,34). Die Nächstenliebe wird dabei nicht so sehr als emotionale Zuneigung gefordert, sondern vielmehr als religiös-politische Pflicht zum Beistand und Helfen, die auch gegenüber einem persönlichen Feind zu üben ist. Im Judentum vor der Zeit Jesu gab es verschiedene Auffassungen, wieweit der Begriff Nächster zu fassen ist. Die einen bezogen ihn nur auf die gesetzestreuen Juden, andere schlossen alle Menschen ein. Jesus beantwortete die Frage mit dem Gleichnis vom → barmherzigen *Samariter*, als ein jüdischer Gesetzeslehrer die Nächstenliebe zwar gleichberechtigt neben das Gebot der Gottesliebe stellte, aber dann fragte: «Wer ist denn mein Nächster?» (Lk 10,25–29).

DIE NACHT, DA NIEMAND WIRKEN KANN: *Eine Situation, die kein aktives Eingreifen erlaubt.* Nach dem Jesuswort: «Wir müssen die Worte dessen wirken, der mich gesandt hat, solange es Tag ist; es kommt die Nacht, da niemand wirken kann» (Joh 9,4). Vermutlich liegt hier eine Anspielung auf eine Stelle beim Propheten Jeremia vor: «Gebt dem Herrn, eurem Gott, die Ehre, ehe es finster wird, und ehe eure Füße sich an den dunklen Bergen stoßen und ihr auf das Licht wartet, während er es doch finster und dunkel machen wird» (Jer 13,15f.).

ICH HABE DICH BEI DEINEM NAMEN GERUFEN: *Sinnspruch zum Namenstag oder bei besonderen Anlässen wie der Konfirmation.* Zum Volk Israel sagte Gott als Bekräftigung seiner Erwählung: «Fürchte dich nicht, denn ich habe dich erlöst; ich habe dich bei deinem Namen gerufen; du bist mein» (Jes 43,1).

SICH EINEN NAMEN MACHEN: *Berühmt werden.* In der Geschichte vom Turmbau zu → *Babel* sprechen die Menschen untereinander: «Wohlauf, laßt uns eine Stadt und einen Turm bauen, dessen Spitze bis an den Himmel reicht, damit wir uns einen Namen machen; denn wir werden sonst zerstreut in alle Länder» (Gen 11,4). Dahinter stand die in alten Zeiten weitverbreitete Vorstellung, daß das, was keinen Namen hat, nicht existiere. Man meinte zudem, daß der Name dem Wesen und den Qualitäten seines Trägers entspricht. Die Pointe der Geschichte liegt also in ihrem letzten Vers, der sich über das Mißlingen der Absicht, mit der die Menschen den Bau des Turmes und der Stadt in Angriff genommen hatten, lustig macht: «Daher heißt ihr Name Babel, weil der Herr daselbst verwirrt hat aller Länder Sprache und die Menschen von dort zerstreut hat in alle Länder» (Gen 11,9).

WAS KANN AUS NAZARETH SCHON GUTES KOMMEN?: *Scherzhafte Rückfrage bei der Erwähnung der Herkunft eines Menschen, besonders wenn es sich um einen wenig angesehenen Ort handelt; oft mit Einsetzung des betreffenden Ortsnamens anstelle von Nazareth.* Als der spätere Apostel Philippus, der soeben ein Jünger Jesu geworden war, seinem Freund Nathanael begeistert davon erzählte, stellte dieser die skeptische Gegenfrage: «Was kann aus Nazareth Gutes kommen? Philippus spricht zu ihm: Komm und sieh» (Joh 1,46). Nazareth, die Heimat Jesu, war damals ein kleiner, unbekannter Ort, sonst nie in der Bibel erwähnt.

SICH IM EIGENEN **NETZ** VERFANGEN: *Bei Machenschaften gegen andere, die zum eigenen Nachteil ausschlagen.* Von den Feinden Israels heißt es: «Ihr Fuß ist gefangen im Netz, das sie gestellt hatten» (Ps 9,16). Im Altertum benutzte man Netze nicht nur zum Fischfang, sondern auch zur Jagd auf Vögel und andere Tiere.

NEUNUNDNEUNZIG GERECHTE: → Mehr Freude im Himmel über einen *Sünder*

NICHTS NEUES UNTER DER SONNE (lat.: Nil novi sub sole): *Resignierte Feststellung, daß alles Schlimme und Törichte schon einmal da war.* Das alttestamentliche Buch Prediger bringt an seinem Anfang die Nichtigkeit alles Irdischen durch den Hinweis auf die Wiederkehr des Ewig-Gleichen zum Ausdruck (Pred 1,9), ein Thema, das zum Gemeingut der damaligen Weisheitsliteratur gehörte mit Parallelen in der ägyptischen und auch mesopotamischen Dichtung.

NIGRA SUM SED PULCHRA: → *Black* is beautiful

NIKODEMUS-STUNDE: *Meist ironisch für eine Begegnung, in der sich jemand über «tiefe» Dinge belehren läßt.* Anspielung auf die nächtliche Unterredung des Schriftgelehrten und Mitglieds des Hohen Rates Nikodemus mit Jesus (Joh 3,1–21). Später gehörte Nikodemus zu den Befürwortern Jesu im Hohen Rat (Joh 7,50–52) und er brachte Myrrhe und Aloe für Jesu Begräbnis (Joh 19,39).

NIL NOVI SUB SOLE: → Nichts *Neues* unter der Sonne

EIN **NIMMERSATT**: *Einer, der nie genug kriegen kann.* Vermutlich nach einem Ausspruch im Buch Prediger: «Das Auge sieht sich niemals/nimmer satt, und das Ohr hört sich niemals/ nimmer satt» (1,8).

EIN NIMROD: *Ein begeisterter und erfolgreicher Jäger.* Hinter dem Namen verbirgt sich eine mythische Sagengestalt Mesopotamiens, der die Gründung von Städten und Reichen zugeschrieben wurde. Die Bibel nennt ihn unter den Nachkommen des Noah-Sohnes Ham: «Der war der erste, der Macht gewann auf Erden, und war ein gewaltiger Jäger vor dem Herrn» (Gen 10,9). Die Ausübung der Jagd durch den Machthaber, bei Fürsten und Adel noch bis in die neuere Zeit ostentativ zur Schau gestellt, geht auf ein uraltes mythologisches Motiv zurück. Der Herrscher mußte sich als Bezwinger des Chaos, symbolisiert in den Wildtieren, erweisen, wie beispielsweise die eindrucksvollen Reliefs mit Darstellungen der assyrischen Könige bei der Löwenjagd deutlich machen.

NOLI ME TANGERE (dt.: Rührmichnichtan): *Bezeichnung für einen Menschen mit übertriebener Empfindlichkeit.* Nach seiner Auferstehung zeigte sich Jesus vor Maria Magdalena, die ihn offenbar spontan umarmen wollte; denn er sagte zu ihr: «Rühre mich nicht an!» (Joh 20,17). Der Ausspruch wurde bei der Darstellung dieser Erscheinung in der abendländischen Malerei häufig als Bildtitel verwendet und kam so mit anderer Bedeutung in den Sprachgebrauch. Auch Pflanzen, wie Mimosen oder Balsamine, die bei jeder Berührung Abwehrbewegungen machen, werden «Rührmichnichtan» genannt.

EIN «NON POSSUMUS» ENTGEGENSETZEN: *Hinweis auf die grundsätzliche Unmöglichkeit, ein Ansuchen zu erfüllen.* Nach der lateinischen Vulgata-Übersetzung sagen Petrus und Johannes in der Apostelgeschichte: «Non possumus» (dt.: «Wir können nicht»), als der Hohe Rat sie auffordert, die Lehre Jesu nicht mehr zu verbreiten (Apg 4,20). Darauf anspielend verwendete der Papst Clemens VII. das Wort, als König Heinrich VIII. von England 1533 um die Scheidung von Katharina von Aragon nachsuchte.

Sein «Nunc Dimittis» sprechen: *Feststellung, daß man sein Lebensziel erreicht hat und nun in Ruhe sterben kann.* Der Ausspruch (dt.: «Nun entläßt du ...») geht auf den greisen Simeon zurück, der das Jesuskind, das die Eltern nach seiner Geburt in den Tempel zu Jerusalem brachten, in seine Arme nahm und sprach: «Herr, nun lässest du deinen Diener in Frieden fahren; denn meine Augen haben deinen Heiland gesehen» (Lk 2,29 f.).

O

DU SOLLST DEM OCHSEN, DER DA DRISCHT, NICHT DAS MAUL VERBINDEN!: *Ein Amtsträger soll auch die Vorteile seiner Position genießen dürfen; nicht selten ironisch, wenn Vorteile an der Grenze oder jenseits der Legalität gemeint sind, auch als scherzhafter Rat, einen Arbeiter gut zu verpflegen.* Der Apostel Paulus zitiert den aus dem Alten Testament (Deut 25,4) stammenden Spruch, um deutlich zu machen, daß ein Verkündiger des Evangeliums oder ein Vorsteher von seiner Gemeinde Gaben zum Lebensunterhalt annehmen darf (1 Kor 9,9; 1 Tim 5,18). Das Bild geht auf die antike Praxis des Dreschens zurück. Um die Getreidekörner von den Halmen zu trennen, trieb man entweder die Tiere über das auf der Tenne ausgebreitete Getreide oder man verwendete schwere, von Rindern gezogene Schlitten aus Holz, an deren Unterseite Flintsteine oder Eisenmesser befestigt waren. Es galt jedoch als kleinlicher Geiz, wenn man die Tiere bei ihrer Arbeit am Fressen zu hindern suchte. Siehe auch → Wer dem *Altar* dient, soll auch vom Altar leben

WER OHREN HAT ZU HÖREN, DER HÖRE!: *Aufforderung, auf eine in einem Text oder Ereignis verborgene Aussage zu achten.* Ausruf Jesu, auf seine Worte zu achten (Mt 11,15).

IN DEN OHREN GELLEN: *Für ein unerträglich schrilles Geräusch.* Die Bibel verwendet den Ausdruck mehrfach bei göttlichen Unheilsankündigungen: «Siehe, ich will ein solches Unheil über diese Stätte (nämlich Jerusalem) bringen, daß jedem, der es hören wird, beide Ohren gellen sollen» (Jer 19,3; ähnlich 1 Sam 3,11; 2 Kön 21,12).

TAUBEN OHREN PREDIGEN: *Mit Mahnungen oder Warnungen nicht gehört werden.* Vermutlich wurde hier eine lateinische Redensart («surdis auribus dicere» bei Livius) mit einer Stelle beim Propheten Jesaja in der ursprünglichen Übersetzung Luthers verschmolzen: «Man predigt wohl viel, aber sie halten es nicht; man sagt ihnen genug, aber sie wollen es nicht hören» (Jes 42,20).

ÖL IN DIE WUNDEN GIESSEN: *Im übertragenen Sinne für Trost und Zuspruch, die jemandem zuteil werden, der durch Fehler oder Mißgeschick gedemütigt wurde.* In seinem Gleichnis vom → barmherzigen *Samariter*, der den von den Räubern halbtot geschlagenen Mann pflegte, erzählte Jesus: «Er goß Öl und Wein in seine Wunden und verband sie ihm» (Lk 10,34). Öl und Wein bzw. Essig waren die damals üblichen Mittel zur Behandlung offener Wunden.

ÖLBERGSTUNDE: → *Gethsemani*

WIE EIN ÖLGÖTZE: *Für einen Menschen, der steif und stumm einem Gespräch oder Geschehen beiwohnt.* Ursprünglich sagte man Öl*berg*götze und meinte damit die Figuren der Apostel in den beliebten Darstellungen der Stunde von → *Gethsemani*. Sie schliefen teilnahmslos, während Jesus seine Todesangst durchlitt. Der Ausdruck → *Götze* bezeichnete im Mittelalter eine Götter- oder Heiligenfigur.

ÖLZWEIG: → *Friedenstaube*

OMNIS HOMO MENDAX (dt.: «Jeder Mensch ist ein Lügner): *Heute meist gebraucht, um zu sagen, daß der Mensch auch dann noch lügt, wenn er die Wahrheit sagen will.* Unter Berufung auf ein Psalmzitat (116,11) stellt der Apostel Paulus den Wankelmut des Menschen der unwandelbaren Treue Gottes gegenüber: «Gott ist wahrhaftig und alle Menschen sind Lügner» (Röm 3,4). Die lateinische Version des Ausspruchs stammt aus der Vulgata-Übersetzung der Bibel.

ONANIE: *Heute meist für Masturbation, in der traditionellen katholischen Moraltheologie jeder Beischlaf, bei dem bewußt eine Empfängnis verhindert wird, sei es durch ein Sichzurückziehen des Mannes vor dem Samenerguß (coitus interruptus), sei es durch die Verwendung von Verhütungsmitteln.* Der Ausdruck kommt von Onan, dem zweiten Sohn des Jakobsohnes Juda. Nach damaligem Brauch sollte er mit der Frau seines verstorbenen Bruders schlafen, der der Erstgeborene war, um diesem einen Nachkommen zu verschaffen. Er ließ aber beim Geschlechtsverkehr seinen Samen zur Erde fallen (Gen 38,6–10). Hintergrund des Berichtes ist der damalige Brauch der sog. Levirats- oder Schwagerehe. Er verlangte vom nächsten Verwandten, eine kinderlos gebliebene Witwe zu heiraten, wobei der erste Sohn aus dieser Verbindung rechtlich als Nachkomme des verstorbenen Bruders galt und damit dessen Linie fortsetzte. Bei der Sünde Onans ging es um eine Rivalität bezüglich der Erstgeburt. Falls sein Bruder ohne Nachkommen blieb, konnte Onan selbst in die Rechte des Erstgeborenen eintreten.

OPPORTUNE IMPORTUNE: → *Gelegen* oder ungelegen

P

PALÄSTINA: *Heute der geographische Name für das biblische Land Kanaan, begrenzt vom Mittelmeer im Westen, dem Hermongebirge im Norden, der Sinaiwüste im Süden und dem Jordan im Osten.* Der von den heutigen Juden nicht mehr gerne gebrauchte Name kommt von den in der Bibel häufig erwähnten → *Philistern*, welche die Küstenebene zwischen Jaffa und Gaza bewohnten, die als Teil Syriens galt, griechisch «Palaistíne Syría». Nach 139 n.Chr. wurde eine römische Provinz im ganzen oben umschriebenen Gebiet Palästina genannt; sie schloß also auch Judäa ein. Zwischen 1920 und 1948 diente der Name als Bezeichnung für das britische Mandatsgebiet. Dieses wurde 1948 zwischen Israel und Jordanien geteilt; Ägypten erhielt den sog. Gaza-Streifen. Seit dem Krieg der Araber gegen Israel im Jahre 1967 ist der jordanische und der ägyptische Anteil des ehemals britischen Mandatsgebiets von Israel besetzt. Die von dort stammenden Menschen werden als «Palästinenser» bezeichnet, im Unterschied zu den «Israelis», den Bürgern des 1948 gegründeten Staates Israel.

WIE EIN PALMESEL: *Übertrieben geschmückt.* Am Palmsonntag, dem Sonntag vor Ostern, wird in der Liturgie des Einzugs Jesu in Jerusalem gedacht (Mt 21,1–11; Mk 11,1–10; Lk 19,29–40; Joh 12,12–19). Jesus ritt damals auf einem Esel und die Menge ging ihm mit Palmzweigen in den Händen entgegen, woher der Name dieses Sonntags kommt. In früheren Zeiten wurde die Szene häufig in Prozessionen nachgestellt, mit der geschnitzten Figur Jesu auf einem prächtig geschmückten hölzernen Esel, der auf Rädern fortbewegt wurde.

PARABEL: *In der Geometrie eine ins unendliche laufende Kurve; in der Literatur eine lehrhafte Erzählung.* Die zweite Bedeutung hat sich über die lateinische Bibelübersetzung einge-

bürgert, die mit «parabola» (aus «parabolé» im neutestamentlichen Griechisch) ein hebräisches Wort für Bildworte und
Vergleiche wiedergab. Das griechische Wort meint das Ne-
beneinandergestellte, den Vergleich.

PARADIES: *Im übertragenen Sinne Bezeichnung für eine Stätte
oder einen Zustand des Glücks, oft auch für den Ort der Seligen
nach dem Tode.* In der griechischen Übersetzung des Alten
Testaments (Septuaginta) wurde der Garten Eden, in den
Gott den Menschen nach seiner Erschaffung setzte (Gen 2,8
und 15), «paradeisos» genannt, ein Wort aus dem Altpersi-
schen, wo es «Garten, Park» bedeutete. Man stellte sich das
Paradies als herrliche, gartenartige Landschaft vor, in der der
Mensch mit der Natur, mit Gott und mit sich selbst in Harmonie lebte. Auch der Vorhof vor frühchristlichen Basiliken,
manchmal auch vor romanischen Kirchen, wird «Paradies»
genannt. Die Bezeichnung «Paradies» für den Ort der Seligen
hat eine Stütze im Wort Jesu an den reuigen Schächer am
Kreuz: «Heute wirst du mit mir im Paradiese sein» (Lk
23,43), und beim Apostel Paulus, der erzählt, daß er «entrückt (wurde) ins Paradies» (2 Kor 12,4).

PARADIESISCHE NACKTHEIT: → *Adamskostüm*

VERTREIBUNG AUS DEM PARADIES – EIN VERLORENES PARADIES:
*Im übertragenen Sinne ein schmerzhafter Bruch im Leben, der
einen Zustand ungestörter Harmonie, z. B. in der Kindheit, beendet.* In der Bibel werden die ersten Menschen nach dem
→ *Sündenfall* aus dem → *Paradies* vertrieben, was in den Bil-
dern vom mühevollen Leben, das ihnen jetzt auferlegt ist
(Gen 3,16–19), exemplifiziert wird. John Milton (1608–
1674) schrieb ein früher viel gelesenes Epos «Paradise Lost»
(Das verlorene Paradies).

PASSION: *Je nach Zusammenhang Leidenschaft oder Liebhabe-
rei, aber auch das Erdulden von schwerem körperlichem oder
seelischem Leid.* In letzterer Bedeutung wird das Wort in Hinblick auf die Leidensgeschichte Jesu Christi gebraucht, die in
der jeweils etwas verschiedenen Fassung der vier Evangelien

in der Liturgie der Karwoche zum Vortrag kommt (Mt 26 und 27; Mk 14 und 15; Lk 22 und 23; Joh 18 und 19).

PASTOR: *Titel für evangelische, in einigen deutschen Gebieten auch für katholische Geistliche.* Das Wort meint «Seelenhirt», nach den Worten Jesu vom «Guten Hirten» (Joh 10). Der Titel «Pfarrer» kommt hingegen nicht aus der Bibel. Er ist entstanden aus dem Lehnwort «Pfarre», nach dem kirchenlateinischen «parochia», griechisch «paroikía» (eigentlich Aufenthalt an einem fremden Ort, dann auch Nachbarschaft). Die Bezeichnung «Pfaffe» hingegen, die bis zu Beginn der Neuzeit keinen verächtlichen Beigeschmack hatte, ist über die gotische Kirchensprache aus dem griechischen «papás» für den Geistlichen abgeleitet.

«PATER, PECCAVI» (dt.: «Vater, ich habe gesündigt»): *Oft als scherzhafte Form für ein Schuldeingeständnis.* In Jesu Gleichnis vom → *Verlorenen* Sohn legt sich der in die Fremde gegangene und dort in Not geratene Sohn die Worte zurecht, die er bei der Heimkehr dem Vater sagen will: «Vater, ich habe gesündigt vor dem Himmel und vor dir» (Lk 15,18).

PATERNOSTER: *Das wichtigste christliche Gebet.* Es ist der lateinische Anfang des «Vaterunsers», jenes Gebetes, das Jesus selbst seine Jünger lehrte (Mt 6,9–13; Lk 11,2–4). Der Zusatz «Denn dein ist das Reich und die Kraft und die Herrlichkeit in Ewigkeit. Amen» ist in alten Handschriften nicht bezeugt, findet sich aber schon im 2. Jahrhundert und wurde nach dem Vorbild der Protestanten in den katholischen Meßtext aufgenommen.

PATERNOSTERAUFZUG: *Ein Aufzug mit offenen Kabinen, die ständig umlaufen; ein ähnliches Prinzip findet man auch bei Baggern oder anderen Hebewerken.* Vor der Verbreitung des Rosenkranzes, bei dem hauptsächlich das → «*Ave* Maria» rezitiert wird, gab es im Mittelalter die Übung, das → «*Paternoster*» oftmals zu wiederholen. Dazu benutzte man eine zusammengeknüpfte Schnur, an der sog. Körner aus verschiedenem Material aufgereiht waren, an denen man die Gebete abzählte. Die

Schnur wurde auch «Paternoster» genannt, eine Bezeichnung, die später in den technischen Bereich übernommen wurde.

PATRIARCH: *Im übertragenen Sinne ein ehrwürdiger alter Mann, manchmal auch abwertend für ein allzu bestimmendes Familien- oder Gemeinschaftsoberhaupt.* Das griechische Wort «Patriarch» meint «Stammvater». Es kommt nur im Neuen Testament vor, in Bezug auf Abraham und die zwölf Söhne Jakobs (Hebr 7,4 bzw. Apg 7,8). Heute werden meist nur Abraham, Isaak und Jakob als Patriarchen bezeichnet. Die altertümliche Übersetzung «Erzväter» erklärt sich aus der Wiedergabe des griechischen Wortstammes «arch-», der Anfang, Ursprung bedeutet, mit → «Erz-». Bei den orthodoxen Christen trägt der oberste Leiter einer unabhängigen Landeskirche den Titel «Patriarch». Im der katholischen Kirche hat sich dieser Titel nur für einige Oberhäupter der mit Rom unierten Christen des Ostens und in Europa für die Erzbischöfe von Venedig und Lissabon erhalten.

DIE KOSTBARE/KÖSTLICHE PERLE: *Herzenswunsch, für dessen Erfüllung man auf alles andere zu verzichten bereit ist.* In seinen Gleichnissen vom Himmelreich sagte Jesus: «(Es) gleicht einem Kaufmann, der gute Perlen suchte, und als er eine kostbare Perle fand, ging er hin und verkaufte alles, was er hatte, und kaufte sie» (Mt 13,45f.). Der Ausdruck «Himmelreich» ist im Matthäus-Evangelium synonym mit der alttestamentlichen Vorstellung vom «Reich Gottes», einer menschlichen Gemeinschaft, deren König Gott ist, weil in ihr seine Herrschaft in Gerechtigkeit und Liebe anerkannt wird. Nach dem Evangelisten hat Jesus in der → *Bergpredigt* die Lebensregeln dafür aufgezeigt. Wer davon hört, so meint das Gleichnis von der Perle, muß alle anderen Lebensziele hintansetzen.

PERLEN VOR DIE SÄUE WERFEN: *Erlesene Dinge oder persönliche Gefühle einem unverständigen Publikum preisgeben.* Jesus warnt einmal sehr drastisch die Jünger vor der unbedachten Weitergabe seiner Lehren: «Eure Perlen sollt ihr nicht vor die Säue werfen, auf daß sie dieselben nicht zertreten mit ihren Füßen und sich wenden und euch zerreißen» (Mt 7,6).

PER PEDES (dt.: zu Fuß): *Scherzhaft für zu Fuß gehen im Gegensatz zu fahren.* Gemeint ist «per pedes apostolorum», d. h. zu Fuß gehen wie die Apostel. Vermutlich geht die Redeweise auf ein Zitat aus dem Propheten Jesaja (52,7) beim Apostel Paulus zurück: «Wie lieblich sind die Füße der Freudenboten, die das Gute verkündigen!» (Röm 10,15).

PETRI HEIL!: *Ein Gruß an den Sportfischer, vermutlich nachgebildet dem «Waidmannsheil!» der Jäger.* Anspielung auf den ursprünglichen Beruf des Apostels Petrus (Mt 4,18).

EIN PFAHL/STACHEL IM FLEISCHE: *Etwas, das einem besonders lästig ist.* Der Apostel Paulus sagt im Zusammenhang mit der Erwähnung seiner Entrückung in den dritten → *Himmel*: «Und damit ich mich wegen der hohen Offenbarungen nicht überhebe, ist mir gegeben ein Pfahl ins Fleisch, nämlich des Satans Engel, der mich mit Fäusten schlagen soll, damit ich mich nicht überhebe» (2 Kor 12,7). Manchmal wird statt «Pfahl» auch «Stachel» übersetzt. Man hat viel gerätselt, was Paulus damit meint. Manche haben eine Krankheit wie Epilepsie vermutet. Möglicherweise denkt Paulus aber nur an den ständigen Widerspruch seiner Gegner.

PFINGSTWUNDER: *Eine trotz Sprachbarrieren oder anderen Verständnisschwierigkeiten überraschend zustandegekommene Einigung.* Als die Apostel nach der Himmelfahrt Jesu in Jerusalem versammelt waren, kam ein Brausen vom Himmel her und Feuerzungen ließen sich auf jeden von ihnen nieder. Sie begannen, erfüllt vom Heiligen Geist, in verschiedenen Sprachen zu reden. Als deshalb viele Leute, auch aus fremden Ländern, zusammenliefen, konnte jeder die Apostel in seiner Sprache verstehen (Apg 2,1–6). Der Name für das spätere Pfingstfest kommt vom jüdischen Laubhüttenfest, das auch nach dem griechischen Wort «pentekoste» («fünfzig») benannt wurde, da man es am 5 o.Tag nach dem Pascha feierte.

DIE ENGE PFORTE: *Heute oft als Sinnbild für die Schwierigkeit gebraucht, einen Zugang zum erwünschten Lebensziel zu finden.* Nach einem Wort Jesu: «Geht hinein durch die enge

Pforte. Denn die Pforte ist weit, und der Weg ist breit, der zur Verdammnis führt, und viele sind's, die ihn gehen. Wie eng ist die Pforte und wie schmal der Weg, der zum Leben führt, und wenige sind's, die ihn gehen» (Mt 7,13 f.; ähnlich Lk 13,24).

SEIN **PFUND**/TALENT VERGRABEN – MIT SEINEN PFUNDEN WU-CHERN: *Vorhandene Fähigkeiten nicht benutzen, bzw. alle gegebenen Möglichkeiten ausnutzen.* Um deutlich zu machen, wie man die Zeit bis zum kommenden Gericht nutzen solle, erzählte Jesus die Geschichte von einem reichen Mann, der seinen Dienern verschieden hohe Geldsummen anvertraute, mit denen sie bis zu seiner Rückkehr zu wirtschaften hatten. (Monetäre Maßeinheit war damals das «Pfund» oder → «*Talent*» Silber) Diejenigen, die mehrere Pfunde erhalten hatten, verdoppelten ihr Geld, während einer, dem nur ein einziges Pfund zugeteilt worden war, es zur größeren Sicherheit in der Erde vergrub. Er wurde von seinem Herrn getadelt, weil er nicht wie die anderen Gewinn gemacht hatte (Lk 19,22 ff.). Früher sagte man dafür «wuchern». Es meint hier so viel wie «wirtschaften».

PHARISÄER: *Schimpfwort für Heuchler.* Die Pharisäer waren eine der großen religiösen Strömungen im Judentum der Zeitenwende. Man vermutet, ihr Name komme vom hebräischen Wort «peruschim», das «die Abgesonderten», bedeutet. Sie sahen auf strenge Erfüllung des Gesetzes und widmeten sich mit großem Eifer dem Studium der Heiligen Schriften. Meist waren sie gebildete Laien und standen im Gegensatz zur priesterlichen Aristokratie. Pharisäische Lehren gingen weitgehend in das damals entstehende rabbinische Judentum ein. Die pauschale Verurteilung der Pharisäer, die Jesus von den Evangelisten in den Mund gelegt wird, entspricht kaum der Wirklichkeit und ist wohl auf die Polemik bei der späteren Trennung von Judentum und Christentum zurückzuführen. Vieles von dem, was Jesus lehrte, findet sich auch in den Texten zeitgenössischer Pharisäer.

WIE DER **PHARISÄER** IM TEMPEL: → Wie der *Zöllner* im Tempel

PHILISTER: *Ein pedantischer und beschränkter Mensch («Bildungsphilister»), in der Studentensprache des 18. und 19. Jahrhunderts jeder Nichtakademiker, besonders wenn er für die Scherze der Studenten kein Verständnis hatte. Philister hießen aber manchmal auch die «alten Herren» der Studentenverbindungen und von «Philisterium» sprach man, wenn der Student ins bürgerliche Leben eintrat.* Die Philister, ein Kriegervolk, siedelten um das Jahr 1200 v. Chr. in der Küstenebene → *Palästinas.* Von dort aus suchten sie auch das von den Israeliten besiedelte Bergland zu erobern, was zu vielen Kämpfen führte, über die in den biblischen Geschichten von Simson (Ri 13–16) sowie Saul und David berichtet wird (1 und 2 Sam). Die Herkunft der Philister ist unsicher. Sie scheinen zu den sog. «Seevölkern» gehört zu haben, die, aus dem kretisch-mykenischen Kulturkreis kommend, vergeblich Ägypten angriffen und sich an verschiedenen Küsten des östlichen Mittelmeerbeckens festsetzten. Ihre abschätzige Bewertung taucht zuerst beim frühchristlichen Theologen Origenes auf, der ihnen allzu erdhafte Interessen zuschrieb, da sie einst Isaaks Brunnen zugeschüttet hatten (Gen 26,15), die in der allegorischen Exegese als Quellen der Weisheit gedeutet wurden. Das heutige Wortverständnis soll durch eine Leichenrede entstanden sein, die Ende des 17. Jh.s in Jena für einen von den Einwohnern erschlagenen Studenten gehalten wurde. Der Redner verwendete nämlich eine Stelle aus der Simson-Delila-Episode, in der Delila ihren Geliebten dreimal mit dem Alarmruf aus dem Schlaf rieß: «Philister über dir, Simson!» (Ri 16).

DIE **PILATUSFRAGE** STELLEN: *Eine grundsätzliche Skepsis hinsichtlich der Erkenntnisfähigkeit des Menschen zum Ausdruck bringen.* Als Jesus beim Verhör vor dem römischen Landpfleger Pontius Pilatus sagte, er sei in die Welt gekommen, von der Wahrheit Zeugnis abzulegen, hielt ihm Pilatus entgegen: «Was ist Wahrheit?» (Joh 18,38).

PLAGE: *Mühselige Tätigkeit oder unangenehme Belästigung.* Ein Lehnwort aus dem Lateinischen, wo «plaga» Strafe, Leiden bedeutet. Es wird in der Vulgata für Gottes Handeln zur Bestrafung seiner Feinde verwendet, so für die zehn Plagen,

die den → *Exodus* der Israeliten aus Ägypten bewirken (1 Sam
6,4; Num 11,33).

PLAPPERN: *Gedankenlos daherreden.* Eine Lautmalerei, durch
Luther allgemein gebräuchlich. Nach einem Jesuswort:
«Wenn ihr betet, sollt ihr nicht viel plappern wie die Heiden
(Mt 6,7).

WIE DER PONTIUS INS CREDO KOMMEN: *Durch die zufällige Ver-
wicklung in eine Angelegenheit, mit der man an sich nichts zu
tun hat, Berühmtheit erlangen.* Pontius, mit dem Beinamen
Pilatus, war von 26–32 römischer Statthalter von Judäa. An
ihn wandte sich der jüdische Hohe Rat, um Jesu Todesurteil
zu erwirken (Mt 27; Mk 15; Lk 23; Joh 18 und 19). Sein
Name steht als einziger aus der Profangeschichte im christlichen Glaubensbekenntnis, das auch «Credo» genannt wird, da
es im Lateinischen mit diesem Wort («Ich glaube») anfängt.
Darin heißt es von Jesus Christus: «... gelitten unter Pontius
Pilatus».

VON PONTIUS ZU PILATUS LAUFEN: *Lange vergeblich bei vielen
verschiedenen Behörden vorsprechen.* Wortspiel mit dem Namen des römischen Landpflegers → *Pontius* Pilatus, der über
Jesus Gericht hielt.

POSAUNENENGEL: *Bildwort für einen Menschen mit pausbäcki-
gem Gesicht.* Nach Abbildungen von Engeln, die beim Endgericht (Mt 24,31; Offb 8,2) mit aufgeblasenen Backen in Posaunen (→ *ausposaunen*) stoßen.

WIE POTIPHARS WEIB: *Zur Kennzeichnung einer Frau, die einen Mann zu verführen versucht.* Anspielung auf eine Episode
in der Geschichte → *Josephs*, den seine Brüder als Sklaven
nach Ägypten verkauften. Dort wollte ihn die Frau des Poti-
phar, seines Herrn, dazu bringen, mit ihr zu schlafen (Gen
39,1–18).

PRAHLEN: *Sich übermäßig rühmen.* Ein durch die Lutherbibel
in die Hochsprache eingeführter mundartlicher Ausdruck. In

einem Psalm fragt der Beter: «Herr, wie lange sollen die Gottlosen prahlen?» (Ps 94,3).

EIN REICHER **PRASSER**: *Scherzhaft für jemanden, der es sich in
seinem Wohlstand gut gehen läßt.* In einem Gleichnis stellt
Jesus dem → Armen *Lazarus* einen reichen Mann gegenüber:
«Der kleidete sich in Purpur und kostbares Leinen und lebte
alle Tage herrlich und in Freuden» (Lk 16,19). Das Wort
«Prasser» steht nicht im Bibeltext, wird jedoch gern in der
Bezeichnung für dieses Gleichnis verwendet. Es kommt vom
niederländischen Wort «brassen», das «lärmen» bedeutet.
Schon von Luther wurde «prassen» im Sinne von «in Saus und
Braus leben» gebraucht.

EIN **PREDIGER**/RUFER IN DER WÜSTE: *Ein Mensch, auf dessen
Ermahnungen nicht gehört wird.* Hier wird auf Johannes den
Täufer angespielt, der von sich sagte: «Ich bin die Stimme
eines Predigers in der Wüste: Ebnet den Weg des Herrn, wie
der Prophet Jesaja gesagt hat» (Joh 1,23). In der Bibel ist
damit allerdings weder die Erfolglosigkeit der Predigt gemeint
noch wird gesagt, daß sich der Prediger in der Wüste befindet.
Vielmehr greift der Täufer einen Ausspruch des Propheten
Jesaja auf, der den Juden im babylonischen Exil die Heimkehr
ankündigt. Mit richtiger Interpunktion gelesen heißt es dort:
«Es ruft eine Stimme: In der Wüste bereitet dem Herrn den
Weg» (Jes 40,3). Nicht der Rufende ist also in der Wüste,
sondern Jesaja denkt an eine Art durch die Wüste führende
Prozessionsstraße, auf der Gott sein Volk nach Hause leiten
wird.

PRIESTER: *Ein in einer religiösen Gemeinschaft zu Opfern Be-
vollmächtigter.* Ein deutsches Lehnwort nach dem griechischen, in den Apostelbriefen für die Gemeindeleiter manchmal verwendeten Wort «presbyteros», was «Ältester» bedeutet. Zum (nichtbiblischen) Titel «Pfarrer» siehe → *Pastor*

PROPHET: *Im üblichen Sprachgebrauch jemand, der die Zukunft vorhersagt.* Das Wort «Prophet» kommt aus dem Griechischen, wo es «Wahrsager, Weissager; Verkünder von Ora-

kelsprüchen» bedeutet, und dient zur Übersetzung des hebräischen Wortes «nabi». In der Bibel waren die Propheten Männer oder auch Frauen, die auf Grund von Visionen oder Auditionen (Hören von Stimmen) den Willen Gottes mitteilten. Als «falsche Propheten» galten solche, die sich zu Unrecht auf göttliche Eingebungen beriefen. Die Aussagen der Propheten bezogen sich zwar oft auf die Zukunft. Doch wenn sie Unheil oder Heil voraussagten, geschah es nicht im Sinne von platter Wahrsagerei, sondern als göttliche Drohung oder Tröstung im jeweiligen geschichtlichen Kontext. Sehr oft war es Kritik am ungerechten und ausbeuterischen Verhalten der Mächtigen. Einmal wird in der Bibel das Wort «Prophet» auch im banalen Sinne verwendet, als nämlich Jesus während seiner Passion wahrsagen soll, wer ihn geschlagen hat (Mt 26,67 f.).

DER **PROPHET** GILT NICHTS IN SEINEM VATERLAND/VATERHAUS: *Ironische Feststellung, daß ein Mensch es schwer hat, unter seinen nächsten Bekannten als Autorität zu gelten.* Nach einem Ausspruch Jesu, als er bei seiner Predigt in seiner Heimatstadt Nazareth keine Anerkennung fand (Mt 13,57; Mk 6,4; Lk 4,24).

PROSELYTENMACHEREI: *Zudringliche Art der Missionierung und jedes Bemühens, jemand zum Anhänger einer anderen Religion, Idee oder Weltanschauung zu machen.* «Proselyten» (griech: Ankömmlinge, Dazugekommene) nannte man im Altertum Heiden, die zum Judentum übertraten, sich also beschneiden ließen und der vollen Beachtung des jüdischen Gesetzes unterwarfen. Luther übersetzte mit «Judengenossen». Zeitweise war das Judentum damals missionarisch sehr aktiv. Ein Echo davon ist vielleicht das Jesuswort gegen die Pharisäer, das wohl nicht die Propaganda für das Judentum als solche kritisiert: «Weh euch, die ihr Land und Meer durchzieht, damit ihr einen Judengenossen gewinnt; und wenn er's geworden ist, macht ihr aus ihm ein Kind der Hölle, doppelt so schlimm wie ihr» (Mt 23,15).

ALLES **PRÜFEN** UND DAS GUTE BEHALTEN: *Warnung vor der voreiligen Ablehnung von Ratschlägen.* Eine Ermahnung des

Apostels Paulus zur Offenheit in der Gemeinde gegenüber
den Manifestationen des göttlichen Geistes: «Prüfet aber alles, und das Gute behaltet» (1 Thess 5,21).

Q

QUELLE: *Hervortreten eines Wasserlaufes oder anderer Flüssigkeiten; im übertragenen Sinne auch jede Art von Herkunft oder Ursprung, z. B. in Geschichte oder Literatur.* Das Wort war als Verb schon vorher gebräuchlich, hat aber als Substantiv erst durch Luthers Bibelübersetzung Eingang in die deutsche Sprache gefunden. Früher sagte man, wie heute noch oft in süddeutschen Dialekten, «Brunnen», wovon noch viele Ortsnamen zeugen. Vermutlich wollte Luther die im Klima Palästinas wichtige Unterscheidung verdeutlichen zwischen den Brunnen mit «lebendigem Wasser» und den Zisternen, in denen nur Regenwasser gespeichert wurde. Die Quelle wurde so ein wichtiges biblisches Bild, etwa wenn es in Bezug auf den wahren Gott und den Götzendienst heißt: «Mich (Gott), die lebendige Quelle, verlassen sie und machen sich Zisternen, die doch rissig sind und kein Wasser geben» (Jer 2,13).

QUIDQUID AGIS PRUDENTER AGAS ET RESPICE FINEM (dt.: Was immer du tust, tue es klug und bedenke das Ende): *Ein weiser Spruch.* Der Gedanke findet sich in der apokryphen Spruchsammlung des Jesus Sirach (um 190 v. Chr.): «Bei allem, was du tust, denk an das Ende, so wirst du niemals sündigen» (Sir 7,36). Damit wird vom Autor offensichtlich auf Weisheitsgut zurückgegriffen, das in der Antike allgemein verbreitet war. Der lateinische Vers taucht um 1400 auf.

QUOD SCRIPSI, SCRIPSI: → Was ich *geschrieben* habe, habe ich geschrieben.

R

RABENSCHWARZ: *Poetisch für sehr schwarz.* Im Hohenlied sagt das Mädchen von seinem Geliebten: «Seine Locken sind kraus, schwarz wie ein Rabe» (Hld 5,11).

MEIN IST DIE RACHE: *Manchmal als wütender Ausruf, um anzukündigen, daß man sich rächen will.* Der Satz wird beim Apostel Paulus Gott in den Mund gelegt: «Rächt euch nicht selbst, meine Lieben, sondern gebt Raum dem Zorn Gottes; denn es steht geschrieben: Die Rache ist mein; ich will vergelten, spricht der Herr» (Röm 12,19). Paulus forderte also mit diesem Ausspruch zum Verzicht auf Rache auf. Da Gott die Bösen schon bestrafen werde, ist es dem Menschen möglich, ohne Abstriche am Prinzip der Gerechtigkeit auf eigene Maßnahmen zur Vergeltung erlittenen Unrechts zu verzichten. Dahinter stand keineswegs die Vorstellung von einem grausamen «Rächergott» (siehe auch → *Tag* der Rache). Es war vielmehr die damals selbstverständliche Überzeugung von Gott als dem gerechten Richter, dessen Fügung man es überlassen könne, wie böse Taten früher oder später ihre Strafe finden, etwa im Sinne, in dem die Griechen von «Nemesis» redeten. Das Pauluswort ist ein Zitat aus der Abschiedsrede des Moses. Nach der Übersetzung Luthers wird dort die Errettung Israels vor seinen Feinden durch Gottes Tun verheißen (Dtn 32,35). Heute wird diese Stelle meist anders übersetzt.

UNTER DIE RÄUBER FALLEN: *Scherzhaft, wenn man eine überteuerte Rechnung vorgelegt bekommt.* Im Gleichnis Jesu vom → Barmherzigen *Samariter* heißt es: «Es war ein Mensch, der ging von Jerusalem hinab nach Jericho und fiel unter die Räuber» (Lk 10,30).

MIT RAT UND TAT HELFEN: *Umfassende Hilfe.* Im Buch der Sprüche sagt die personifizierte Weisheit von sich selbst:

«Mein ist beides, Rat und Tat, ich habe Verstand und Macht»
(Spr 8,14).

VERGEHEN WIE RAUCH: *Verschwinden, ohne eine Spur zu hinterlassen.* Nach einem Psalmwort über die Gottlosen: «Wenn
sie auch sind wie prächtige Auen, werden sie doch vergehen
wie der Rauch vergeht» (37,20). Ähnlich heißt es in einer
Klage über das eigene Leben: «Meine Tage sind vergangen
wie ein Rauch» (Ps 102,4).

RECHT MUSS RECHT BLEIBEN: *Bestehen auf dem eigenen Recht.*
Nach einem Psalmwort (94,15).

DAS RECHT BEUGEN/VERDREHEN: *Häufiger Vorwurf gegenüber
Richtern und Anwälten.* Im Gesetz des Moses heißt es: «Du
sollst das Recht deines Armen nicht beugen in seiner Sache»
(Ex 23,6; ähnlich z. B. auch Deut 27,19; Hiob 34,12) Das
Wort «beugen» kommt aus der Luther-Übersetzung, während
«verdrehen» der Vulgata nachgebildet ist, welche neben
«declinare» = «beugen» auch «pervertere» = «verdrehen»
schreibt.

RECHTSCHAFFEN: *Altertümlich für einen anständigen Men-
schen.* Eine Wortschöpfung Luthers aus «recht-beschaffen».
Aus der Predigt Johannes des Täufers übersetzte Luther:
«Seht zu, bringt rechtschaffene Frucht der Buße! (Mt 3,8).
Das Wort kommt auch im 1.Petrus-Brief vor (2,12).

REDE, HERR, DEIN DIENER/KNECHT HÖRT: *Scherzhafter Kom-
mentar, wenn jemand allzu feierlich eine wichtige Mitteilung
ankündigt.* Der spätere Prophet Samuel lebte als Kind beim
israelitischen Zeltheiligtum, dessen Priester der alte Eli war.
Eines Nachts wurde der Knabe im Schlaf von Gott gerufen,
meinte aber, da er die Stimme Gottes nicht erkannte, es sei Eli
gewesen und ging zu ihm. Nachdem dies dreimal geschehen
war, merkte der Priester, von wem die Stimme kam, und er
sagte zu Samuel: «Geh wieder hin und leg dich schlafen; und
wenn du gerufen wirst, so sprich: Rede, Herr, dein Knecht
hört.» Samuel tat, wie ihm geheißen wurde, und empfing eine

Gottesoffenbarung über das schlimme Ende des Hauses Eli
(1 Sam 3,1–18).

DEINE REDE SEI: JA, JA; NEIN, NEIN: *Aufforderung, keine Aus-
flüchte zu machen, nicht um eine Sache herumzureden.* In einem Ausspruch gegen das Schwören sagte Jesus: «Eure Rede
aber sei: Ja, ja; nein, nein. Was darüber ist, das ist vom
Übel.» (Mt 5,37; ähnlich Jak 5,12).

REDEN IST SILBER, SCHWEIGEN IST GOLD: *Spruchweisheit.* Nach
dem Psalmwort: «Die Worte des Herrn sind lauter wie Silber»
(Ps 12,7). Nur der erste Teil des Spruches findet sich also in
der Bibel, war aber wohl der Ausgangspunkt für die Ergän-
zung.

REGENBOGEN: *Ein Lichtphänomen, das auftritt, wenn die hinter dem Betrachter stehende Sonne eine Regenwand vor ihm
beleuchtet.* Das Wort ist vermutlich eine sehr frühe Lehnübersetzung nach der lateinischen Bibel in Gen 9,13–17, wonach
der jetzt an den Himmel gehängte (Kriegs-)bogen Gottes das
Zeichen des friedvollen Bundes ist, den Gott mit der Menschheit nach der Sintflut schloß. In der Geheimen Offenbarung
(4,3) übersetzte Luther den griechischen (und lateinischen)
Ausdruck «iris» mit «Regenbogen».

DEM REINEN IST ALLES REIN: *Meint, daß die Vorstellung von
«rein und unrein» allein davon abhängt, was ein Mensch denkt.*
Es handelt sich vermutlich um ein damals gängiges Sprichwort, das der Apostel Paulus in seiner Polemik gegen die Beachtung jüdischer Speisegebote verwendet: «Den Reinen ist
alles rein; den Unreinen aber und Ungläubigen ist nichts rein,
sondern unrein ist beides, ihr Sinn und ihr Gewissen» (Tit
1,15; ähnlich Röm 14,20 und Mt 15,11).

REQUIESCAT IN PACE: → *R. I. P.*

DER REST IST FÜR DIE GOTTLOSEN: *Scherzhafter Ausspruch,
wenn man sich oder anderen den Rest einer Flasche eingießt*

oder sich den Rest einer Speise nimmt. In Anlehnung an Ps
75,9, wo es heißt: «Der Herr hat einen Becher in der Hand,
mit starkem Wein voll eingeschenkt. Er schenkt daraus ein,
und die Gottlosen müssen alle trinken und sogar die Hefe
schlürfen.» Der «Kelch» oder «Becher» ist in der Bibel ein
Bild für das Geschick des Menschen, der Ausdruck «Hefe» ist
die Übersetzung eines hebräischen Wortes für den trüben,
unsauberen Bodensatz des Weines, der sich am Boden eines
Pokals ansammelt. Vgl. → Einen *Kelch* bis zur Neige trinken

WER HAT DICH ZUM RICHTER ÜBER UNS BESTELLT?: *Barsche
Zurückweisung, wenn jemand unerwünscht bewertet oder vermitteln will.* Als der junge Moses noch am Hof des Pharao
lebte, kam er dazu, wie ein Aufseher einen der israelitischen
Zwangsarbeiter schlug: Er tötete den Ägypter, ohne daß sonst
jemand dabei war, und verscharrte die Leiche im Sand. Am
nächsten Tag traf er auf zwei Israeliten, die miteinander stritten, und er machte dem, der im Unrecht war, Vorwürfe. Doch
der Mann sagte zu ihm: «Wer hat dich zum Aufseher oder
Richter über uns gesetzt? Willst du mich auch umbringen, wie
du den Ägypter umgebracht hast?» (Ex 2,14). Nun bekam
Moses Angst vor der Entdeckung seines Mordes, und er floh
außer Landes in die Wüste auf der Sinaihalbinsel.

RICHTET NICHT: *Warnung vor selbstgefälliger Bewertung anderer.* Nach einem Jesuswort: «Richtet nicht, auf daß ihr nicht
gerichtet werdet» (Mt 7,1f.9; ähnlich Mk 4,24; Lk 6,37; Röm
2,1; 1 Kor 4,5). In den Evangelien schließt zur Verdeutli-
chung das Bild an vom → *Splitter* im Auge des Nächsten und
vom Balken im eigenen Auge.

R.I.P.: *Häufige Aufschrift auf Grabdenkmälern.* Es sind die
Anfangsbuchstaben der in der Begräbnisliturgie verwendeten
Gebetsformel: «Requiescat in pace» (deutsch: «Er ruhe in
Frieden!»). Zugrundeliegt der Psalmvers: «Ich liege und
schlafe ganz mit Frieden; denn allein du, Herr, hilfst mir, daß
ich sicher wohne»(Ps 4,9). Der Text bezieht sich eigentlich auf
den normalen Schlaf (→ *Schlaf* des Gerechten), wurde aber
dann auf den Todesschlaf übertragen.

EIN SCHWANKENDES **ROHR**: *Ein charakterschwacher, in seinen Entscheidungen leicht beeinflußbarer Mensch.* In einer Rede über Johannes den Täufer sagte Jesus: «Was seid ihr hinausgegangen in die Wüste zu sehen? Wolltet ihr ein Rohr sehen, das der Wind hin und her weht?» (Mt 11,7; Lk 7,24). Offenbar erinnerte hier Jesus seine Zuhörer an die Kompromißlosigkeit des Täufers, der alles andere war, nur kein «schwankendes Rohr».

DAS GEKNICKTE **ROHR** NICHT BRECHEN, DEN GLIMMENDEN DOCHT NICHT LÖSCHEN: *Aufforderung, in der Erziehung gute, aber noch schwache Ansätze zu fördern.* Jesus zitiert, um die Art seines Wirkens zu rechtfertigen, ein Wort des Propheten Jesaja (42,3) über den Gottesknecht, den künftigen Propheten des Heils: «Das geknickte Rohr wird er nicht zerbrechen, und den glimmenden Docht wird er nicht auslöschen» (Mt 12,20). Das zweite der hier verwendeten Bilder geht zurück auf die damaligen Öllampen aus gebranntem Ton. Sie hatten die Form einer Schale mit einem kleinen Falz am Rande, in den ein Docht gelegt wurde, den man aus dem Werg von Flachs herstellte.

EINE **ROSE**/LILIE UNTER DORNEN: *Ein unerwartet hübsches Mädchen in einem sonst wenig ansprechenden Milieu.* Im Hohenlied (2,2) sagt der Freund von seiner Geliebten: «Wie eine Lilie unter den Dornen, so ist meine Freundin unter den Mädchen.» Luther hatte ursprünglich übersetzt: «eine Rose unter den Dornen». Welche Blume mit dem hebräischen Ausdruck (von dem der Frauenname Susanna abgeleitet ist) tatsächlich gemeint war, ist umstritten. Die griechischen Übersetzungen des Alten Testaments bezeichneten die Blume als «krinon», d. h. Lilie. Vermutlich war es jedoch die weiße Lotosblume (Nymphaea alba L.), die im Kunsthandwerk des Alten Ägyptens und im Tempel Salomos (1 Kön 7,19–26) als Symbol Verwendung fand.

RÜCKE HINAUF: → *Freund*, rücke hinauf!

DEN **RÜCKEN** BLEUEN: *Jemanden verhauen.* Ratschlag für die Erziehung eines Sohnes: «Bleue ihm den Rücken, weil (solan-

ge) er noch klein ist, auf daß er nicht halsstarrig und dir unge-
horsam werde» (Sir 30,12).

RUFER IN DER WÜSTE: → *Prediger* in der Wüste

RUHE IN FRIEDEN: → *R. I. P.*

RUHE AUF DER FLUCHT: *Eine kurze Atempause auf einer eiligen Reise.* Anspielung auf die Flucht Josefs und Marias mit dem Jesuskind vor dem König Herodes (Mt 2,13f.). Die Darstellung einer Rast der heiligen Familie während dieser Flucht ist ein in der christlichen Kunst beliebtes Bildmotiv. Davon steht zwar nichts in der Bibel, aber die außerbiblischen Geschichten von der Kindheit Jesu wissen viel darüber zu erzählen.

RUHE FINDEN: *Zu innerer Ausgeglichenheit kommen.* Nach dem Jesuswort: «Nehmt auf euch mein Joch und lernt von mir; denn ich bin sanftmütig und demütig von Herzen; so werdet ihr Ruhe finden für eure Seelen» (Mt 11,29).

EINE **RÜHRMICHNICHTAN:** → *Noli* me tangere

S

WIE DIE KÖNIGIN VON SABA: *Bezeichnung für eine schöne, exotische Frau in fürstlicher Aufmachung.* Saba war eine Landschaft in Südarabien. Ihre Einwohner, die Sabäer, waren im Altertum als reiche Händler bekannt. Eine ihrer Königinnen soll König → *Salomo* besucht haben, um dessen Weisheit kennenzulernen (1 Kön 10; 2 Chron 9). Nach einer außerbiblischen Legende zeugte Salomon mit ihr einen Sohn, den die äthiopischen Herrscher als ihren Ahnherrn betrachteten. Sie ist auch gemeint, wenn im Neuen Testament von der «Königin des Südens» die Rede ist (Mt 12,42; Lk 11,31).

SABBAT: *Jüdischer Ruhetag; manchmal auch als abschätziger Ausdruck für ein wüstes Treiben, so in «Hexensabbat».* In der Bibel wird die Einrichtung des siebenten Tages als Ruhetag auf das Ruhen Gottes am siebten Tag der Weltschöpfung (Gen 2,2f.) zurückgeführt, so z.B. in Ex 16,23–30; 20,8–11. Auch ein humanitärer Grund, Ausruhen für Knechte und sogar das Vieh, ist ausdrücklich vermerkt (Ex 23,12), wobei in Deut 5,12–15 auf Israels Befreiung aus der Sklaverei in Ägypten verwiesen wird. Der Sabbat wird in der nachexilischen Zeit aus einem bloßen Ruhetag zu einem Tag religiöser Besinnung und Feier. Seine Beobachtung wird neben der Beschneidung zum Ausdruck des Bekenntnisses zum Judentum. Im Neuen Testament wendet sich Jesus gegen eine legalistische Auslegung der Ruhepflicht am Sabbat. Die Christen verlegten ihren Fest- und Ruhetag auf den ersten Tag der Woche, den heutigen Sonntag («Tag des Herrn»), den Tag der Auferstehung Christi. Er wurde unter Kaiser Konstantin allgemeiner Ruhetag, auf den dann teilweise die Sabbatvorschriften Anwendung fanden. Im Mittelalter entstanden aus der antijüdischen Polemik Gerüchte von unheimlichen Riten, die von den Juden am Sabbat praktiziert würden, woraus sich die Vorstellung entwickelte, daß die Zusammenkünfte der bösen Geister und der Hexen am Sabbat stattfänden.

SABBATJAHR: *Befreiung eines Dozenten von seinen Lehrver-
pflichtungen für einen begrenzten Zeitraum, um eine wissen-
schaftliche Arbeit abzuschließen oder neue Forschungen zu beginnen.* Nach dem alttestamentlichen Gesetz meint «Sabbatjahr» in Analogie zum siebten Tage der Woche, dem → *Sabbat,* das letzte einer Reihe von sieben Jahren. In ihm sollten
Sklaven freigelassen und alle Schulden erlassen werden, die
Äcker sollten brachliegen und alle Frucht den Armen und
den Tieren gehören (Ex 21,2–6; 23,10f.; Deut 15,12–15;
15,1–3). Nach siebenmal sieben Sabbatjahren plus einem Jahr
kam dann das → *Jubeljahr*

IN SACK UND ASCHE: *Scherzhafte Umschreibung für große Zerknirschung.* Mit Sack (hebr.: ʼsaq; griech.: sákkos) wurde ein
geringwertiger Stoff aus Ziegen oder Kamelhaar, aber auch
ein daraus verfertigter Behälter bezeichnet. Auch die Trauer-
kleidung war ein Sack, sowohl vom Stoff als auch von ihrer
Form her. Im Trauer- oder Bußritus bestreute man sich mit
Asche, woher der häufig gebrauchte Ausdruck «in Sack und
Asche» kam (z. B. 1 Kön 21,27; 2 Kön 6,30; Joel 1,8 und 13;
Kl 2,10; Jonas 3,8; Est 4,4; Judith 4,10).

SIE SÄEN NICHT, SIE ERNTEN NICHT: *Ironisch über Leute, die
keiner Erwerbsarbeit nachgehen, sondern parasitär vom Vermögen anderer oder von der öffentlichen Wohlfahrt leben.* In
einer Warnung vor dem Schätzesammeln und vor ängstlicher
Vorsorge sagte Jesus: «Seht die Vögel unter dem Himmel an:
sie säen nicht, sie ernten nicht, sie sammeln nicht in Scheunen;
und euer himmlischer Vater ernährt sie doch. Seid ihr denn
nicht viel mehr als sie?» (Mt 6,26; ähnlich in Bezug auf die
Raben Lk 12,24).

SÄKULAR: *Alle hundert Jahre eintreffend, aber auch «weltlich»;
davon kommt der Ausdruck «säkularisieren», d. h. kirchlichen
Besitz in den staatlichen Bereich überführen, oder auch der
heute oft gebrauchte Ausdruck «Säkularisierung» im Sinne eines Verschwindens der religiösen Dimension aus allen Lebens-
bereichen.* Der Gebrauch im Sinne von «weltlich» oder auch
«diesseitig» geht auf die Apostelbriefe zurück: «Stellt euch

nicht dieser Welt gleich, sondern verändert euren Sinn», in
der Vulgata: Nolite conformari huic seculo (Röm 12,2; ähnlich 2 Kor 4,4 und 7,10 u. a.). Das Adjektiv «saecularis» findet sich in Bezug auf «weltliche Sorgen» (Mk 4,19), «weltliche
Geschäfte» (2 Tim 2,4) und «weltliche Lüste» (Tit 2,12). Dahinter steht die Vorstellung, daß mit Christus die bisherige
Welt zu Ende gegangen ist und ein neues Zeitalter begonnen
hat. Schon die Antike kannte eine Abfolge von Weltzeitaltern
mit jeweils wesensverschiedenen Menschengeschlechtern
(goldenes, silbernes, ehernes, eisernes Zeitalter), wofür das
griechische Wort «aion» (als deutsches Lehnwort «Äon») gebraucht wurde, das dann manchmal lateinisch mit «saeculum»
wiedergegeben wurde. Siehe auch → Nicht von dieser *Welt*

EINEN SALM REDEN – EINEN LANGEN SALM MACHEN: *Umständ-
lich und verworren bzw. zu lange reden.* Mit «Salm» ist der
biblische Psalm (von griech. «psallo»: beim Singen an der Lei-
er «zupfen») gemeint. Das Psalmensingen der Mönche mag
manchem Zuhörer unverständlich und langweilig erschienen
sein.

SALOMO IN SEINER PRACHT: *Sprichwörtlich für herrscherlichen
Luxus.* In der Bibel galt Salomo als König höchster Prachtent-
faltung. Davon zeugt noch das Jesuswort gegen die übermäßi-
ge Vorsorge, in dem er auf die Lilien des Feldes verweist: «Ich
sage euch, daß auch Salomo in all seiner Herrlichkeit nicht
gekleidet gewesen ist wie eine von ihnen» (Mt 6,29).

DIE WEISHEIT SALOMOS: *Sprichwörtlich für Wissen und Weisheit.* Für die Bibel war König Salomo Sinnbild der Weisheit
schlechthin. Das zeigt sich im Bericht über das → *Salomoni-
sche* Urteil, aber auch in den vielen literarischen Werken, die
ihm zugeschrieben wurden: Sprüche, Hoheslied, Prediger.
Nach damaligem Sprachgebrauch umfaßte die «Weisheit»
auch alles Wissen im Bereich der Natur.

EIN SALOMONISCHES URTEIL: *Überraschend einfache Schlich-
tung eines Streites, die durch ihre Klugheit und Menschenkennt-
nis allgemein befriedigt.* Vor König Salomo wurden einmal

zwei streitende «Dirnen» gebracht. Die eine sagte, sie wohnten beide im selben Raum und jede hätte dort ein Kind zur Welt gebracht; da sei das Kind der anderen gestorben und diese hätte ihr das lebende Kind in der Nacht heimlich weggenommen und ihr dafür das tote an die Seite gelegt. Die andere widerspricht und behauptet, ihr Sohn lebe und die andere habe ihren Sohn in der Nacht aus Versehen erdrückt. Nachdem der Streit eine Weile hin und her gegangen war, ließ Salomo ein Schwert bringen und befahl, das Kind in zwei Stücke zu hauen und jeder der Frauen eine Hälfte zu geben. Da erschrak die richtige Mutter und bat, lieber das Kind leben zu lassen und es der andern Frau zu geben. Diese hingegen war für die Teilung. Nun wußte jeder, wer die richtige Mutter war (1 Kön 3,16–28). Die Geschichte wird zur Illustration der besonderen Weisheit Salomos angeführt. Es ist eine Wanderlegende, die in verschiedenen Varianten auch von anderen Herrschern des Alten Orients sowie Indiens und Ostasiens erzählt wird. Die Bezeichnung der beiden Frauen als Prostituierte ist für das Verständnis der Rechtslage von Bedeutung: Es waren Frauen, die durch ihre Situation außerhalb eines Familienverbandes keinen Mann als Rechtshelfer hatten und somit allein vor dem König ihren Fall vortragen konnten. Auch der Hinweis, daß kein Fremder im Haus war (1 Kön 3,18), beleuchtet eine rechtliche Problematik: Wenn es keine Zeugen gab, mußte der Fall nach den damals üblichen Grundsätzen des Rechts als unlösbar gelten, da ein Beweis durch Zeugenaussage nicht möglich war.

DAS SALZ DER ERDE: *Persönlichkeiten und Gruppen, denen für die Menschen wichtige geistige Anstöße zugeschrieben werden.* Jesus sagte zu seinen Jüngern: «Ihr seid das Salz der Erde» (Mt 5,13). Er fügte als Warnung hinzu, daß das Salz, wenn es «schal geworden» ist, nur noch weggeworfen werden kann (ähnlich Mk 9,49; Lk 14,34). Das Salz war im Altertum das unumgängliche Gewürz für die Speisen. Daraus entstand das schon bei den Griechen beliebte Bild für eine geistvolle Rede: «Attisches Salz» (sal atticum). In diesem Sinne sagte der Apostel Paulus: «Eure Rede sei allezeit freundlich und mit Salz gewürzt, daß ihr wißt, wie ihr einem jeden antworten sollt» (Kol 4,6).

WENN DAS SALZ SCHAL WIRD ...: → Das *Salz* der Erde

ZUR SALZSÄULE ERSTARREN: *Durch heftiges Erschrecken wie gelähmt sein.* Bei der Flucht aus Sodom wandte sich → *Lots* Weib trotz der Warnung des Engels noch einmal um: «Sie sah hinter sich und ward zu einer Salzsäule» (Gen 19,26). Es handelt sich um ein typisches Sagenmotiv, das eine bestimmte Geländeform am salzreichen Ufer des Toten Meeres erklären will. Bei der sog. «Höhle von Sodom» (me'arat sedom) am Westufer des Toten Meeres gilt eine isolierte Zacke aus Salzgestein noch heute als Lots Frau.

SAMARITER – SAMARITERDIENSTE: *Ausdrücke in Bezug auf die Pflege von Kranken und Verletzten.* Im Gleichnis Jesu vom Barmherzigen Samariter trifft ein Mann auf einen ihm Unbekannten, der von Räubern schwer verletzt worden war: «Und als er ihn sah, jammerte er ihn; und er ging zu ihm, goß Öl und Wein auf seine Wunden und verband sie ihm; hob ihn auf sein Tier und brachte ihn in eine Herberge und pflegte ihn» (Lk 10,29–37). Insofern die Erzählung auf die Frage antworten will: Wer ist mein Nächster?, liegt ihre Pointe darin, daß der Verletzte ein Jude war und schon zwei seiner Landsleute untätig an ihm vorübergegangen waren, bis ihm ein Fremder, der zudem noch aus einem verhaßten Nachbarland stammte, Hilfe brachte und durch dieses Tun zu seinem «Nächsten» wurde (→ *Nächstenliebe*). Der Name der Samariter, heute meist Samaritaner genannt, leitet sich von Samaria her, der Hauptstadt des Reiches → *Israel*, das sich nach dem Tode Salomons um 930 v. Chr. vom Reich Juda mit der Hauptstadt Jerusalem getrennt hatte. 722 v. Chr. wurde Samaria von den Assyrern zerstört, seine Oberschicht für immer in den Osten verschleppt und das Gebiet mit Fremden besiedelt. Die zurückgebliebenen Israeliten hielten jedoch an ihrer Tradition fest, bewahrten die ersten fünf Bücher Moses, den Pentateuch, als ihre Heilige Schrift und bauten später einen Tempel auf dem Berg Garizim bei Sichem, dem heutigen Nablus. Die → *Juden* warfen ihnen vor, sie hätten sich mit den neuangesiedelten Fremden vermischt, und erkannten ihre Rechtgläubigkeit nicht an. So entwickelte sich in den Jahrhunderten vor der

Zeit Jesu eine tiefe Feindschaft zwischen beiden Völkern.
Noch heute leben in Palästina, vor allem in Nablus, kleine
Gemeinden von Samaritanern.

SAMSTAG: *Süddeutsch-rheinisch für Sonnabend.* Lehnwort, abgeleitet aus dem hebräischen Wort → *Sabbath*

SANCTUS: *Ein Gesangsteil der katholischen Messe.* Der Text
«Sanctus, sanctus, sanctus, Dominus Deus Sabaoth. Pleni sunt
coeli et terra gloria tua», deutsch: «Heilig, heilig, heilig ist der
Herr Zebaoth, alle Lande sind seiner Ehre voll», geht auf die
Berufungsvision des Propheten Jesaja zurück (Jes 6). «Zebaoth» bzw. «Sabaoth» ist das hebräische Wort für Heere
oder Heerscharen. Es ist umstritten, ob damit der Heerbann
Israels oder die Gestirne oder auch die Schar der Engel gemeint ist. Jedenfalls ist es eine Umschreibung von Gottes all-
umfassender Macht.

WIE SAND AM MEER: *Inbegriff einer unermeßlichen Menge.* Abraham erhielt von Gott die Verheißung, seine Nachkommen
würden zahlreich sein «wie die Sterne am Himmel und wie der
Sand am Ufer des Meeres» (Gen 22,17). Ähnlich wird das
Bild noch an vielen anderen Stellen verwendet, z. B. für die
Menge des Getreides, das Josef in den → *fetten* Jahren aufge-
häuft hatte (Gen 41,49).

AUF SAND BAUEN: *Einen Plan auf unsicheren Grundlagen verwirklichen.* Jesus vergleicht den, der nicht auf seine Worte
hört, mit einem Mann, der sein Haus statt auf Fels auf Sand
baute: «Als nun der Platzregen fiel und die Wasser kamen und
die Winde wehten und stießen an das Haus, da fiel es ein, und
sein Fall war groß» (Mt 7,26).

SATAN: *Heute synonym für* → *Teufel oder den Obersten der
Teufel.* Das Wort kommt aus dem Aramäischen, wurde im
Griechischen zu «satanas» oder mit «diabolos» übersetzt. In
beiden Sprachen bezeichnet es einen Verleumder und auch
den Widersacher oder Ankläger vor Gericht. In späten Schriften des Alten Testaments fungiert ein Satan genannter Engel

als Ankläger des Menschen vor Gott, z. B. in der Geschichte Hiobs (1,6–12). Ursprünglich hatte man, um nicht die Vorstellung einer Gott ähnlichen bösen Macht aufkommen zu lassen, die Versuchung Abrahams (Gen 22,1) oder Davids (2 Sam 24,1) Gott selbst zugeschrieben. Während Satan im Buch Hiob noch als zum himmlischen Hofstaat gehörend angesehen wird, taucht dann im außerbiblischen jüdischen Schrifttum vor der Zeit Jesu die Vorstellung von Satan als einem gefallenen Engel (→ *Luzifer*) auf, die dann im Neuen Testament an vielen Stellen als selbstverständlich vorausgesetzt wird. Die Vaterunserbitte «Und führe uns nicht in Versuchung, sondern erlöse uns von dem Bösen!» (Mt 6,13) bezieht sich auf Satan.

DER EINE SÄT, DER ANDERE ERNTET: *Wer die Mühe einer Arbeit gehabt hat, ist nicht immer der, der am Ende den Ertrag einheimst.* Ein Sprichwort, das Jesus in seinem Gespräch mit der Samaritanerin am Brunnen zitiert (Joh 4,37).

WER SPÄRLICH/KÄRGLICH SÄT, WIRD SPÄRLICH/KÄRGLICH ERNTEN: *Warnung vor Knausrigkeit bei Spenden.* Ein Sprichwort, das der Apostel Paulus im Zusammenhang mit seiner Spendenaktion für die Gemeinde in Jerusalem zitiert (2 Kor 9,6).

WAS DER MENSCH SÄT, DAS WIRD ER ERNTEN: *Jeder muß die Folgen seines Tuns tragen.* Eine Mahnung des Apostels Paulus: «Irret euch nicht! Gott läßt sich nicht spotten. Denn was der Mensch sät, das wird er ernten» (Gal 6,7).

SATT AN TAGEN: *Ausgesagt von einem Menschen, der nach einem langen, wechselvollen Leben das Herannahen des Todes nicht mehr bedauert.* Der Ausdruck, bei Luther mit «lebenssatt» übersetzt, findet sich beim Tod Abrahams Gen 25,8), Isaaks (Gen 35,29), Davids (1 Chron 23,1) und Hiobs (Hiob 42,17).

FEIN SÄUBERLICH VERFAHREN: *Schonend mit jemandem oder etwas umgehen; ironisch auch als Drohung mit gegenteiligem Sinn.* Vor der Entscheidungsschlacht beim Aufstand des Absalom schärfte König David, der seinen rebellischen Sohn im-

mer noch liebte, seinen Hauptleuten (nach der alten Lutherübersetzung) ein: «Verfahret mir fein säuberlich mit dem
Knaben Absalom» (2 Sam 18,5) – was allerdings nicht geschah, da Joab den flüchtenden Absalom tötete, als dieser mit
seinem Haar in den Ästen eines Baumes hängen blieb (→ zwischen *Himmel* und Erde schweben).

EINEM DAS LEBEN SAUER MACHEN: *Jemand quälen oder schika-
nieren.* Über die Bedrückung der Israeliten durch die Ägypter
heißt es «(Sie) machten ihnen ihr Leben sauer mit schwerer
Arbeit in Ton und Ziegeln . . .» (Ex 1,14).

SICH ETWAS SAUER WERDEN LASSEN: *Viel lästige Mühe aufwen-
den.* Einen Weisheitsspruch, der sich gegen zu große Umtrie-
bigkeit wendet, übersetzte Luther: «Mancher läßt es sich sauer werden» (Sir 11,11).

WIE EIN SAUERTEIG: *Bild für eine Idee, die alle Lebensäußerun-
gen eines Menschen oder einer Gruppe durchdringt.* Beim
Brotbacken genügt eine kleine Menge an bereits gärendem
Teig, genannt Sauerteig, zum Durchsäuern einer viel größeren
Menge Mehl. Jesus gebrauchte das Bild im Gleichnis vom
Reich Gottes, um dessen weit ausgreifende Wirkung anschaulich zu machen (Mt 13,33; Lk 13,20f.). Negativ verwendete
er das Bild in Bezug auf die Haltung der Pharisäer (Mt 16,6
und 11; Mk 8,15). Der Apostel Paulus sprach vom «alten
Sauerteig», den der zu Christus Bekehrte ablegen soll (1 Kor
5,6–8).

AUS EINEM SAULUS EIN PAULUS WERDEN: *Über jemand, der eine
bisher von ihm heftig bekämpfte Auffassung übernimmt.* Anspielung auf die Namensänderung des Apostels Paulus. In der
Apostelgeschichte wird er zunächst unter dem hebräischen
Namen Saul als Verfolger der Christen eingeführt, später
übernahm er jedoch – nach seinem → *Damaskus*-Erlebnis
(Apg 9) – den römischen Namen Paulus (Apg 13,9). Juden
und andere Orientalen nahmen damals häufig Namen an, die
in der griechisch-römischen Welt gebräuchlich waren.

REUIGER – UNBUSSFERTIGER SCHÄCHER: *Manchmal ironisch für einen Missetäter, der seine Taten bereut bzw. nicht bereuen will.* Schächer ist ein altertümliches Wort für Straßenräuber (aus mittelhochdeutsch «schach» für Raub), das sich aus den vorlutherischen deutschen Bibeln erhalten hat. Das Lukasevangelium berichtet, daß Jesus zwischen zwei Schächern, nach Luther: «Übeltätern», gekreuzigt wurde, von denen der eine ihn verhöhnte, während der andere seine Schuld anerkannte und Jesus bat: «Gedenke an mich, wenn du in dein Reich kommst!» Darauf antwortete Jesus: «Wahrlich ich sage dir: Heute wirst du mit mir im Paradiese sein» (Lk 23,33 und 39–43). Das «-fertig» in «buß- bzw. unbußfertig» bedeutet wie in vielen anderen deutschen Wortzusammensetzungen «bereit». Es kommt von «Fahrt», meint also «zur Fahrt zurechtgemacht».

SCHÄCHTEN: *Rituelle Schlachtweise der Juden (auch der Moslim).* Das deutsche Lehnwort kommt vom hebräischen «schachat». Beim Schächten wird der Hals durch Zurückbeugen des Kopfes gespannt und blitzschnell mit einem scharfen Messer bis zur Wirbelsäule durchschnitten, worauf das Blut ausfließt. Der Tod tritt augenblicklich ein, so daß – entgegen antisemitischer Propaganda – von einer Tierquälerei keine Rede sein kann. Diese bei vielen Völkern und auch im Orient übliche Form der Schlachtung wurde für die Juden besonders wichtig, da ihnen der Genuß von Blut, das als Sitz der Lebenskraft galt, verboten war (Dtn 12,23).

EIN SCHWARZES SCHAF: *Mitglied einer Familie oder Gruppe, dessen Verhalten als ungehörig angesehen wird.* Die Herkunft des Ausdrucks ist unklar. Meist wird auf den Bericht vom Handel des Patriarchen Jakob mit seinem Schwiegervater Laban verwiesen. Dort heißt es: «Ich will heute durch alle deine Herden gehen und aussondern alle gefleckten und bunten Schafe und alle schwarzen Schafe» (Gen 30,32).

EIN VERLORENES SCHAF: *Ein in die Irre gegangener Mensch; im Unterschied zur Redewendung vom → «schwarzen Schaf» einer Familie oder Gemeinschaft schwingt aber beim «verlorenen*

Schaf» die Aufforderung mit, daß man sich darum kümmern sollte. Jesus verglich sich einmal mit dem Besitzer einer Herde, der ein Schaf, das sich verlaufen hat, nicht im Stich läßt (Mt 18,12–24; Lk 15,3–7; ähnlich schon Ez 34,12–16). Damit rechtfertigte er seinen Umgang mit den Sündern, der ihm von manchen Frommen zum Vorwurf gemacht wurde.

WIE SCHAFE OHNE HIRTEN: *Für eine orientierungslose Menge.* Ein häufiges Bild in der Bibel (Num 27,17; 1 Kön 22,17; Ez 34,5; Mt 9,36 und 26,31).

WIE SCHAFE UNTER WÖLFEN: *Bild für friedfertige und wehrlose Menschen inmitten einer aggressiven und habgierigen Umwelt.* Als Jesus seine Jünger zur Predigt aussandte, sagte er zu ihnen: «Siehe, ich sende euch wie Schafe mitten unter die Wölfe» (Mt 10,16; ähnlich Lk 10,3).

DIE SCHAFE VON DEN BÖCKEN SCHEIDEN: *Ironisch für den Versuch, in einer gegebenen Menschengruppe klar zwischen den Guten und Bösen zu unterscheiden.* In seiner Rede vom kommenden Endgericht sagte Jesus vom Weltenrichter: «Und alle Völker werden vor ihm versammelt werden. Und er wird sie voneinander scheiden, wie ein Hirt die Schafe von den Böcken scheidet» (Mt 25,32 f.). Jesus verglich dabei die wehrlosen Schafe mit den Guten und die aggressiven Böcke mit den Bösen, wobei er ein Bild des Propheten Ezechiel aufgriff, der den Widdern und Böcken vorwarf, sie hätten zum Nachteil der Schafe die Weiden zertrampelt und die Brunnen verschmutzt (Ez 34,17–19). Gemeint war hier das Unrecht der Starken und Mächtigen gegenüber den Armen und Kleinen.

SICH WIE SCHAFE ZUR SCHLACHTBANK FÜHREN LASSEN: → Wie ein *Lamm*, das zur Schlachtbank geführt wird

ZU SCHANDEN WERDEN: *Vernichtet werden, scheitern.* In der Bibel häufige Wendung, z. B. im Psalmwort: «Mein Gott, ich hoffe auf dich; laß mich nicht zuschanden werden» (Ps 25,2). Das Wort kommt vom althochdeutschen «skanta», was sowohl Vernichtung (dann meist Plural) als auch Schande bedeutete.

Der Schatz im Acker: *Eine wichtige Sache, für die man alles andere aufgibt.* Nach einem Jesuswort: «Das Himmelreich gleicht einem Schatz, verborgen im Acker, den ein Mensch fand und verbarg; und in seiner Freude ging er hin und verkaufte alles, was er hatte, und kaufte den Acker» (Mt 13,44).

Wo dein Schatz ist, da ist auch dein Herz: *Das, wonach ein Mensch strebt, bestimmt seine Wesensart.* Eine Warnung Jesu vor dem Ansammeln von Reichtum (Mt 6,21; Lk 12,34).

Schätze, die Rost und Motten verzehren: *Vergänglicher Reichtum.* Nach einem Jesuswort: «Ihr sollt euch nicht Schätze sammeln auf Erden, wo sie die Motten und der Rost fressen und wo die Diebe einbrechen und stehlen. Sammelt euch aber Schätze im Himmel, wo sie weder Rost noch Motten fressen und wo die Diebe nicht einbrechen und stehlen» (Mt 6 19f.; ähnlich Lk 12,33).

Zur Schau tragen/stellen: *Etwas ostentativ herzeigen.* In einer Beschreibung des Triumphes Christi sagte der Apostel Paulus: «Er hat die Mächte und Gewalten ihrer Macht entkleidet und sie öffentlich zur Schau gestellt» (Kol 2,15). Luther übersetzte ursprünglich: «... und sie Schau getragen». Gemeint ist hier, daß durch die Auferstehung Christi die letztendliche Ohnmacht der bösen Engel, die man als → *Fürsten* dieser Welt ansah und deshalb auch «Mächte und Gewalten» nannte, vor aller Augen sichtbar wurde.

Schauplatz: *Heute allgemein für den Ort eines Geschehens.* Zunächst wurde nur ein Theatergebäude so genannt. Das von Luther geschaffene Lehnwort für das griechische «theatrón» findet sich im Bericht über den Aufruhr gegen den Apostel Paulus in Ephesus (Apg 19,29).

Zum Schauspiel werden: *Ironisch für ein Geschehen, das öffentliches Aufsehen erregt.* Von sich und den anderen Aposteln sagte Paulus: «Wir sind ein Schauspiel geworden der Welt und den Engeln und Menschen» (1 Kor 4,9).

VOM **SCHEITEL** BIS ZUR SOHLE: *Bezeichnung für die Ganzheit eines Menschen.* Von Absalom, dem Sohne Davids, heißt es: «Es war aber in ganz Israel kein Mann so schön wie Absalom, und er hatte dieses Lob vor allen; von der Fußsohle bis zum Scheitel war nicht ein Fehl an ihm» (2 Sam 14,25).

DAS **SCHERFLEIN** DER WITWE: *Eine sehr kleine Spende, die aber, weil sie von einem Armen kommt, besonders beachtenswert ist.* Jesus schaute einmal zu, wie die Leute im Jerusalemer Tempel ihre Gaben in den Opferstock (Luther: «Gotteskasten») legten. Während die Reichen viel hineinlegten, konnte eine arme Witwe nur zwei Scherflein, ganz geringwertige Münzen geben. «Da rief Jesus seine Jünger zu sich und sprach zu ihnen: Wahrlich, ich sage euch: Diese arme Witwe hat mehr in den Gotteskasten gelegt als alle, die etwas eingelegt haben. Denn sie haben alle etwas von ihrem Überfluß eingelegt; diese aber hat von ihrer Armut ihre ganze Habe eingelegt, alles, was sie zum Leben hatte» (Mk 12,41–44). Ein «Scherflein» (von «scherf» wie Scherbe) war bis ins 18. Jh. die Bezeichnung für eine besonders kleine Münzeinheit.

SEIN **SCHERFLEIN** BEISTEUERN: *Herablassend für den Beitrag bei einer Spendenaktion.* Die Redewendung kommt von dem Wort Jesu über → Das *Scherflein* der Witwe

SCHIB(B)OLETH: *Heute für eine Redeweise, die die Zugehörigkeit zu einer ideologischen Richtung erkennen läßt; auch für ein Wort, dessen Aussprache in einem bestimmten Dialekt für andere schwierig ist, so daß man daran die landsmannschaftliche Herkunft des Sprechenden überprüfen kann.* In einem Bürgerkrieg zwischen Israeliten der Richterzeit fiel der Stamm Benjamin, der westlich des Jordan wohnte, in die östlich des Flusses gelegene Landschaft Gilead ein. Die Leute aus Benjamin wurden geschlagen und versuchten, über den Jordan zu entkommen. Doch die Gileaditer besetzten die Furten und verlangten von jedem Flüchtenden, der leugnete, ein Benjaminiter zu sein, doch einmal «Schiboleth» zu sagen. Alle, die das Wort nicht richtig aussprechen konnten und statt dessen «Sibboleth» sagten, wurden dann niedergemacht (Ri 12, 5f.).

SCHIFFBRUCH ERLEIDEN: *Gehobener Ausdruck für das Scheitern eines Planes oder Vorhabens.* Der Apostel Paulus spricht einmal davon, daß einige «am Glauben Schiffbruch erlitten» (1 Tim 1,19).

EIN SCHILFROHR IM WIND: → Ein schwankendes *Rohr*

SCHIMMERN: *Schwaches, undeutliches Leuchten.* Ein niederdeutsches Wort, das Luther in die Schriftsprache einführte. So im Psalm 68,14, wo das Heerlager der Israeliten an Taubenflügel erinnert, «die wie Silber und Gold schimmern».

EIN SCHISMA: *Spaltung innerhalb einer religiösen Gemeinschaft, die im Unterschied zur → Häresie weniger auf Lehrinhalten beruht als auf Fragen der Unterordnung unter kirchliche Autoritäten; im übertragenen Sinne heute auch auf andere ideologische Bewegungen angewandt.* Das griechische Wort bedeutet «Riß» und wird vom Apostel Paulus auf Parteiungen innerhalb der christlichen Gemeinde von Korinth angewandt (1 Kor 1,10 und 11,18). Es bürgerte sich allgemein um das Jahr 1400 ein, in einer Zeit, in der die Kirche durch mehrere konkurrierende Päpste gespalten war.

ZUR SCHLACHTBANK FÜHREN: → Wie ein *Lamm*, das zur Schlachtbank geführt wird

DEN SCHLAF DES GERECHTEN SCHLAFEN: *Bedeutung etwa wie im deutschen Sprichwort vom guten Gewissen als einem sanften Ruhekissen.* Mehrfach heißt es in der Bibel vom Gerechten, daß er beruhigt schlafen kann, z.B.: «Ich liege und schlafe ganz mit Frieden; denn allein du, Herr, hilfst mir, daß ich sicher wohne» (Ps 4,9; ähnlich Ps 3,6; Spr 3,24).

DEN EWIGEN SCHLAF SCHLAFEN: *Tot sein.* In einem Drohspruch gegen die Babylonier weissagte der Prophet Jeremia: «In ewigen Schlaf sollen sie sinken und nie mehr erwachen» (Jer 51,57 und 39).

DEN SEINEN/DEM GERECHTEN GIBT'S DER HERR IM SCHLAF: *Ironisch bei einem unverdienten Glücksfall.* In einem Psalm, der die Wichtigkeit von Gottes Hilfe bei allem Tun betont, heißt es: «Es ist umsonst, daß ihr früh aufsteht und hernach lange sitzet und eßet euer Brot mit Sorgen; denn seinen Freunden gibt er es im Schlaf» (Ps 127,2).

SCHLECHT UND RECHT: *Wortpaar, heute im Sinne von «gerade noch annehmbar» gebraucht.* Ursprünglich bedeutete das Wort «schlecht» so viel wie «geradlinig», heute noch erhalten in «schlechtweg». Dann nahm das Wort die Bedeutung von «schlicht» an, im Sinne von einfach, woraus dann die heutige Bedeutung von «minderwertig» wurde. Bei der Charakterisierung Hiobs hieß es früher: «..der war schlecht und recht» (lat.: «simplex et rectus»), während man heute übersetzt: «fromm und gottesfürchtig» (Hiob 1,1).

DIE SCHLEUSEN DES HIMMELS: → Der *Himmel* öffnet seine Schleusen

DER SCHLÜSSEL DER ERKENNTNIS: *Eine Einsicht, die den Zugang zu vielen Wahrheiten öffnet.* Den Schriftgelehrten warf Jesus vor, die Menschen an der Kenntnis der göttlichen Weisungen zu hindern: «Ihr habt den Schlüssel der Erkenntnis weggenommen. Ihr selbst seid nicht hineingegangen und habt auch denen gewehrt, die hinein wollten» (Lk 11,52).

SCHLÜSSELGEWALT: *Der Ausdruck findet sich in zwei Rechtsbereichen. Im bürgerlichen Eherecht nannte man Schlüsselgewalt die Befugnis der Frau, in der Hauswirtschaft Verträge mit einer auch für den Mann bindenden Rechtswirkung abzuschließen. Im kirchlichen Recht hingegen ist die von der katholischen Kirche beanspruchte oberste Jurisdiktionsgewalt des Papstes gemeint.* Die erstgenannte Wortbedeutung hat mit der Bibel nichts zu tun, während die zweite auf eine Bibelstelle zurückgeführt wird, in der Jesus zu Petrus sagte: «Ich will dir die Schlüssel des Himmelreiches geben: alles was du auf Erden binden wirst, soll auch im Himmel gebunden sein, und alles, was du auf Erden lösen wirst, soll auch im Himmel gelöst sein» (Mt 16,19; ähnlich 18,18 für die zwölf Apostel). «Binden» und «Lösen» sind zwei rabbinische Fachausdrücke, die sich auf Disziplinarverfahren beziehen, in denen über den Ausschluß aus der Gemeinde oder über Lehr- und Rechtsentscheidungen verhandelt wird. Die Anwendung des Jesuswortes auf die Nachfolger des Petrus ist natürlich zwischen den verschiedenen christlichen Kirchen strittig.

SCHOA/SHOA: *Bezeichnung für die Vernichtung der Juden im Dritten Reich.* Neben → *Holocaust* wird auch das hebräische Wort «Schoa» verwendet, da es besser geeignet erscheint, die Einzigartigkeit dieses Völkermordes deutlich zu machen. Das Wort findet sich in einem Prophetenspruch gegen Babylon (Jes 47,11) und bedeutet «Unheil, Verderben», was auch mit «Katastrophe» wiedergegeben werden kann. Es hat denselben Wortstamm wie das hebräische «schahat» (griechisch: apóleia, phthorá), das in der Bibel häufiger anzutreffen ist. Es bedeutet eigentlich Grube und zieht die Verbindung zur Vorstellung von Tod und Grab (Hiob 33,22 und 30; Ps 103,4), im Buch Daniel sogar bis zur eschatologischen Vernichtung (Dan 9,27).

DAS SCHREIT ZUM HIMMEL: *Empörter Ausruf bei einer Untat.* Siehe → *Himmelschreiend*

SCHRIFTGELEHRTER: *Im übertragenen Sinne ein Büchermensch mit einem Hang zu pedantischer Besserwisserei.* Im Neuen Testament werden die Schriftgelehrten häufig als Gegner Jesu genannt, fast immer zusammen mit den → *Pharisäern.* Im nachexilischen Judentum gab es einen eigenen Stand der Schriftgelehrten, die in Kollegien organisiert waren, eine eingehende Ausbildung durchmachen mußten und sich der Erforschung der heiligen Schriften widmeten, um als Lehrer und Richter fungieren zu können. Die Schriftgelehrten gehörten keineswegs alle zur Partei der Pharisäer, vertraten vielmehr verschiedene Lehrmeinungen, je nach der Strömung, der sie innerhalb des damaligen Judentums angehörten.

DAS ZIEHT EINEM DIE SCHUHE AUS: *Ausruf bei einem unerwarteten Ereignis.* Die Herkunft der Redewendung ist unklar. Zu ihrer Verbreitung mag aber beigetragen haben, daß die Bibel bei der Berufung am brennenden Dornbusch Gott zu Moses sagen läßt: «Tritt nicht herzu, zieh deine Schuhe von deinen Füßen; denn der Ort, darauf du stehst, ist heiliger Boden» (Ex 3,5). Die gleiche Aufforderung ergeht an Josua bei der Erscheinung des Engels vor dem Einzug ins Gelobte Land (Jos 5,15). Das Ausziehen der Schuhe beim Betreten eines Gebetsraums findet sich als Zeichen der Ehrfurcht in vielen Religionen.

NICHT WERT, DIE SCHUHRIEMEN ZU LÖSEN: *Als scherzhafte Anerkennung eines eigenen minderen Status.* Johannes der Täufer sah sich nur als → *Vorläufer* Jesu: «Es kommt aber einer der stärker ist als ich, und ich bin nicht wert, daß ich ihm die Riemen seiner Schuhe löse» (Lk 3,16; Mk 1,7; Joh 1,27). In biblischer Zeit trug man Sandalen, die mit Schnüren oder Lederriemen am Fuß befestigt waren. Es galt als niedriger Dienst, beim Ablegen der meist staubigen Schuhe behilflich zu sein.

MEHR SCHULDEN ALS HAARE AUF DEM KOPF: *Scherzhaft für jemand, der sehr verschuldet ist.* Redeweise in Anlehnung an einen Hilferuf zu Gott, in dem der Beter seine Schuld anerkennt: «Meine Sünden haben mich ereilt; ich kann sie nicht überblicken. Ihrer sind mehr als Haare auf meinem Kopf...» (Ps 40,13).

SCHULGEZÄNK: *Abschätzig über theologische oder ideologische Streitereien.* Damit hat Luther das Wort «paradiatribé» (aus dem neustestamentlichen Griechisch) übersetzt (1 Tim 6,5). Es meint «unnütze Beschäftigung» und hängt zusammen mit «Diatribe», in der Antike Bezeichnung für eine gelehrte Abhandlung oder auch eine Philosophenschule.

WIE SCHUPPEN VON DEN AUGEN FALLEN: *Plötzliche Einsicht.* Als der spätere Apostel Paulus bei seiner Bekehrung vor → *Damaskus* vom Pferd stürzte, war er blind geworden und mußte von seinen Begleitern in die Stadt geführt werden. Dort legte ihm ein Jünger Jesu die Hände auf «und sogleich fiel es von seinen Augen wie Schuppen, und er wurde wieder sehend» (Apg 9,18). Ähnlich wird auch die Heilung des blinden Tobith durch seinen Sohn Tobias beschrieben (Tob 11,12).

SCHUTZ UND **SCHIRM**: *Synonymes Wortpaar für Sicherung.* Nach einem Psalmwort (119,114) über Gottes Beistand, das Luther mit «Du bist mein Schirm und Schild» übersetzte. Anderswo hieß es: «Du bist mein Schutz und Schild»; so heute auch in der Luther-Bibel. Ursprünglich bezeichnete man im Deutschen jeden schützenden Gegenstand als «Schirm».

SCHUTZENGEL: *Geistwesen, das vor Schaden bewahrt.* Wenn auch nicht das Wort selbst, so findet sich in der Bibel doch häufig die Vorstellung, daß Gott die Menschen durch Engel beschützt: so in den Berichten von der Brautwerbung um Rebekka durch den Knecht Abrahams (Gen 24,7), von Daniel in der Löwengrube (Dan 6,23) oder von der Reise des jungen Tobias in Begleitung Raphaels (Tob). Am schönsten kommt der Gedanke zum Ausdruck in den Psalmversen: «Er hat seinen Engeln befohlen, daß sie dich behüten auf allen deinen Wegen, daß sie dich auf Händen tragen und du deinen Fuß nicht an einen Stein stoßest» (Ps 91,11f.); zitiert auch im Bericht über die Versuchung Jesu (Mt 4,6; Lk 4,10f.).

MIT ETWAS **SCHWANGER** GEHEN: *Über die Verwirklichung eines Werkes oder einer Absicht nachdenken; heute unabhängig davon gebraucht, ob der Plan auf etwas Gutes oder Schlechtes zielt.* Die Bibel bezieht das Bild auf den Übeltäter und schildert anschaulich die Entwicklung vom bösen Gedanken zur bösen Tat: «Siehe, er hat Böses im Sinn, mit Unrecht ist er schwanger und wird Lüge gebären» (Ps 7,15; ähnlich Hiob 15,35 und Jes 59,4). Siehe auch → *Unheilschwanger*

IM **SCHWEISSE** DES ANGESICHTS: *Emphatisch für anstrengende Arbeit.* Die Bibel unterstellt zwar, daß der Mensch auch im → *Paradies* zu arbeiten hatte: «Und Gott der Herr nahm den Menschen und setzte ihn in den Garten Eden, daß er ihn bebaute und bewahrte» (Gen 2,15). Die menschliche Arbeit wurde jedoch erst nach dem → *Sündenfall* zur Mühsal. Gott sagte dann zu Adam: «Im Schweiße deines Angesichts sollst du dein Brot essen» (Gen 3,19).

WER ZUM SCHWERT GREIFT, KOMMT DURCH DAS SCHWERT UM: *Jede Gewaltanwendung provoziert neue Gewalt.* Als Petrus bei der Gefangennahme Jesu sein Schwert zog, hielt ihn Jesus zurück: «Stecke dein Schwert an seinen Ort! Denn wer das Schwert nimmt, soll durch das Schwert umkommen» (Mt 26,52). Das Schwert war Symbol des Krieges und des Gerichts.

SCHWERTER ZU PFLUGSCHAREN SCHMIEDEN: *Wunschbild für eine Zeit des Friedens.* In den Friedensvisionen alttestamentlicher Propheten wird eine Zeit verheißen, in denen die Völker der Erde von ihrem kriegerischen Tun ablassen: «Da werden sie ihre Schwerter zu Pflugscharen und ihre Spieße zu Sicheln machen. Denn es wird kein Volk wider das andere das Schwert erheben, und sie werden hinfort nicht mehr lernen, Krieg zu führen (Jes 2,4; Mi 4,3). Meist war wohl das Gegenteil der Fall, nämlich daß man in Kriegszeiten aus dem Eisen der Pflugscharen Schwerter schmiedete (vgl. Joel 3,10).

SCHWÖREN BEI HIMMEL UND ERDE: *Mit großer Emphase etwas behaupten oder versprechen.* In seiner → *Bergpredigt* ging Jesus über das bisher schon geltende Verbot des Meineides noch hinaus: «Ich aber sage euch, daß ihr überhaupt nicht schwören sollt, weder bei dem Himmel, denn er ist Gottes Thron; noch bei der Erde, denn sie ist der Schemel seiner Füße» (Mt 5,33f.).

SEELE: *Inbegriff für die inneren Vorgänge im Menschen (oder in anderen Lebewesen); oft auch für einen Bestandteil des Menschen, der im Gegensatz zum Leib als unvergänglich gedacht wird.* Im Mittelhochdeutschen wurde das Wort «Seele» nur gebraucht für die den Tod überdauernde Komponente des Menschen. Später erweiterte sich die Bedeutung in Richtung «Sitz der inneren Vorgänge», wozu vor allem Luthers Bibel-

übersetzung beigetragen hat. Diese verwendet den Begriff jedoch auch häufig anstelle von «Mensch». Vgl. → *Seelenzahl*

SEELENZAHL: *Altertümlich für die Zahl der Einwohner eines
Ortes.* Mit «Seele» wurde in der griechischen und später in der
lateinischen Bibel ein hebräisches Wort übersetzt, das wörtlich «Kehle» bedeutete und auch im Sinn von «Individuum»
gebraucht wurde. So sprach auch Luther von den «Seelen»,
die Abraham bei seinem Auszug aus Haran mitnahm (Gen
12,5; heute heißt es dort «Leute») und die mit Jakob nach
Ägypten kamen (Gen 46,8–27).

EINE DURSTIGE SEELE: *Scherzhaft für einen Menschen, der gerne trinkt.* In einem Psalm wird zum Dank an Gott dafür aufgefordert, «daß er sättigt die durstige Seele und die Hungrigen
füllt mit Gutem» (Ps 107,9). Gemeint ist hier allerdings nur,
daß Gott Durst und Hunger des Menschen stillt. Zum Ausdruck «Seele» für Mensch vgl. → *Seelenzahl*

NUN HAT DIE LIEBE SEELE RUH: *Jemand ist zufriedengestellt,
meist scherzhaft oder ironisch.* In einem Gleichnis Jesu, das
sich gegen das Ansammeln von Schätzen richtet, sagt ein reicher Mann zu sich selbst (über «Seele» statt Mensch vgl.
→ *Seelenzahl*), nachdem er eine übergroße Ernte eingebracht
hat: «Liebe Seele, du hast ein großen Vorrat für viele Jahre;
habe nun Ruhe, iß, trink und habe guten Mut» (Lk 12,19).
Der Ausdruck «arme Seele» hingegen meint etwas anderes.
Er bezieht sich auf die Seelen im → *Fegefeuer,* die nach katholischer Auffassung Hilfe durch Gebet und Opfer von den Lebenden erwarten. So sagt man manchmal: «damit die arme
Seele Ruhe hat» und dgl., wenn man einer drängenden Bitte
nachgibt.

SEGEN – SEGNEN: *Handlung oder Spruch, womit eine wohltuen-
de Kraft übertragen oder herbeigerufen wird; in übertragenem
Sinne wird «Segen» auch in Zusammenhang mit Wohlfahrt,
Glück oder Ertrag verwendet.* Ursprünglich sagte man im
Deutschen «segnen» nur für das Machen des Kreuzzeichens,
als Lehnwort vom lateinischen «signare», von «signum» d. h.

Zeichen. In den Bibelübersetzungen wurde das Wort dann
aber auch gebraucht zur Wiedergabe des lateinischen «benedicere», abgeleitet vom griechischen «eulogein» (wörtlich:
«Gutes sagen»), z. B. im Bericht über die Berufung Abrahams: «Ich will dich segnen und du sollst ein Segen sein»
(Gen 12,2).

SEHEN, WORAUF ES HINAUSWILL: *Das Ergebnis einer Entwicklung abwarten.* Als Jesus nach seiner Gefangennahme zum
Palast des Hohenpriesters gebracht wurde, folgte ihm der
Apostel Petrus dorthin, «um (in der Übersetzung Luthers) zu
sehen, worauf es hinaus wollte» (Mt 26,58).

SEKTE: *Meist pejorativ zur Bezeichnung einer Gruppe, die
sich von einer religiösen oder ideologischen Gemeinschaft ab-
gespalten hat.* Das lateinische Wort «secta» (Anhängerschaft,
abgeleitet vom Partizip «secutus» des Verbs «sequi» = nachfolgen) steht in der Vulgata häufig gleichbedeutend für das
griechische «hairesis» an anderen Stellen (→ *Häresie*). Luther
sprach von falschen Lehrern, «die einführen verderbliche
Secten» (z. B. in 2 Petr 2,1); die heutige Lutherbibel sagt
dort stattdessen «Irrlehren».

SELBSTVERLEUGNUNG: *Zurückstellen eigener Wünsche und Interessen.* Nach einem Jesuswort: «Will mir jemand nachfolgen, der verleugne sich selbst» (Mt 16,24; Mk 8,34; Lk
9,23).

SELIG SIND, DIE NICHT SEHEN UND DOCH GLAUBEN: → *Ungläubiger* Thomas

DAS SENFKORN: *Bild für etwas unscheinbar Kleines, das große
Wirkungen entfaltet.* Jesus verglich die Ausbreitung des Himmelreiches mit einem Senfkorn: «Das ist das kleinste unter
allen Samenkörnern; wenn es aber gewachsen ist, so ist es
größer als alle Kräuter und wird ein Baum, so daß die Vögel
unter dem Himmel kommen und wohnen in seinen Zweigen»
(Mt 13,32; Mk 4,30; Lk 13,19).

SERAPHISCH: *Einem Engel ähnlich.* Im Bericht des Propheten Jesaja von seiner Vision im Tempel (6,2) werden die Wesen, die bei Gottes Thron stehen, «Seraphim» genannt.

SHALOM: *Heute bekannt als israelisches Grußwort.* Ein schon früh unter Israeliten üblicher Gruß (z. B. 1 Sam 25,6) mit dem Segenswort «shalom» = Friede. Er hat sich (nach Lk 24,36) in der christlichen Liturgie erhalten als «Pax vobiscum», d. h. «Der Friede sei mit euch».

SHOA: → *Schoa*

SIC TRANSIT GLORIA MUNDI (dt.: So vergeht der Ruhm/die Herrlichkeit der Welt): *Bedauernd oder auch sarkastisch, wenn etwas Großartiges sein Ende findet; Zuruf an einen neuen Papst nach seiner Wahl, während ein Bündel Werg verbrannt wird.* Vermutlich nach einer Stelle im 1.Johannesbrief (2,17): «Et mundus transit et concupiscentia eius», d. h. «Die Welt vergeht und ihre Lust».

SIEBEN FETTE UND SIEBEN MAGERE JAHRE: → Die *fetten* und die mageren Jahre

IM SIEBENTEN HIMMEL: → Wie im *Himmel*

FÜR DREISSIG SILBERLINGE: *Anspielung auf den* → *Judaslohn*

SIMONIE: *Bezahlung für die Übertragung eines kirchlichen Amtes oder für die Spendung eines Sakraments, ein heftiger religiöser und politischer Streitpunkt im Mittelalter.* Nach dem Bericht der Apostelgeschichte bot ein Zauberer namens Simon den Aposteln Geld dafür an, daß sie ihm ihre Kraft, durch Handauflegung den Hl. Geist zu vermitteln, übertrügen (Apg 8,9–24).

NICHTS GUTES (oder auch:) **BÖSES IM SINN HABEN**: *Schlimme Absichten hegen.* Nach einem Psalmwort über den Gottlosen: «Siehe, er hat Böses im Sinn» (Ps 7,15; ähnlich Sir 11,33).

SINTFLUT/SINTFLUTARTIG: *Im übertragenen Sinn für einen über-
aus heftigen Regen.* Die Bibel berichtet von einer durch Regen
hervorgerufenen Überschwemmung, mit der Gott die Menschen, außer Noah und seine Familie, vernichtete (Gen 6–8).
Gemeint ist eine allgemeine Flut, wobei Luther zur Übersetzung auf das althochdeutsche Wort «sinvluot», d.h. große
Flut, zurückgriff. Volksetymologisch wurde daraus «Sündflut»
(Flut durch Sünde hervorgerufen).

SION/ZION: *Manchmal als Ortsname für karitative oder seel-
sorgliche Gründungen.* Der Name von Davids Burg auf einem
Hügel in Jerusalem wurde später in poetischer Weise auf die
Stadt selbst übertragen. Die ursprüngliche Lage der Burg ist
ungewiß. Zur Zeit der frühen Christen hat man einen Stadtteil
Jerusalems, wohl zu Unrecht, Sionsberg genannt. In einem
dortigen Haus soll das Abendmahl Jesu und das Pfingstereig-
nis, der Ausgangspunkt der christlichen Predigt, stattgefunden
haben.

EINE LÖBLICHE SITTE: *Scherzhaftes oder ironisches Lob eines
alten Brauches.* Von einem abtrünnigen Hohenpriester der
Makkabäerzeit heißt es in alten Übersetzungen: «Die guten
löblichen Sitten, von den alten Königen geordnet, tat er gar
ab» (2 Makk 4,11). Der Originaltext will allerdings sagen, er
habe (zu Unrecht) auf Privilegien verzichtet, die den Juden
von früheren hellenistischen Königen erteilt worden waren.

JEMAND SITZEN LASSEN: *Eine Verabredung nicht einhalten; ein
Mädchen verlassen, dem man schon Versprechungen gemacht
hatte.* Nach einem Weisheitsspruch in der Übersetzung Luthers: «Eine vernünftige Tochter kriegt wohl einen Mann,
aber eine ungeratene Tochter läßt man sitzen, und sie bekümmert ihren Vater» (Sir 22,4).

SKANDAL: *Ein anstößiges, ärgerniserregendes Geschehen.* Das
griechische Wort «skandalon» (Lockung, Lust, Falle, Ärgernis) wird häufig in der Bibel gebraucht, z.B. im Jesuswort vom
Mühlstein, der dem, der Ärgernis gibt, um den Hals gelegt
werden soll (Mt 18,6; Lk 17,2), oder beim Apostel Paulus,

wenn er sagt: «Wir aber predigen den gekreuzigten Christus, den Juden ein Ärgernis und den Griechen eine Torheit» (1 Kor 1,23).

SODOM UND GOMORRHA: *Heute Bezeichnung für Orte, deren Bewohnern man im sexuellen Bereich ein besonders unsittliches Verhalten zuschreibt.* Im Rahmen der Abraham-Geschichten erzählt die Bibel von zwei Städten, deren Einwohner als böse galten. Zwei Engel in Gestalt von Männern gingen hin, um diese Anklage zu überprüfen. Sie wurden aber nur von Lot, dem Neffen Abrahams gastfreundlich aufgenommen, der selbst ein Fremder war. Damit nicht genug, forderten die Einwohner in der Nacht die Herausgabe seiner Gäste, um sie sexuell zu mißbrauchen. Als Lot sich weigerte, wollten die Leute sein Haus stürmen, wurden aber mit Blindheit geschlagen. Die Engel führten dann Lot und seine Familie aus der Stadt, bevor Gott bei Sonnenaufgang Feuer und Schwefel über Sodom und die Nachbarstadt Gomorrha herabregnen ließ (Gen 19,1–29). Es handelt sich um eine (unhistorische) Lokalsage, die in die Bibel Aufnahme fand, damit Abraham als Fürbitter dargestellt werden konnte. (Siehe Gen 18,16–32.) Das Motiv einer Bestrafung wegen Verweigerung bzw. Verletzung der geheiligten Gastfreundschaft gegenüber Wanderern, die in Wirklichkeit Gottheiten waren, findet sich auch in anderen Kulturkreisen, z.B in der griechischen Sage von Philemon und Baucis, die beide vom Untergang verschont bleiben, weil sie, ohne es zu wissen, Zeus und Hermes gastfreundlich aufgenommen hatten.

SODOMIE: *Bezeichnung für die Unzucht von Menschen mit Tieren, früher oft auch für den homosexuellen Verkehr gebraucht.* In der Geschichte von → *Sodom* und Gomorrha sagt die Bibel nichts Genaueres über die Laster der Bewohner. Auf Homosexualität deutet die Forderung an Lot auf Auslieferung seiner Gäste hin, um mit ihnen zu verkehren, wie es wörtlich im Text heißt; während Luther schamhafter übersetzt: «damit wir uns über sie hermachen» (Gen 19,5). Von der Überlieferung wird unterstellt, daß noch andere von der Norm abweichende sexuelle Praktiken im Schwange waren.

WER SEINEN SOHN LIEBHAT, DER ZÜCHTIGT IHN: *Früher oft zur Rechtfertigung harter Strafen in der Erziehung zitiert.* Die Sentenz gibt eine in der altorientalischen Weisheit gängigen Spruch wieder: «Wer seine Rute schont, der haßt seinen Sohn; wer ihn aber liebhat, der züchtigt ihn beizeiten» (Spr 13,24).

SEINE SONNE ÜBER GUTE UND BÖSE SCHEINEN/AUFGEHEN LASSEN: *Ironisch über allzu viel Großzügigkeit bei einem Vorgesetzten gegenüber nachlässigen Untergebenen.* Der Ausdruck geht zurück auf ein Jesuswort zur Feindesliebe, die als Nachahmung Gottes empfohlen wird: «Denn er läßt seine Sonne aufgehen über Böse und Gute und läßt regnen über Gerechte und Ungerechte» (Mt 5,45).

SICH SORGEN UM VIELES: → *Eins* ist notwendig

DER SPLITTER IM AUGE DES NÄCHSTEN – DER BALKEN IM EIGENEN AUGE: *Anspielung auf die Erfahrung, daß eigene Fehler als geringfügig, die Fehler bei anderen als übergroß erscheinen.* In einem Ausspruch gegen das Richten über andere sagte Jesus: «Was siehst du aber den Splitter in deines Bruders Auge und nimmst nicht wahr den Balken in deinem Auge?» (Mt 7,3–5; Lk 6,41 f.).

ZUM SPOTT/GESPÖTT DER LEUTE WERDEN: *Sich lächerlich machen.* Redeweise nach dem Gebet eines Unglücklichen: «Ich aber bin ein Wurm und kein Mensch, ein Spott der Leute und verachtet vom Volke» (Ps 22,7).

AUF DER BANK DER SPÖTTER SITZEN: *Von Menschen, die alles zynisch und sarkastisch beurteilen.* Eine Mahnung am Beginn des Buches der Psalmen: «Wohl dem, der nicht wandelt im Rat der Gottlosen noch tritt auf den Weg der Sünder noch sitzt, wo die Spötter sitzen» (Ps 1,1).

DEINE SPRACHE VERRÄT DICH: *Scherzhafte Anspielung auf eine dialekthafte Färbung im Sprechen, woraus auf die regionale Herkunft geschlossen werden kann.* Nach der Gefangennahme Jesu wagte sich der Apostel Petrus in den Hof des Hohenpriesters, um zu sehen, was geschah. Als er mit anderen um das dort brennende Feuer stand, erkannte ihn eine Magd. Er leugnete, zu Jesu Jüngern zu gehören. Doch die Umstehenden sagten: «Du bist auch einer von denen, denn deine Sprache verrät dich» (Mt 26,73). Der Hinweis auf die Sprache des Petrus erklärt sich daraus, daß die Anhängerschaft Jesu meist aus dem im Norden Palästinas gelegenen Galiläa stammte, wo man einen anderen Dialekt sprach als in Jerusalem.

WIE SPREU IM WINDE: *Für etwas Haltloses, das keinen Bestand haben kann.* Die Bibel verwendet das Bild für das Schicksal der Gottlosen, z. B. «Sie werden ... wie Spreu, das der Sturmwind hinwegführt» (Hiob 21,18; Ps 1,4 und 35,5; Hos 13,3; Zef 2,2).

DIE SPREU VOM WEIZEN SONDERN/TRENNEN: *Das Gute vom Bösen bzw. die Guten von den Bösen scheiden.* Johannes der Täufer, der Vorläufer Jesu, sagte von dem, der nach ihm kommen werde: «Er hat seine Worfschaufel in der Hand; er wird seine Tenne fegen und seinen Weizen in die Scheune sammeln; aber die Spreu wird er verbrennen mit unauslöschlichem Feuer» (Mt 3,12).

EIN STACHEL IM FLEISCHE: → Ein *Pfahl* im Fleische

WIDER DEN STACHEL LÖCKEN/LECKEN: *Gegenüber einer Autorität aufmüpfig sein.* In der Gerichtsverhandlung vor König Agrippa erzählte der Apostel Paulus selbst von seiner Bekehrung vor → *Damaskus.* Danach sagte Jesus – in einer Erweiterung des Berichts in Apg 9,5 – zu ihm: «Es wird dir schwer sein, wider den Stachel zu löcken» (Apg 26,14). Der Satz will wohl zum Ausdruck bringen, daß die fanatische Verfolgungswut des Paulus gegen die Christen aus seinem inneren Widerstand gegen die bessere Einsicht zu erklären ist. Dahinter steht das Bild widerspenstiger Zugtiere, die sich gegen den Stachel, d. h. den spitzen Stock, mit dem man sie vorwärts treibt, wehren. Das Wort «löcken» bzw. «lecken» (so ursprünglich Luther) ist in diesem Sinne nicht mehr gebräuchlich und nur noch im Ausdruck «frohlocken» erhalten. Es meinte: mutwillig hüpfen, springen oder ausschlagen.

VOM STAMME NIMM: *Scherzhaft für eine Person, die ungewöhnlich raffgierig ist.* Der Ausdruck kommt von der Auflistung der zwölf Kundschafter, die Moses von der Wüste aus ins Gelobte Land schickte. Denn ihre Namen werden in monotoner Weise zugleich mit ihrer Stammeszugehörigkeit genannt, z. B. «Palti, der Sohn Rafus, vom Stamme Benjamin» (Num 13,10).

KEINE BLEIBENDE STATT: *Emphatisch bei Heimatlosigkeit.* «Statt» meint im Mittelhochdeutschen Ort oder Stelle, während die Differenzierung zwischen «Stadt», «Statt» und «Stätte» erst später erfolgte. Heute übersetzt man im Bibelwort, das dem Ausdruck zugrundeliegt: «Wir haben hier keine bleibende Stadt, sondern die zukünftige suchen wir» (Hebr 13,14), da der Urtext tatsächlich «polis» (lat.: «civitas») verwendet.

STAUB BIST DU UND ZUM STAUB WIRST DU ZURÜCKKEHREN: *Hinweis auf die Vergänglichkeit des Menschen.* Spruch Gottes an Adam nach dem → *Sündenfall* (Gen 3,19). In der Lutherbibel (und folglich im evangelischen Begräbnisritus) steht «Erde» statt «Staub», wohl um den Bezug zur Schaffung des Menschen aus der Ackererde (Gen 2,7) deutlich zu machen. So sagt → *Hiob* in seiner Klage zu Gott: «Bedenke doch, daß du mich aus Erde gemacht hast, und läßt mich wieder zum Staub zurückkehren» (Hiob 10,9; ähnlich Pred 12,7 und Sir 40,11).

STAUB UND ASCHE: *Synonymes Wortpaar für etwas Vergängliches.* Der geplagte → *Hiob* sagte von sich selbst: «Man hat mich in den Dreck geworfen, daß ich gleich bin dem Staub und der Asche» (Hiob 30,19).

DEN STAUB VON DEN FÜSSEN SCHÜTTELN: *Redeweise beim Verlassen eines Ortes, an dem man nicht willkommen ist.* Nach einer damaligen jüdischen Redensart galt der Staub eines jeden Landes, das nicht das Gelobte Land war, als unrein. In seiner Aussendungsrede wendet Jesus die Wendung auf alle Orte an, die das Wort Gottes nicht annehmen: «Und wenn euch jemand nicht aufnehmen und eure Rede nicht hören wird, so geht heraus aus diesem Hause oder dieser Stadt und schüttelt den Staub von euren Füßen» (Mt 10,14; ähnlich Apg 13,51 und auch Apg 18,6, wo Paulus seine Kleider ausschüttelt).

WER STEHT, SEHE ZU, DASS ER NICHT FALLE: *Warnung vor allzu großer Selbstsicherheit.* Eine Warnung des Apostels an die Christen: «Darum, wer meint, er stehe, mag zusehen, daß er nicht falle» (1 Kor 10,12). Bekannt wurde der Spruch auch durch Goethes Gedicht «Beherzigung», wo es heißt: «Sehe jeder, wo er bleibe, und wer steht, daß er nicht falle.»

STEIN DES ANSTOSSES: *Ein Anlaß zum → Ärgernis.* Verschiedentlich heißt es in der Bibel von Jesus, er sei für diejenigen, die nicht an ihn glauben, zum «Stein des Anstoßes» geworden (1 Petr 2,8; wohl in Anlehnung an einen Spruch bei Jesaja 8,14). Vgl. auch den bei der Versuchung Jesu (Mt 4,6) vom Teufel zitierten Psalm 91,11f.: «Er hat seinen Engeln befohlen, daß sie dich auf Händen tragen und du deinen Fuß nicht an einen Stein stoßest».

KEIN STEIN WIRD AUF DEM ANDEREN BLEIBEN: *Voraussage einer vollständigen Zerstörung von Dingen oder Verhältnissen.* Jesus wandte das Bild auf den kommenden Untergang des Jerusalemer Tempels an (Mt 24,2; Lk 19,44).

DEN ERSTEN STEIN WERFEN: *Als erster eine Anklage erheben.* Man brachte eine Ehebrecherin zur Verurteilung vor Jesus, um ihn auf die Probe zu stellen, ob er sich an das Gesetz halte, das die Steinigung der Schuldigen verlangte. Da sagte Jesus: «Wer unter euch ohne Sünde ist, der werfe den ersten Stein auf sie» (Joh 8,7). Die Strafart der Steinigung hatte den Zweck, alle Bürger am Vollzug der Todesstrafe zu beteiligen. Der Zeuge bzw. Ankläger mußte dabei den ersten Stein werfen, was als Abschreckung vor leichtfertigen Beschuldigungen gedacht war.

So werden die Steine schreien: *Überzeugung, daß eine Wahrheit sich unweigerlich kundtun wird, auch wenn niemand es wagt, sie auszusprechen.* Als Jesus unter den Jubelrufen der Menge, die eine Königsproklamation darstellten, in Jerusalem einzog, baten ihn einige Pharisäer, seine Anhänger zum Schweigen zu bringen, da sie eine Reaktion der Römer fürchteten. Er antwortete: «Ich sage euch, wenn diese schweigen, so werden die Steine schreien» (Lk 19,40). In einem etwas anderen Sinn, nämlich in Bezug auf unrechtmäßig erworbene Häuser, verwendet der Prophet Habakuk das Bild (Hab 2,11). Manchmal wird auch der lateinische Spruch: «saxa loquuntur» mit der Bibel in Verbindung gebracht. Es dürfte aber einen anderen Ursprung haben; denn im lateinischen Bibeltext der Vulgata ist das Jesuswort anders übersetzt, nämlich mit «lapides clamabunt».

Steine statt Brot geben: *Antworten und Belehrungen, die nicht wirklich weiterhelfen.* Jesus forderte einmal mit einem Vergleich dazu auf, im Gebet auf die Güte Gottes zu vertrauen: «Wer ist unter euch Menschen, der seinem Sohn, wenn er ihn bittet um Brot, einen Stein biete?» (Mt 7,9; Lk 11,11)

Einen Steinwurf weit: *Altertümlich für «einen Katzensprung».* Im Bericht über Jesu Gebet im Garten → *Gethsemani* heißt es, Jesus habe sich «etwa einen Steinwurf weit» von den Jüngern niedergekniet (Lk 22,41).

Seinem Stern folgen: *Sich von einem inneren Drang leiten lassen.* In Anspielung auf den «Stern» der die Weisen aus dem Morgenland (→ *Magier*), der sie zu ihrem Ziel in Bethlehem führte (Mt 2,1–11).

Auch Steuerbeamte sind Diener Gottes: *Scherzhaft-resignierte Wendung in Bezug auf das Finanzamt.* Im Römerbrief ermahnt der Apostel Paulus die Christen, sich den Anordnungen der Obrigkeit zu unterwerfen, weil deren Autorität von Gott stamme. «Deshalb zahlt ihr ja auch Steuer» heißt es dort. Und über die Steuereinnehmer wird sogar ausdrücklich behauptet: «Denn sie sind Gottes Diener, auf diesen Dienst ständig bedacht» (Röm 13,6).

STIGMATISIERT: *Von Personen, welche die «Wundmale Christi» (Geißelung, Dornenkrönung, Annagelung und Seitenverletzung) an ihrem Leib tragen; «stigmatisieren» bedeutet daneben heute in übertragenem Sinne auch: verleumden, durch eine Anklage brandmarken; in der Medizin spricht man bei psychisch bedingten vegetativen Störungen von «Stigmen».* Das griechische Wort «stigma» bedeutet: Stich, Fleck, Merkmal oder auch das Brandmal, das zur Eigentumskennzeichnung bei Tieren oder Sklaven und Soldaten diente. In einer Polemik gegen seine Gegner sagte der Apostel Paulus zur Bekräftigung seiner Autorität: «Hinfort mache mir niemand weiter Mühe; denn ich trage die Malzeichen Jesu an meinem Leib» (Gal 6,17). Es ist unwahrscheinlich, daß er sich damit als Stigmatisierten im heutigen Sinne bezeichnen wollte. Eher meinte er wohl die Narben, die ihm die Mißhandlungen bei der Verbreitung des Evangeliums eingetragen hatten und die ihn folglich als «Eigentum» Jesu auswiesen. Im eigentlichen Sinne stigmatisiert waren u. a. Franz von Assisi, Anna Katherina Emmerich und Therese Neumann. Sie trugen Wunden, die schmerzten und an bestimmten Tagen bluteten, aber weder eiterten noch heilbar waren.

DIE STILLEN IM LANDE: *Ernsthafte, manchmal auch ironische Bezeichnung zunächst für die Anhänger des protestantischen Pietismus im 17./18. Jh., im übertragenen Sinne dann auch für alle, die ihren religiösen und ethischen Überzeugungen gemäß leben, aber in der Öffentlichkeit nicht hervortreten.* In den Psalmen heißt es von den Bösen: «Denn sie reden nicht, was zum Frieden dient, und ersinnen falsche Anklagen wider die Stillen im Lande» (Ps 35,20). Deren innere Haltung wird deutlich in einem anderen Gebet: «Sei stille dem Herrn und warte auf ihn. Entrüste dich nicht über den, dem es gut geht, der seinen Mutwillen treibt» (Ps 37,7).

MIT EHERNER STIRN: *Trotzig, unverfroren, unerbittlich.* In seinen Vorwürfen gegen das verstockte Israel läßt der Prophet

Jesaja Gott zum Volk sagen: «Ich weiß, daß du hart bist und dein Nacken eine eiserne Sehne ist und deine Stirn ehern» (Jes 48,4). Das Wort «ehern» ist abgeleitet vom indogermanischen Wort «er», das jetzt untergegangen ist und Erz oder Bronze bedeutete.

EIN STREITBARER MANN: *Ironisch über jemand, der sein Recht und seine Interessen kämpferisch zu vertreten weiß.* Bei Luther war damit ursprünglich ein im Kriegswesen geübter Mann gemeint (Jos 17,1; Ri 6,12), was Streitlust nicht notwendig einschloß.

WIDER/GEGEN DEN STROM SCHWIMMEN: *Sich einem allgemeinen Trend widersetzen.* Das auch sonst in der Antike vorkommende Bild findet sich in manchen Übersetzungen des Weisheitsbuches Jesus Sirach: «Schäme dich nicht zu bekennen, wo du gefehlt hast, und strebe nicht wider den Strom» (Sir 4,26). Der Sinn ist, wie die Wiedergabe in der neuen Einheitsübersetzung deutlicher zum Ausdruck bringt: «Schäme dich nicht, von der Sünde umzukehren, leiste (der Umkehr) nicht trotzig Widerstand!»

STÜCKWERK: *Etwas Unvollkommenes, nicht ganz Gelungenes.* Ursprünglich bezeichnete der Ausdruck eine auf Textilien bezogene Maßeinheit. Seine heutige Bedeutung stammt von Luther, der den Apostel Paulus sagen ließ: «Denn unser Wissen ist Stückwerk, und unser Weissagen ist Stückwerk. Wenn aber kommen wird das Vollkommene, so wird das Stückwerk aufhören» (1 Kor 13, 9f.). Im Originaltext steht dafür «ek mérous», d. h. teilweise, in der Vulgata «ex parte».

VIEL STUDIEREN MACHT DEN LEIB MÜDE: *Scherzhafte Warnung vor Buchgelehrsamkeit; manchmal auch als witzige Ausrede bei Unlust zum Lernen.* Dem biblischen Buch Prediger sind einige Schlußbemerkungen an den Leser angefügt, die offensichtlich nicht vom Autor stammen. Dort heißt es: «Mein Sohn, laß dich warnen; denn des vielen Büchermachens ist kein Ende, und viel Studieren macht den Leib müde. Laßt uns die Hauptsumme aller Lehre hören: Fürchte Gott und halte seine Gebote; denn das gilt für alle Menschen» (Pred 12,12f.). Dieser Anhang könnte auf eine gewisse Reserve hinsichtlich der Benutzung dieses Buches hinweisen, das von Anfang an wegen seiner skeptischen Grundhaltung in Bezug auf die menschliche Erkenntnisfähigkeit manchen Frommen nicht ganz geheuer erschien.

MEINE STUNDE IST NOCH NICHT GEKOMMEN: → *Kairos*

WER SUCHT, DER FINDET: *Salopp als Aufforderung zum Suchen, wenn etwas verlorenging; oder als Selbstlob, wenn man etwas findet, das andere vergeblich suchten.* Nach einem Jesuswort über Gebetserhörung: «Bittet, so wird euch gegeben; suchet, so werdet ihr finden; klopfet an, so wird euch aufgetan» (Mt 7,7; Lk 11,9).

EINE SÜNDE WIDER DEN HEILIGEN GEIST: *Heute manchmal im übertragenen Sinne für einen unverzeihlichen Verstoß gegen Logik und gesunden Menschenverstand.* Als Jesu Gegner seine Macht über die bösen Geister damit erklärten, daß er sie mit Hilfe Satans selbst austreibe, sagte er: «Alle Sünde und Lästerung wird den Menschen vergeben, aber die Lästerung gegen den Geist wird nicht vergeben. Und wer etwas redet gegen den Menschensohn, dem wird es vergeben; aber wer etwas redet gegen den heiligen Geist, dem wird's nicht vergeben, weder in dieser noch in jener Welt» (Mt 12,31f.; Mk 3, 28f.; Lk 12,10). Aus dem Kontext ergibt sich, daß hier mit dem heiligen Geist, wie auch an vielen anderen Stellen des Alten und Neuen Testaments, der göttliche Geist gemeint ist, der als von Gott verliehene Kraft bestimmte Menschen zu außergewöhnlichen Taten befähigt. Die Sünde, von der Jesus spricht, liegt also darin, sich mit kleinlichen persönlichen Argumenten gegen die in der Welt wirkenden positiven Kräfte zu versperren, obwohl deren göttlicher Ursprung klar vor Augen liegt.

WER OHNE SÜNDE IST...: *Mahnender Zwischenruf, gerichtet an selbstgefällige Ankläger anderer.* Mit diesen Worten (Siehe → Den ersten *Stein* werfen) brachte Jesus in der Geschichte von der Ehebrecherin deren Ankläger zum Nachdenken. Beschämt gingen sie weg.

SÜNDENBOCK: *Ein ganz oder teilweise Unbeteiligter, dem die Schuld am Mißglücken einer Unternehmung zugeschrieben und der dafür bestraft wird.* Der Ausdruck selbst ist nicht biblisch, geht aber auf einen alttestamentlichen Ritus zur Entsühnung des Volkes zurück. An einem Fest, dem sog. Versöhnungstag, wurde ein Ziegenbock in die Wüste gejagt, um dort zu sterben, nachdem ihm der Hohepriester mit einem Sündenbekenntnis die Hand aufgelegt und so die Sünden des Volkes auf ihn übertragen hatte (Lev 16,5–10 und 20–22).

EIN SÜNDENFALL: *Scherzhafte oder ironische Verharmlosung eines Fehltritts.* Anspielung auf die Sünde Adams und Evas im Paradies (Gen 3), die oft als «erster Sündenfall» bezeichnet wird.

WIR SIND ALLZUMAL SÜNDER: *Selbstironie beim Eingestehen von Schwächen.* Nach der alten Übersetzung Luthers heißt es vor der berühmten Stelle beim Apostel Paulus, nach der der Mensch ohne Verdienste durch Gnade gerechtfertigt wird, von den Menschen: «Sie sind allzumal (heute: allesamt) Sünder und ermangeln des Ruhmes, den sie an (bei) Gott haben sollen» (Röm 3,23), Gemeint ist hier: Alle Menschen haben gesündigt und die Herrlichkeit verloren, die Gott ihnen zugedacht hatte.

MEHR FREUDE ÜBER EINEN SÜNDER ALS ÜBER NEUNUNDNEUNZIG GERECHTE: *Scherzhaft oder ironisch bei nur geringem Erfolg in den Bemühungen um Bekehrung oder Resozialisation.* Auf die Kritik wegen seines Umganges mit Sündern erzählte Jesus das Gleichnis vom → verlorenen *Schaf* und schloß mit dem Spruch: «So wird auch Freude im Himmel sein über einen Sünder, der Buße tut, mehr als über neunundneunzig Gerechte, die der Buße nicht bedürfen» (Lk 15,7).

EINE SÜNDERIN: *Altertümlich für eine leichtlebige Frau oder auch für eine Prostituierte.* In der Bibel ist viel von Sündern die

Rede, nur einmal, im Bericht über die Frau, die Jesus salbte und ihm mit ihren Tränen die Füße wusch (→ *Magdalena*), wird das Wort «Sünderin» gebraucht (Lk 7,37 und 39).

SÜNDFLUT: → *Sintflut*

EINE KEUSCHE SUSANNA: *Scherzhaft für ein sittsames oder sittsam tuendes weibliches Wesen.* Anspielung auf den Bericht im apokryphen Teil des Buches Daniel (Kap. 13) von der Rettung der unschuldigen Susanna. Sie weigerte sich, mit zwei Amtsträgern des Volkes, die sie beim Bad im Garten überfielen, zu schlafen. Auch gegenüber der Drohung der beiden zu bezeugen, sie hätten sie mit einem jungen Mann beim Ehebruch ertappt, blieb sie standhaft. Als die Alten dann tatsächlich ihre Anklage erhoben, wurde Susanna vom jungen Daniel gerettet.

T

TAG DES HERRN: *Feierliche Bezeichnung für den christlichen Sonntag.* Im Alten Testament sprachen die Propheten vom «Tag des Herrn» als dem Tag des Gerichts, den sie dann immer häufiger als ein Ereignis von auch kosmischen Ausmaßen beschrieben. Von den Christen wurde diese Vorstellung übernommen (wie in der Predigt des Petrus am Pfingsttag: Apg 2,16ff.) und mit dem Tag der erwarteten Wiederkunft Christi und der Auferstehung der Toten gleichgesetzt (z.B. 1 Thess 4,15f.). Bald jedoch wurde der erste Tag der Woche so bezeichnet, an dem sich die Christen anstelle des → *Sabbats*, des siebenten Tages, schon zu Zeiten der Apostel zur Feier der Eucharistie versammelten (Apg 20,7; 1 Kor 16,2). Es war nämlich der Tag, an dem sich Jesu Auferstehung ereignete (Mt 28,1; Mk 16,2; Lk 24,1; Joh 20,1) und damit die neue Zeit anbrach. Auch die Endzeitvisionen der Geheimen Offenbarung beginnen an diesem Tag (Offb 1,10). Er war bei Griechen und Römern der Tag der Sonne, der Sonntag.

TAG DER RACHE: *Androhung einer Vergeltung für erlittenes Unrecht.* Der Ausdruck ist eine Variation der Redeweise vom → *Tag* des Herrn, der als Tag der Vergeltung gesehen wurde, an dem die Bösen bestraft und die Guten belohnt werden. Das Wort Rache hat in der Bibel nicht den Beigeschmack einer hassenden Gesinnung, den es in unserem Sprachgebrauch bekommen hat. Es bedeutet ursprünglich im Hebräischen wie auch im Deutschen Wiederherstellung der Gerechtigkeit in einer Gemeinschaft oder auch der Welt. Da Gott in der Bibel als Weltenrichter betrachtet wurde, kann er, wenn Unrecht geschehen ist, angerufen werden: «Du Gott der Rache, erscheine!» (Ps 94,1) oder es kann gehofft werden auf «einen Tag der Rache unseres Gottes, zu trösten alle Trauernden» (Jes 61,2 und ähnlich 34,8). So redet auch das Neue Testament ganz unbefangen von Gottes Rache: Röm 12,19; Hebr 10,26–31; Lk 18,7f. und 21,22; Offb 6,10. Das deutsche

Wort «Rache» geht zurück auf das mittelhochdeutsche «re-
chen» für «vertreiben, verfolgen», das auch auf die Ahndung
verletzten Rechts angewandt wurde. So ist verständlich, daß
es in den frühen Bibelübersetzungen ganz unbefangen für (gerechte) Vergeltung gebraucht wurde. Sein späterer Bedeu-
tungswandel führte dann zur religionspädagogisch verhängnis-
vollen Vorstellung vom alttestamentlichen «Gott der Rache».
Siehe auch → Mein ist die *Rache*

DER TAG HAT SICH GENEIGT: → Herr, *bleib* bei uns!

JEDER TAG HAT SEINE PLAGE: *Weigerung, am Abend eines mühevollen Tages noch eine neue Arbeit anzupacken; manchmal
auch Weigerung, zu weit im Voraus zu planen.* Nach einem
Jesuswort gegen ängstliche Daseinssorge: «Sorgt nicht für
morgen, denn der morgige Tag wird für das Seine sorgen. Es
ist genug, daß jeder Tag seine eigene Plage hat» (Mt 6,34).

VON EINEM TAG AUF DEN ANDEREN SCHIEBEN: *Gern geübtes
Verhalten angesichts einer lästigen Aufgabe.* Eine Mahnung zur
Bekehrung in der Übersetzung Luthers: «Schieb es nicht von
einem Tag auf den anderen» (Sir 5,7).

DIE TAGE/JAHRE, VON DENEN WIR SAGEN, SIE GEFALLEN UNS
NICHT: *Die Zeit des Altwerdens.* Zu Beginn seiner großartig
poetischen Schilderung der herannahenden Todesstunde sagt
der Prediger: «Denk an deinen Schöpfer in deiner Jugend, ehe
die bösen Tage kommen und die Jahre sich nahen, da du wirst
sagen: Sie gefallen mir nicht» (Pred 12,1).

SEINE TAGE SIND GEZÄHLT: *Es geht mit jemandem oder mit
etwas zu Ende.* Anspielung auf die Erklärung der Schrift an
der Wand durch Daniel (Dan 5,26). Siehe → *Menetekel*

WIE DAS TÄGLICHE BROT: *Im übertragenen Sinne etwas Le-
bensnotwendiges oder auch etwas sehr Alltägliches in Wendungen wie: «Nötig wie das tägliche Brot» oder: «Das ist für mich
das tägliche Brot.»* Die Bitte um das «tägliche Brot» (Mt 6,11;
Lk 11,3) gehört zum «Vaterunser», dem bekanntesten christ-

lichen Gebet, das Jesus selbst seine Jünger lehrte. Die ursprüngliche Wortbedeutung des griechischen Adjektivs
«epiousios», das meist mit «täglich» übersetzt wurde, ist nicht
ganz klar. Entweder soll ausgedrückt werden: «für den heutigen Tag» oder «für den folgenden Tag» oder auch «zum Dasein nötig». Jedenfalls ist gemeint, daß man Gott um den
unentbehrlichen Lebensunterhalt, nicht aber um Überfluß bitten solle.

TALENT: *Heute für eine besondere Anlage oder Fähigkeit.* Das
griechisch-römische Talent (von griech.: «tálanton» = Waag-
schale) war ein Gewichtsmaß, vor allem aber eine Geldeinheit
von hohem Wert. Im Gleichnis Jesu von der Geldsumme, die
ein König seinen Knechten anvertraut, damit sie damit wirt-
schafteten, verwendet der Evangelist Matthäus (anstelle der
«Pfunde» bei Lukas) den Ausdruck «Talente», was zwar Luther mit «Zentner» wiedergab, aber in anderen Übersetzungen erhalten blieb (Mt 25,14ff.). Siehe → Sein *Pfund* vergraben

TANZ UM DAS GOLDENE KALB: *Gesellschaftskritisch für die Bereitschaft der Menschen, sich hemmungslos dem Streben nach
Geld hinzugeben.* Nach dem Bundesschluß der Israeliten mit
Gott am Berg Sinai blieb Moses 4o Tage auf dem Berg. Das
ungeduldige Volk verlangte von Aaron, ein goldenes, d.h.
vergoldetes Stierbild, zu machen, das es dann mit ekstatischen
Tänzen verehrte und anbetete. Als Moses zurückkam, zerbrach er die Tafeln des ihm von Gott übergebenen Gesetzes
und zerstörte das Bild (Ex 32,1–20). Das Diminutiv «Kalb»
ist hier polemisch gemeint, um die damals weit verbreitete
Stierverehrung lächerlich zu machen.

TAUFEN: *Über seine Grundbedeutung hinaus häufig auch gebraucht im Sinne von Namensgebung.* In diesem Sinne wird
«taufen» bereits im Mittelhochdeutschen gebraucht. Das zugrundeliegende Wort «Taufe» geht auf «dampjan» in der gotischen Ulfilas-Bibel zurück, eine Übersetzung des griechischen
Ausdrucks «báptisma/baptizein» für «untertauchen», die Taufe wurde auf eine Anweisung Jesu zurückgeführt (Mt 28,19;

Mk 16,16) und im Urchristentum anstelle der Beschneidung
als einmaliger Initiationsritus praktiziert. Es geschah wohl in
Anlehnung an Johannes den «Täufer», der offenbar so genannt wurde, weil es als für ihn besonders kennzeichnend
empfunden wurde, daß er diejenigen, die sich bekehrten, tauf-
te (Mt 3,6; Mk 1,4; Lk 3,3; Joh 1,25). Das Judentum kannte
zwar rituelle Waschungen (so auch in der Sekte von Qumran),
die die kultische Reinheit wiederherstellen sollten, aber keine
Waschung als Initiation, wenn man von der umstrittenen Hypothese absieht, nach der → *Proselyten* bei der Aufnahme ins
Gottesvolk getauft wurden. Zunächst wurden die Christen
vermutlich auf den Namen Jesu getauft, oder auch, wie sich
aus Mt 28,19 ergibt, «im Namen des Vaters, des Sohnes und
des Heiligen Geistes». Eine eigentliche Namensgebung bei
der christlichen Taufe ist erst später üblich geworden, wobei
man auf den Namen eines Heiligen zurückgriff. Der Brauch,
anläßlich einer Initiation auch einen neuen Namen zu verleihen, ist weit verbreitet.

TAUSEND JAHRE WIE EIN TAG: *Bild für die Fragwürdigkeit
menschlicher Zeitvorstellungen angesichts der Welt- oder Erd-
geschichte.* In einem Psalm heißt es vom ewigen Gott: «Denn
tausend Jahre sind vor dir wie ein Tag, der gestern vergangen
ist, und wie eine Nachtwache» (Ps 90,4). Das gleiche sagte der
Apostel Petrus jenen Gläubigen, die wegen des Ausbleibens
der Wiederkunft Jesu ungeduldig wurden (2 Petr 3,8).

TAUSENDJÄHRIGES REICH: *Heute meist ironisch verwendetes
politisches Schlagwort für die Herrschaft des Nationalsozialis-
mus in Deutschland.* Nach der Offenbarung des Johannes
bringt die Wiederkunft Christi zunächst eine Periode des Heiles herauf, in der die auferstandenen Gerechten mit ihrem
Herrn auf dieser Erde zur Herrschaft gelangen, bevor dann
der letzte Kampf mit dem Satan stattfindet (Kap. 20). Im Gegensatz zu manchen revolutionären Strömungen, die eine ra-
dikale Erneuerung der Kirche oder der Gesellschaft erhofften,
hat die orthodoxe kirchliche Lehre diesen Text nie wörtlich als
besondere Geschichtsphase verstehen wollen, in der das Reich
Gottes auf Erden verwirklicht sein wird. Die Erwartung des

Tausendjährigen Reiches wird auch als «Chiliasmus» oder «Millenarismus» bezeichnet (von griech. «chilion» bzw. lat. «mille» für Tausend). Der Abt Joachim von Floris/de Fiore (um 1130–1202) verband den Gedanken des Tausendjährigen Reiches mit dem eines «Dritten Reiches» als eine Periode des Heiles, in der ein vom Mönchtum getragenes irdisches Reich des Heiligen Geistes auf das Reich des Vaters (Israel) und das Reich des Sohnes (Klerikerkirche) folgen sollte. Seine von der Amtskirche verworfene Lehre wirkte in vielerlei Ausprägungen bis in unsere Zeit weiter. Über Moeller van den Brucks Buch «Das Dritte Reich» (1923), das eine «konservative Revolution» gegen die zersetzenden Ideen des Liberalismus propagierte, wurde der Begriff später von den Nationalsozialisten aufgegriffen.

TEMPELREINIGUNG: *In übertragenem Sinne für den Kampf gegen die Korrumpierung einer idealistischen Unternehmung durch Geldgier.* Als Jesus sah, wie man im Tempel Handel trieb, machte er eine Geißel aus Stricken und trieb alle aus dem Heiligtum. Dabei stieß er die Tische der Geldwechsler und die Körbe der Taubenhändler um und rief: «Das ist ein Bethaus, ihr aber habt es zu einer Räuberhöhle gemacht!» (Mt 21,12 f; Lk 19,45 f.; Joh 2,14–16). Tauben waren häufige Opfergaben, und für die Tempelsteuer war eine ganz bestimmte Währung, Münzen von Tyrus, vorgeschrieben. Die Wechsler und Händler hatten sich offenbar im Vorhof des Tempels breitgemacht, worüber Jesus schockiert war.

TEUFEL: *Personifizierung des Bösen.* Ein Lehnwort für das griechische «diabolos» (→ *Satan*), vermutlich über die gotische Bibelübersetzung, so in der Weissagung vom biblischen Endkampf zwischen dem Erzengel Michael und dem Drachen: «Und es wurde hinausgeworfen der große Drache, die alte Schlange, die da heißt: Teufel und Satan, der die ganze Welt verführt» (Offb 12,9). Im Adjektiv «diabolisch» hat sich die griechische Herkunft erhalten.

DEN TEUFEL MIT BEELZEBUB AUSTREIBEN: *Ein Übel mit etwas noch Schlimmerem bekämpfen.* Als Jesus einmal einen → *Be-*

sessenen heilte, suchten seine Gegner nach einer plausiblen Erklärung für dieses Wunder und sagten: «Er treibt die bösen Geister nicht anders aus als durch Beelzebub, ihren Obersten» (Mt 12,24). «Beelzebub» geht auf ein hebräisches Wort zurück, das volksetymologisch als «Herr der Fliegen» gedeutet wurde. In Wirklichkeit ist es aber der Name des heidnischen Gottes Baal-Zebul (daher auch «Beelzebul»), d. h. «erhabener Herr», der bei den Juden damals als Anführer der Dämonen galt.

DER TEUFEL IST IN JEMANDEN GEFAHREN: *Wenn jemand anfängt, sich bösartig oder völlig unvernünftig zu benehmen.* Vom Verräter Jesu heißt es: «Es fuhr aber der Satan in Judas, genannt Iskariot, der zur Zahl der Zwölf gehörte. Und er ging hin und redete mit den Hohenpriestern und den Hauptleuten darüber, wie er ihn an sie verraten könnte» (Lk 22, 3 f.; ähnlich Joh 13,27).

DER TEUFEL IST LOS: *Ein wirres Durcheinander, es geht schlimm her.* In der Weissagung vom kommenden → *Tausendjährigen* Reich heißt es, daß der Satan nach Ablauf dieser tausend Jahre «eine kleine Zeit losgelassen werde» (Offb 20,3 und 7).

TOBIAS SECHS DREI: → Herr, hilf mir! Er will mich *verschlingen*

AUSGEHEN, UM DIE TÖCHTER DES LANDES ZU SEHEN: *Altertümlicher Scherz über junge Männer, die den Kontakt mit Mädchen suchen.* In der Bibel ist die Wendung allerdings auf ein Mädchen, nämlich Dina, des Patriarchen Jakob Tochter, angewandt. Sie wollte ihre Freundinnen in der fremden Stadt Sichem besuchen, wurde dort aber vergewaltigt. Dies führte zu einem Massaker, da ihre Brüder grausame Rache nahmen (Gen 34).

DES TODES SEIN: *Sterben müssen.* Eine Redewendung in Luthers Bibelübersetzung (Ex 12,33).

NUR EIN SCHRITT ZUM TODE: *Höchste Lebensgefahr.* David sagte zu Jonathan, als dieser nicht glauben wollte, daß König Saul seinem Freund nach dem Leben trachtete: «Es ist nur ein Schritt zwischen mir und dem Tode!» (1 Sam 20,3).

GETREU BIS IN DEN TOD: *Unumstößliche Treue.* Nach einem Wort der Geheimen Offenbarung über das Festhalten am Glauben auch in der Verfolgung (2,10). Dort heißt es zwar nach Luther: «. . . bis an den Tod», gemeint ist aber dasselbe.

TOHUWABOHU: *Ein chaotisches Durcheinander.* Der Ausdruck geht zurück auf den hebräischen Text der biblischen Schöpfungsgeschichte, wo es heißt: «Die Erde war wüst (tohu) und (wa) leer (bohu)» (Gen 1,2).

LASS DIE TOTEN IHRE TOTEN BEGRABEN!: *Aufforderung, sich nicht um Menschen zu kümmern, die nur Nichtigkeiten im Kopf haben.* Die Antwort Jesu an den reichen Jüngling, der ihm nachfolgen, aber erst noch seinen Vater begraben wollte (Mt 8,22; Lk 9,60), zielte auf die Unbedingtheit der Nachfolge. Mit der Rede vom Begraben des Vaters hatte der junge Mann kaum die Teilnahme an der Beerdigung gemeint, sondern vielmehr eine damals übliche Umschreibung für die Aufteilung des Erbes gebraucht.

TREU UND GLAUBEN: *Ein alter Rechtsgrundsatz, der ein redliches und anständiges Verhalten bei Verträgen fordert.* Eine Klage des Propheten Jesaja (33,8) über die Schlechtigkeit seiner Zeitgenossen in der (sehr freien) Übersetzung Luthers: «Man hält nicht Treu und Glauben.»

TREUE IM KLEINEN: → Im *Kleinen* treu sein

EIN LEIDIGER TROST: *Hinweis auf Glück im Unglück, der wenig befriedigt.* Seinen Freunden, die ihm die traditionellen Argumente zur Erklärung seines Unglücks vortragen, antwortet → *Hiob*: «Ich habe das schon oft gehört. Ihr seid allzumal leidige Tröster» (Hiob 16,2).

Das eine Tun und das andere nicht lassen: *Aufforderung, zwei Pflichten nicht gegeneinander auszuspielen.* In einem Weheruf gegen die Schriftgelehrten und → *Pharisäer* sagt Jesus: «Ihr Heuchler, die ihr verzehntet Minze, Dill und Kümmel und lasset dahinter das Wichtigste im Gesetz, nämlich das Recht, die Barmherzigkeit und den Glauben! Dies sollte man tun und jenes nicht lassen» (Mt 23,23; ähnlich Lk 11,42). Die Verpflichtung zur Abgabe des → *Zehnten* der Feldfrüchte an den Tempel wurde zur Zeit Jesu von Leuten, die sich für besonders fromm hielten, auch auf die kleineren Gartengewächse ausgedehnt.

Was du Tun willst, das tue bald: *Scherzhafte Aufforderung, etwas schnell zu erledigen.* Ein Wort, das Jesus nach einem der Evangelien (Joh 13,27) beim Letzten Abendmahl zu → *Judas* Iskariot sagte, der daraufhin den Kreis verließ, um Jesus, wie von ihm geplant, zu verraten. Offenbar wollte der Evangelist die göttliche Autorität Jesu bekräftigen, indem er Jesus mit dieser Aufforderung nicht nur ein Vorherwissen, sondern auch die freie Entscheidung zur Übernahme seiner Passion zuschrieb.

Überlegen, bevor man einen Turm baut: *Sich vor der Inangriffnahme eines Unternehmens Gedanken machen, ob die dafür nötigen Ressourcen ausreichen.* Nachdem Jesus auf die Notwendigkeit einer radikalen Entscheidung für alle, die ihm nachfolgen wollten, hingewiesen hatte, warnte er vor vorschnellen Entschlüssen: «Denn wer ist unter euch, der einen Turm bauen will und setzt sich nicht zuvor hin und überschlägt die Kosten, ob er genug habe, um es auszuführen? Damit nicht, wenn er den Grund gelegt hat und kann's nicht ausführen, alle, die es sehen, anfangen, über ihn zu spotten, und sagen: Dieser Mensch hat angefangen zu bauen und kann's nicht ausführen» (Lk 14, 28–30).

Tutti Frutti (dt.: Alle Früchte): *Anspielung auf grenzenlose Freiheit, besonders im sexuellen Bereich.* In der Geschichte vom → *Paradies* und → *Sündenfall* wird den ersten Menschen erlaubt, von allen Bäumen im Garten zu essen, nur nicht vom

→ *Baum* der Erkenntnis des Guten und Bösen, was (unzutref-
fend) als Verbot der Sexualität angesehen wird (Gen 2,16f.
und 3,1–3).

TYPUS: *Heute für Grundmuster, Urbild oder beispielhafte Ver-
körperung von Eigenschaften.* Das griechische Wort «typos»
(Prägung, Muster) spielt in den Briefen des Neuen Testaments
eine große Rolle, um bestimmte Geschehnisse im Alten Testament als Vorbilder («typoi») der Geschehnisse um Jesus Christus zu deuten, z. B. Röm 5,14; 1 Kor 10,6 und 11. Im Anschluß daran wurde in dieser Art von Bibelauslegung das theologische Fachwort «Typus» verwendet, das seit dem 18. Jh.
auch in andere Fachsprachen einging.

U

ÜBERTÜNCHTE GRÄBER: *Von Menschen, die einen guten Ein-druck machen, innerlich aber verdorben sind («Außen hui, in-nen pfui»).* In einem Jesuswort gegen die → *Schriftgelehrten* und → *Pharisäer* heißt es: «Ihr Heuchler, die ihr seid wie die übertünchten Gräber, die von außen hübsch aussehen, aber innen sind sie voller Totengebeine und lauter Unrat» (Mt 23,27). Das Bild kommt vom damaligen Brauch, die gemau-erten Grabstätten regelmäßig mit frischem Kalk zu bestrei-chen.

DAS BÖSE MIT GUTEM ÜBERWINDEN: *Auf erlittenes Unrecht mit Wohltun antworten.* Eine Mahnung des Apostels Paulus: «Laß dich nicht vom Bösen überwinden, sondern überwinde das Böse mit Gutem» (Röm 12,21).

DER GROßE UNBEKANNTE: *Heute ironisch in der polizeilichen Strafverfolgung bei unglaubwürdig erscheinenden Hinweisen eines Beschuldigten auf andere Täter.* Einer der Freunde → *Hiobs* sagt in seiner Rede über Gott, der sich nur in seinen Werken offenbart, aber unsichtbar bleibt: «Siehe, Gott ist groß und unbekannt» (Hiob 36,26). So von Luther zunächst übersetzt, während heute steht «groß und unbegreiflich».

INS UNGEWISSE LAUFEN: *Kein festes Ziel haben.* In einem Bild, mit dem er sein Ringen um das Evangelium mit der Teilnahme an einem sportlichen Wettkampf vergleicht, sagte der Apostel Paulus:«Ich laufe nicht wie aufs Ungewisse» (1 Kor 9,26).

EIN UNGLÄUBIGER THOMAS: *Scherzhaft für einen Skeptiker in Religionsfragen, manchmal auch für jemand, der eine Nach-richt oder einen Sachverhalt nicht akzeptieren will.* Bei Jesu erster Erscheinung vor den Jüngern nach der Auferstehung war der Apostel Thomas nicht dabei gewesen. So sagte er, wenn er nicht seine Finger in die Wundmale legen könne, glaube er nicht. Als Jesus acht Tage später noch einmal erschien, forderte er Thomas auf, seine Finger in die Wunden der Nägel und seine Hand in die Seitenwunde zu legen. Nun rief Thomas aus: «Mein Herr und mein Gott!» Und Jesus sagte zu ihm: «Weil du mich gesehen hast, Thomas, so glaubst du. Selig sind, die nicht sehen und doch glauben!» (Joh 20,19–29).

EIN UNGLÜCK ÜBER DAS ANDERE: *Bei einer Abfolge von Unglücksfällen.* Beim Propheten Ezechiel heißt es einmal: «So spricht Gott der Herr: Siehe, es kommt ein Unglück über das andere!» (Ez 7,5).

UNHEILSCHWANGER: *Eine Sache oder Situation, von der Unglück droht.* Der Prophet Jesaja sagt von seinen Zeitgenossen: «Mit Unheil gehen sie schwanger und gebären Verderben» (59,4; ähnlich Ps 7,15; Hiob 15,35). Siehe auch → Mit etwas *schwanger* gehen

UNKRAUT ZWISCHEN DEN WEIZEN SÄEN: *Hinterlistig eine gute Unternehmung stören.* In einem Gleichnis über das Himmelreich spricht Jesus von einem Menschen, «der guten Samen auf seinen Acker säte. Als aber die Leute schliefen, kam sein Feind und säte Unkraut zwischen den Weizen» (Mt 13,24f.). Zum Fortgang der Erzählung siehe → Das *Unkraut* stehen lassen

DAS UNKRAUT STEHEN LASSEN: *Pädagogische Warnung vor Übereifer in der Bekämpfung von Fehlern.* In einem Gleichnis vom Himmelreich erzählt Jesus, daß die Knechte den Hausvater fragten, ob sie das Unkraut auf seinem Feld ausreißen sollten, der Hausvater aber antwortete: «Nein! Damit ihr nicht zugleich den Weizen mit ausrauft, wenn ihr das Unkraut ausjätet» (Mt 13,29).

UNSTET UND FLÜCHTIG: *Synonymes Wortpaar für Heimatlosigkeit.* Der Brudermörder Kain (→ wie *Kain* und Abel) sagte von sich: «Ich muß unstet und flüchtig sein auf Erden» (Gen 4,14).

UNTERGRABEN: *Auf unfaire Weise fundamentale Gewißheiten in Frage stellen, vor allem in Bezug auf Ruf, Ehre oder Autorität.* In einem Drohwort des Propheten Jeremia gegen die Stadt Babylon heißt es in der ursprünglichen Übersetzung Luthers: «Die Mauern der großen Babel sollen untergraben, und ihre hohen Tore mit Feuer angesteckt werden» (Jer 51,58). Heute wird meist übersetzt, daß die Mauern geschleift werden sollen.

UNTERLASSUNGSSÜNDE: *Etwas nicht tun, wozu man moralisch verpflichtet wäre.* Der Begriff wurde nach dem lateinischen «peccatum omissivum» gebildet, in Anlehnung an ein Schriftwort: «Wer nun weiß, Gutes zu tun, und tut's nicht, dem ist's Sünde» (Jak 4,17).

UNTERTAN SEIN: *Zustand des Unterworfenseins.* Das von einem nicht mehr gebräuchlichen Verb «untertun» abgeleitete Partizip «untertan» hat sich durch seine Verwendung in der Luther-Bibel erhalten.

JEDERMANN SEI UNTERTAN DER OBRIGKEIT: *Ein Bibelzitat das nicht selten als religiös verbrämte Aufforderung zur Unterwerfung selbst unter unsinnige oder rechtswidrige Anordnungen staatlicher Autoritäten mißbraucht wird.* Die Aufforderung steht zu Beginn einer Mahnung des Apostels Paulus zum Gehorsam gegenüber staatlichen Behörden (Röm 13,1). Offenbar gab es damals Christen, die sich wegen ihrer Berufung zum Heil außerhalb aller Verpflichtungen des gesellschaftlichen Lebens wähnten. Aus dem Pauluswort eine unbedingte Gehorsamspflicht des Christen abzuleiten, ist jedoch abwegig. Aus dem Kontext ergibt sich, daß der Apostel auf den Normalfall abzielt und nichts über Grenzfälle oder über das Problem eines legitimen Widerstandes gegen Ungerechtigkeiten der Obrigkeit sagen will.

EIN URIAS-BRIEF: *Ein Brief, der einen für den Überbringer verderblichen Auftrag an den Adressaten enthält.* Als Batseba, mit der König David Ehebruch getrieben hatte, schwanger wurde und die Sache dadurch entdeckt zu werden drohte, holte David ihren Mann Uria/Urias, einen seiner Krieger, aus dem Felde heim, damit er mit ihr schliefe. Doch Uria tat es nicht. So schickte ihn David zu seinem Feldhauptmann Joab zurück mit einem Brief, in dem stand, Joab solle den Uria an eine gefährliche Stelle postieren und ihn dann im Stich lassen. So geschah es, und Uria verlor sein Leben. David heiratete sogleich Batseba, die das Kind als dasjenige ihres neuen Ehemannes zur Welt brachte (2 Sam 11). Ein dem Urias-brief ähnliches Motiv findet sich auch in der griechischen Sage von Bellerophontes (Homer: Ilias 6,155 ff.).

FRÖHLICHE URSTÄND FEIERN: *Ironisch bei der Wiederkehr von etwas längst Totgeglaubtem.* Die Wendung ist abgeleitet von österlichen Grußworten wie «Frohe Auferstehung». Das mittelhochdeutsche Substantiv «urstende» kommt vom Verb «erstan», d. h. «auferstehen».

V

Vanitas Vanitatum, et omnia Vanitas: → Alles ist *eitel*

Vater und Mutter verlassen: *Scherzhaft beim Auszug von Kindern aus dem Elternhaus.* Im Bericht über die Erschaffung Evas heißt es: «Darum wird ein Mann seinen Vater und seine Mutter verlassen und seinem Weibe anhangen, und sie werden sein ein Fleisch» (Gen 2,24). Der Gedanke wird von Jesus im Disput über die Ehescheidung wiederaufgenommen (Mt 19,5; Mk 10,7; ähnlich Eph 5,31).

Ein Vaterunser: → *Paternoster*

Vater, vergib ihnen: → Sie *wissen* nicht, was sie tun

Zu seinen Vätern versammelt werden: *Emphatisch für «sterben».* In der Bibel eine Redewendung beim Tode eines Menschen (z. B. Gen 25,8 bei Abraham oder Ri 2,10). Nach der in der ganzen Antike anzutreffenden Vorstellung leben die Verstorbenen weiter, wenn auch in herabgeminderter Existenz, im Totenreich (Sheol), einem Bereich in den Tiefen der Erde. Der Gedanke einer Auferstehung der Toten taucht erst in den letzten alttestamentlichen Schriften auf.

Vergeben und vergessen: *Synonymes Wortpaar für volles Verzeihen.* Die Redewendung findet sich in Luthers Briefwechsel (Jenaer Ausg. 7,33 a), wohl in Anlehnung an eine Bibelstelle, in der Gott spricht: «Ich will ihnen ihre Missetat vergeben und ihrer Sünde nimmermehr gedenken» (Jer 31,34).

Böses mit Gutem/Gutes mit Bösem/Böses mit Bösem Vergelten: *Ein ständiges Dilemma menschlichen Verhaltens.* Die Alternativen werden schon im Alten Testament klar ausgesprochen, z. B. in der Josefsgeschichte (Gen 50,20), in der

Beziehung Davids zu Saul (1 Sam 24,14 und 18) oder wenn der von seinen Gegnern verfolgte Prophet Jeremia fragt: «Ist's recht, daß man Gutes mit Bösem vergilt?» (Jer 18,20; ähnlich Spr 20,22 und 24,29). Im Neuen Testament sagt Jesus: «Tut Gutes denen, die euch hassen»(Mt 5,44; Lk 6,27) und der Apostel Paulus mahnt: «Vergeltet niemand Böses mit Bösem» (Röm 12,17; 1 Thess 5,15; ähnlich 1 Petr 3,9). Zum Wort «vergelten» siehe → *Vergelt's* Gott!

EINE WOHLTAT VERGELTEN: *Eine Gefälligkeit oder Hilfeleistung erwidern.* Nach dem Psalmwort: «Wie soll ich dem Herrn vergelten all seine Wohltat, die er an mir tut?» (Ps 116,12).

VERGELT'S GOTT!: Süddeutsche Dankesformel. Nach einem Weisheitsspruch: «Wer sich des Armen erbarmt, der leiht dem Herrn, und der wird ihm vergelten, was er Gutes getan hat» (Spr 19,17). Ursprünglich bezog sich im Deutschen der Ausdruck «vergelten» neutral auf Rückerstattung, während er heute meist – wie häufig auch in der Bibel – für die Ahndung von Übel gebraucht wird.

VERKAUFT FÜR DREISSIG SILBERLINGE: *Empörter Ausruf in einer Situation, in der jemand einen anderen um des eigenen Vorteils willen im Stich läßt.* Anspielung auf den → *Judaslohn*

VERKLÄREN: *Eine Situation oder Person in der Erinnerung schöner sehen, als es der Wirklichkeit entspricht; man sagt auch «mit verklärtem Blick» bei einem Gesichtsausdruck, der eine freudige innere Bewegung erkennen läßt.* Der Ausdruck ist eine Wortschöpfung Luthers. Die Evangelien berichten, daß Jesus mit dreien seiner Jünger auf einen hohen Berg stieg und dort vor ihren Augen verwandelt wurde (→ Laßt uns hier *Hütten* bauen). Luther gab das griechische Wort für «umgestaltet werden» mit «verklärt werden» wieder: «Und er wurde verklärt vor ihnen, und sein Angesicht leuchtete wie die Sonne, und seine Kleider wurden weiß wie das Licht» (Mt 17,2; ähnlich Mk 9,2f.; Lk 9,29). Mit Verklärung ist eine Umwandlung Jesu in den Bereich der göttlichen Herrlichkeit gemeint, wes-

halb «verherrlicht» manchmal auch mit «verklärt» übersetzt
wird, so bei Luther in 2 Kor 3,18 und ursprünglich auch in
Phil 3,21. Die außerbiblische Überlieferung verlegte das
Geschehen auf den Berg Tabor in Galiläa.

JEMAND VERLEUGNEN: *Abstreiten, eine Person zu kennen.*
Die Verwendung des Ausdrucks in diesem Sinne geht auf
den Bericht von der Verleugnung Jesu durch Petrus zurück:
Als Jesus nach seiner Gefangennahme vom Hohenpriester
verhört wurde, wartete Petrus, der ihm heimlich gefolgt
war, draußen im Hof. Eine Magd erkannte ihn als Jünger
Jesu. Doch er leugnete dreimal ab, Jesus zu kennen (Mt
26,69–75; Mk 14,66–72; Lk 22,54–62).

DA VERLIESSEN SIE IHN: *Scherzhaft, wenn man nicht mehr
weiter weiß.* Anspielung auf das Verhalten der Jünger bei
Jesu Gefangennahme: «Da verließen ihn alle und flohen»
(Mk 14,50; Mt 26,56).

DER VERLORENE SOHN: *Scherzhaft für ein auf Abwege geratenes Mitglied einer Familie oder Gemeinschaft, meist im
Hinblick auf eine mögliche oder tatsächliche Wiedereingliede-
rung.* Um zu zeigen, daß Gottes Güte alle menschlichen
Maßstäbe übersteigt, erzählte Jesus ein Gleichnis: Der jün-
gere von zwei Söhnen eines Vaters verlangte die Auszah-
lung seines Erbteils und ging damit in die Welt hinaus, wo
er all sein Gut verpraßte und sich schließlich als Schweine-
hirt verdingen mußte. Da erinnerte er sich, wie gut es ihm
bei seinem Vater gegangen war. Er beschloß heimzukehren
und den Vater zu bitten, ihn wenigstens als Tagelöhner wie-
deraufzunehmen. Doch der Vater sah ihn schon von wei-
tem, lief ihm entgegen und setzte ihn wieder in alle Rechte
ein (Lk 15,11–32).

VERMALEDEIT: *Altertümlich für «verflucht».* Ein früher verbreitetes Lehnwort aus dem Latein der Vulgata. Dort steht
für Fluchen «maledicere» (wörtlich: Böses sagen) als Gegensatz zu «benedicere» (Gutes sagen, →*segnen*). In seiner ersten Version von 1522 übersetzte Luther noch: «Benedeyt

die euch maledeyen» (Mt 5,44), was er schon zwei Jahre später mit: «Segnet, die euch fluchen», wiedergab.

VERRATEN UND VERKAUFT: *Empörter Ausruf, wenn sich jemand hintergangen fühlt.* Anspielung auf den Verrat Jesu durch → *Judas*

DER VERRÄTER SCHLÄFT NICHT: *Warnung vor sorgloser Untätigkeit in gefahrvollen Situationen.* Vermutlich liegt eine Anspielung auf das Verhalten der Jünger Jesu im Garten von → Gethsemani vor. Sie schliefen, während der Verräter → *Judas* Iskariot bereits unterwegs war, um Jesus zu verhaften (Mt 26,40 und 46; Mk 14,37 und 42; Lk 22,45 f.).

VERSCHEIDEN: *In gehobener Sprache für «sterben».* Verbreitet durch die Lutherbibel: «Aber Jesus schrie laut und verschied» (Mk 15,37).

HERR, HILF MIR, ER WILL MICH VERSCHLINGEN: *Scherzhafter Schreckensruf, wenn jemand beim Gähnen den Mund weit aufsperrt, ohne die Hand vorzuhalten; manchmal wird einfach nur die zugrundeliegende Bibelstelle genannt: «Tobias sechs drei».* Der Ausruf stammt aus der Geschichte vom jungen Tobias. Als dieser in Begleitung des Engels Raphael unterwegs war, setzte er sich am Ufer des Flußes Tigris in Mesopotamien nieder, um sich die Füße zu waschen. «Da schoß ein großer Fisch aus dem Wasser hoch und wollte ihn verschlingen» (Tob 6,3). Aus diesem Text hat man einen Hilferuf des entsetzten Tobias an seinen Begleiter konstruiert, der nicht wörtlich in der Bibel steht.

WIE VOM ERDBODEN VERSCHLUCKT: *Plötzlich aus dem Blickfeld verschwunden sein.* Im Bericht über die → *Rotte* Korach heißt es von den Aufrührern: «(Es) tat die Erde ihren Mund auf und verschlang sie mit ihren Sippen und mit all ihrer Habe» (Num 16,31 f.).

IN VERSUCHUNG FALLEN/FÜHREN: *Zu etwas Bösem verlockt werden bzw. verleiten.* Das Wort «Versuchung» hat im Gegen-

satz zu «Versuch» eine religiös-ethische Note, da es Wortneu-
schöpfungen der griechischen («peirasmós») und der lateinischen Bibel («incidere/inducere in tentationem») nachgebildet wurde, so im Gebet des Vaterunser: «Und führe uns nicht
in Versuchung» (Mt 6,13; Lk 11,4).

Der Gerechte erbarmt sich seines Viehs: *Bei einem Akt der
Fürsorge für Tiere, scherzhaft manchmal auch für anvertraute
Menschen.* Ein biblischer Weisheitsspruch sagt: «Der Gerechte erbarmt sich seines Viehs; aber das Herz der Gottlosen ist
unbarmherzig» (Spr 12,10).

Wie die Vögel des Himmels: *Bild für Freiheit und Sorglosig-
keit.* Ein in der ganzen Bibel häufiger Ausdruck, gerne auch
von Jesus gebraucht. Am bekanntesten ist vielleicht sein
Spruch: «Seht die Vögel unter dem Himmel an: sie säen nicht,
sie ernten nicht, sie sammeln nicht in die Scheunen; und euer
himmlischer Vater ernährt sie doch» (Mt 6,26).

Allerlei Volk: *Altertümliche, meist ironische Bezeichnung
für eine Menschengruppe unbestimmter Zusammensetzung.*
Was heute heißt: «aus allen Völkern der Erde» (Apg 2,5)
hatte Luther übersetzt mit «allerlei Volk, das unter dem Himmel ist». Gemeint war die Menge, die bei der Herabkunft des
Heiligen Geistes zu Pfingsten zusammenströmte. Der Ausdruck «allerlei Volk» findet sich auch Apg 10,35.

Es ist Vollbracht (lat.: Consummatum est): *Ausruf bei Be-
endigung eines schwierigen Werkes oder bei der Verwirklichung eines Entschlußes, der besonders schwerfiel.* Es ist das
letzte Wort Jesu am Kreuz (Joh 19,30).

Ein Vorläufer: *Heute oft gebraucht für einen Menschen, bei
dem sich bereits Gedanken oder Erfindungen fanden, die erst
viel später zur Entfaltung kamen.* Im Neuen Testament wird
Johannes der Täufer als «Vorläufer» Jesu hingestellt. Der
Ausdruck geht auf den antiken Brauch zurück, daß den großen Herren beim Auftreten in der Öffentlichkeit ein Läufer
vorauslief, der ihr Kommen ankündigte. «Vorläufer» findet

sich zwar nicht wörtlich in der Bibel, die Sache selbst wird aber an vielen Stellen deutlich: «Du wirst dem Herrn vorausgehen, daß du seinen Weg bereitest» (Lk 1,76; ähnlich Joh 1,26f. und 30). Vermutlich gab es im Frühchristentum Spannungen zwischen den Anhängern Jesu und denen des Täufers, so daß dessen nur vorläufige Rolle in den eben erwähnten Evangelienstellen sehr betont wird.

VORSINTFLUTLICH: *Uralt und deshalb überholt, nicht mehr in die heutige Zeit passend.* Anspielung auf das Zeitalter vor der → *Sintflut*, nach der für Bibel die eigentliche Geschichte der Menschheit erst beginnt.

VORURTEIL: *Seit der Zeit der Aufklärung für eine vorgefaßte Meinung, besonders wenn sie irrig ist.* Der Apostel Paulus schrieb einem Schüler über die Unparteilichkeit bei der Gemeindeleitung: «daß du dich daran hältst ohne Vorurteil und niemanden begünstigst» (1 Tim 5,21). Ursprünglich bedeutete der Ausdruck im deutschen Rechtswesen lediglich ein Rechtswort, das dem endgültigen Urteil vorausging.

W

ER MUSS **WACHSEN**, ICH ABER MUSS ABNEHMEN: *Bereitschaft, den Aufstieg eines jüngeren zu akzeptieren.* Nach einem Wort Johannes des Täufers, des → *Vorläufers* Jesu, als seine Anhänger sich mit den Jüngern Jesu über den Vorrang ihrer Meister stritten (Joh 3,30).

WÄCHTER, WIE WEIT IST DIE NACHT?: *Beunruhigte Frage in Sorge über das Wohl des Gemeinwesens.* Die Wendung geht auf ein dunkles, in seinem Kontext unklares Prophetenwort zurück: «Wächter, ist die Nacht bald hin?» (Jes 21, 11). Das Alte Testament vergleicht mehrfach die Rolle des Propheten mit der eines Wächters (z. B. Jes 62,6; Jer 6,17; Ez 3,17).

WAS IST **WAHRHEIT**?: → *Pilatusfrage*

DIE ANDERE **WANGE**/BACKE HINHALTEN: *Friedfertig sein bis zum äußersten.* Nach einem Jesuswort gegen Vergeltung und gewaltsamen Widerstand: «Wenn jemand dich auf deine rechte Backe schlägt, dem biete die andere auch dar» (Mt 5,39; Lk 6,29). Die Aufforderung, dem Bösen nicht zu widerstehen, wurde von der Tradition nicht als allgemeines Prinzip anerkannt, sondern nur auf Situationen angewandt, in denen einem selbst Unrecht geschieht. So hat selbst Jesus sein eigenes Gebot nicht als gültig in jedem Falle angesehen: Als ihn beim Verhör vor dem Hohenpriester nach seiner Gefangennahme einer der Knechte wegen einer angeblich respektlosen Antwort ins Gesicht schlug, sagte er zu ihm: «Habe ich übel geredet, so beweise, daß es böse ist; habe ich recht geredet, was schlägst du mich?» (Joh 18,22 f.).

EIN FETTER **WANST**: *Drastisch über einen dicken Menschen.* In einer Schilderung des stolzen, rechtsverachtenden Verhaltens des Gottlosen übersetzt die Luther-Bibel: «Er brüstet sich wie ein fetter Wanst und macht sich feist und dick» (Hiob 15,27).

WAS DU NICHT WILLST, DAS MAN DIR TUT, DAS FÜG AUCH KEINEM ANDERN ZU: *Ein Sprichwort, das im Deutschen manchmal als Reimspruch zitiert wird: Was du nicht willst, daß dir geschicht, das tu auch keinem andern nicht.* Im Buch Tobit/Tobias gibt der alte Vater dem Sohn den Spruch als Lebensregel mit auf den Weg (Tob 4,15). Die Maxime, bekannt auch als «Goldene Regel», war in der Antike und im damaligen Judentum weit verbreitet. Im Evangelium kommt sie in ihrer positiven Form vor: «Alles, was ihr wollt, daß euch die Leute tun sollen, das tut ihnen auch!» (Mt 7,12).

WAS IST DAS FÜR SO VIELE?: *Scherzhafte Wendung, wenn vorhandene Vorräte an Speisen oder Getränken zu gering erscheinen.* In der Erzählung von der wunderbaren Brotvermehrung heißt es, daß viele Menschen zusammengekommen waren, um Jesus zu hören. Als dieser nun die Jünger fragte, wie man die Menge speisen könne, sagte einer der Jünger: «Es ist ein Kind hier, das hat fünf Gerstenbrote und zwei Fische; aber was ist das für so viele?» (Joh 6,9).

DAS WASSER BIS AN DEN HALS: *Ein Bild für höchste Bedrängnis.* Im Psalm 69,2 ruft der Beter: «Gott, hilf mir! Denn das Wasser geht mir bis an die Kehle.»

ALLE WASSER LAUFEN INS MEER: *Resignierte Feststellung über etwas Unabänderliches oder die gewissen Dingen innewohnende Gesetzmäßigkeit.* Nach einem Wort im Buch des Predigers (1,7).

DEN WEG EBNEN: *Jemand ein leichteres Vorankommen ermöglichen oder Hindernisse bei einem Unternehmen beseitigen.* Anspielung auf die Predigt Johannes des Täufers, des → *Vorläufers* Jesu: «Bereitet den Weg des Herrn, macht eben seine Steige» (Mt 3,3; Mk 1,3; Lk 3,4). Das Wort des Täufers ist ein Zitat nach Jes 40,3f., wo Israels Heimkehr aus dem Exil als leicht durchführbare Reise angekündigt wird.

DEN **WEG** GEHEN, DEN MAN NICHT WIEDERKOMMT: *Sterben.*
Hiob sagt von sich: «Nur wenige Jahre noch, und ich gehe den
Weg, den ich nicht wiederkommen werde» (Hiob 16,22).

WEHE DIR, LAND, DESSEN KÖNIG EIN KIND IST: *Bedauernder
Ausruf, wenn der Herrscher tatsächlich oder in seinen Fähigkeiten ein Kind ist.* Nach einem Wort in Pred 10,16.

WEHKLAGEN: *Altertümliche Form für Klagerufe.* In den Droh-
reden der Propheten wird die Drohung manchmal mit «Wehe
den . . .» eingeleitet, ähnlich in den Evangelien (z. B. Mt
11,21; 18,7). Hier wurde eine hebräische Lautmalerei mit
dem griechischen «ouaí» wiedergegeben. Das Gegenstück dazu sind die Seligpreisungen der → *Bergpredigt*

WEHMUTTER: *Altertümlich für Hebamme.* Der Ausdruck, abgeleitet von den (Geburts-)Wehen, ist eine Schöpfung Luthers, so in Gen 35,17 oder im Bericht von den Hebammen,
die sich weigerten, auf Befehl des Pharao die israelitischen
Knaben zu töten (Ex 1,15–21). Die Bezeichnung Hebamme
geht ihrerseits auf ein altes Wort zurück, das «Hebe-Ahnin»
lautete. Gemeint war die Frau, die das Neugeborene aufhob
und dem Vater zur rechtlichen Anerkennung reichte. Aus
«Ahnin» wurde dann im Volksmund «Amme», abgeleitet von
einem Kinderlallwort.

WEIB, WAS HAB ICH MIT DIR ZU SCHAFFEN?: *Scherzhaft, um eine
weibliche Einmischung abzuwehren.* Nach der ursprünglichen
Übersetzung Luthers lehnte es Jesus auf der Hochzeit zu Kana
mit diesen Worten zunächst ab, tätig zu werden, als seine
Mutter Maria ihn darauf hinwies, daß der Wein ausging (Joh
2,4).

WEICHE VON MIR, SATAN!: *Heftige Abweisung eines fremden
Vorschlages, der den eigenen Prinzipien widerspricht; heute
meist scherzhaft gebraucht, manchmal auch im griechischen
Originaltext: «Apage, satanas!»* Als Jesus einmal zu den
Aposteln von seinem künftigen Leiden sprach, wollte ihn Pe-
trus davon abbringen. Doch Jesus fuhr ihn an: «Geh weg von

mir, Satan! Du meinst nicht, was göttlich, sondern, was menschlich ist» (Mt 16,23). Bekannter ist die Übersetzung: «Weiche von mir, Satan!».

NUR NOCH EINE KLEINE **WEILE**: *Vertröstend für «bald».* In Luthers Bibelübersetzung beim Propheten Haggai (2,6). Siehe → *Himmel* und Hölle in Bewegung setzen

DER **WEIN** ERFREUT DES MENSCHEN HERZ: *Zur Rechtfertigung des Weingenusses gerne angeführtes Bibelzitat.* In einem Lob des Schöpfers heißt es: «Du lässest Gras wachsen für das Vieh und Saat zu Nutzen des Menschen, daß du Brot aus der Erde hervorbringst, daß der Wein erfreue des Menschen Herz» (Ps 104,14f.).

NEUER **WEIN** IN ALTEN SCHLÄUCHEN: *Ein Bildwort, nach dem sich eine neue Denkweise mit überkommenen Gebräuchen oder Institutionen schlecht verträgt.* Jesus antwortete auf die Frage, warum seine Jünger nicht fasteten wie die Jünger Johannes des Täufers und der Pharisäer: «Niemand füllt neuen Wein in alte Schläuche; sonst zerreißt der Wein die Schläuche, und der Wein ist verloren und die Schläuche auch; sondern man soll neuen Wein in neue Schläuche füllen» (Mk 2,22; Mt 9,17; Lk 5,37f.). Das Bild stammt aus der Alltagserfahrung der biblischen Zeit, wo der Wein häufig in Schläuche, die aus dem zusammengenähten Fell von Ziegen verfertigt waren, abgefüllt wurde. Für den jungen, noch gärenden Wein (Most) waren dabei nur frische, noch geschmeidige Felle genügend anpassungsfähig.

VOLL DES SÜSSEN **WEINES**: *Scherzhaft über Leute, die beschwipst sind.* Als die Apostel am Tage des → *Pfingstwunders* vom Heiligen Geist erfüllt in allen Sprachen zu predigen anfingen, war ein Teil der Zuhörer betroffen. «Andere aber hatten ihren Spott und sprachen: Sie sind voll von süßem Wein» – wogegen Petrus das handfeste Argument anführte: «Diese sind nicht betrunken, wie ihr meint, ist es doch erst die dritte Stunde des Tages», d.h. noch früher Morgen (Apg 2, 13 und 15).

BITTERLICH **WEINEN**: *Altertümliche Wendung, die, weil sie geziert wirkt, heute manchmal scherzhaft gebraucht wird.* Der Bericht über die dreimalige Verleugnung Jesu durch Petrus endet mit den Worten: «Und er (Petrus) ging hinaus und weinte bitterlich» (Mt 26,75).

WO VIEL **WEISHEIT** IST, DA IST VIEL GRÄMENS: *Resignierte Feststellung, daß die Überfülle an Wissen depressiv machen kann.* Der Spruch steht beim Prediger Salomo (1,18).

DAS **WEIZENKORN**, DAS STIRBT: *Hinweis darauf, daß Leben nur entstehen kann, wenn der Mensch bereit ist, Opfer auf sich zu nehmen.* Nach einem Jesuswort: «Wenn das Weizenkorn nicht in die Erde fällt und erstirbt, bleibt es allein; wenn es aber erstirbt, bringt es viel Frucht» (Joh 12,24).

NICHT VON DIESER **WELT**: *Scherzhaft oder ironisch über jemanden, der in seine Gedanken allzusehr versponnen ist und deshalb mit den Dingen nur schlecht zurechtkommt.* Die Wendung stammt aus dem Johannesevangelium, hat dort aber einen anderen Sinn. Mit «dieser Welt» ist die gegenwärtige Welt gemeint, die vom Bösen regiert wird, im Gegensatz zur kommenden Welt Gottes (Joh 8,23 und 17,14). In diesem Sinne sagte Jesus auch im Verhör vor Pilatus: «Mein Reich ist nicht von dieser Welt» (Joh 18,36).

DIE **WELT** LIEGT IM ARGEN: *Klage über die hoffnungslos schlimme Lage der Menschheit.* Nach einem Bibelwort: «Die ganze Welt liegt im Argen» (1 Joh 5,19). Zum biblischen Begriff von «Welt» vgl. → Nicht von dieser *Welt*

WELTKIND: *Altertümlich für einen Menschen, dem der religiöse Bereich fernliegt.* Im Gleichnis vom ungerechten Verwalter sagt Jesus: «Die Kinder dieser Welt sind unter ihresgleichen klüger als die Kinder des Lichts» (Lk 16,1–8).

WELTKLUGHEIT: *Die Fähigkeit, geschickt mit Menschen und Verhältnissen nach irdischen Maßstäben umzugehen.* Nach dem zu → *Weltkind* zitierten Jesuswort.

WELTREICH: *Heute für eine die ganze Erde umspannende politische Herrschaft.* Die biblische Redeweise von Weltreichen meinte allerdings ursprünglich «weltliche», d. h. irdische Reiche im Gegensatz zum Reich Gottes. Man bezog sich dabei auf eine Vision des Propheten Daniel über die Aufeinanderfolge von vier Reichen, die durch ein von Gott gestiftetes himmliches Reich abgelöst werden (Dan 2).

WENIG, ABER VON HERZEN: *Beim Überreichen eines kleinen Geschenks.* Nach einer Belehrung, die der alte Vater dem jungen Tobias mit auf den Weg gibt: «Hast du viel, so gib reichlich; hast du wenig, so gib doch das Wenige mit treuem Herzen» (Tob 4,8).

WER NICHT FÜR MICH IST, IST GEGEN MICH: *Aufforderung zu klarer Entscheidung.* Nach einem Wort Jesu an seine Jünger: «Wer nicht mit mir ist, der ist wider mich; und wer nicht mit mir sammelt, der zerstreut» (Mt 12,30; Lk 11,23). Es gibt allerdings auch die umgekehrte Aussage in einem anderen Kontext. Als man Jesus berichtete, ein Mann, der nicht zur Jüngergemeinschaft gehörte, ziehe im Namen Jesu herum und treibe Dämonen aus, antwortete er: «Wehrt ihm nicht! Denn wer nicht gegen euch ist, der ist für euch» (Lk 9,50).

WER SICH SELBST ERHÖHT, WIRD ERNIEDRIGT WERDEN – WER SICH SELBST ERNIEDRIGT, WIRD ERHÖHT WERDEN: *Warnung vor Stolz und Hochmut, Aufforderung zur Demut.* Nach einem Jesuswort (Lk 14,11) im Zusammenhang mit dem Gleichnis von den Gästen, die obenan sitzen wollten (→ *Freund*, rücke hinauf!)

EIN GUTES WERK TUN: *Emphatisch für tätiges Helfen.* Als eine Frau in den Tagen vor seinem Leiden über Jesu Haupt ein Glas mit kostbarem Salböl goß, erregten sich die Jünger über diese Verschwendung. Doch Jesus sagte zu ihnen: «Was betrübt ihr die Frau? Sie hat ein gutes Werk an mir getan» (Mt 26,10). Der Sinn dieser Bemerkung wird beim Evangelisten Johannes von Jesus erklärt: «Sie hat es für mein Begräbnis getan» (Joh 12,7). Er meint damit, daß die Salbung als symbolische Ehrung seines Leichnams im voraus zu verstehen sei. Der Ausdruck «gute Werke» hat sich für Taten der Nächstenliebe (Mt 25,35 f.: Hungrige speisen, Durstige tränken, Fremde aufnehmen, Kranke und Gefangene betreuen, Nackte bekleiden) oder für → *Samariterdienste* eingebürgert.

WETTERWENDISCH: *Im übertragenen Sinne für launisch, wankelmütig.* In Jesu Deutung seines Gleichnisses vom Sämann verweist das Korn, das auf felsigen Boden gesät wurde, auf einen Menschen, «der das Wort hört und es gleich mit Freuden aufnimmt; aber er hat keine Wurzel in sich, sondern er ist wetterwendisch; wenn sich Bedrängnis oder Verfolgung erhebt um des Wortes willen, so fällt er gleich ab» (Mt 13,20 f.). Es scheint, daß hier eine sprachliche Neuschöpfung durch Luther vorliegt, der das griechische Wort «próskairos», d. h. zeitlich/vergänglich, mit «wetterwendisch» übersetzte.

INS ANGESICHT WIDERSTEHEN: *Einer Autorität offen entgegentreten.* Im Galaterbrief (2,11) berichtet Paulus, daß er den Kephas (nämlich Petrus) in Antiochien vor der Gemeinde öffentlich zur Rede stellte, weil dieser sich in der Frage der Beobachtung der jüdischen Speisegesetze inkonsequent verhalten hatte. Er hatte nämlich in Antiochien zunächst mit den Heidenchristen gemeinsam gegessen, dann aber aus Angst darauf verzichtet, als Glaubensbrüder aus Jerusalem in die Stadt kamen, die daran festhielten, daß die aus dem Judentum stammenden Christen weiterhin die strengen jüdischen Vorschriften zu beachten hätten.

BIS AUFS BLUT WIDERSTEHEN: *Sich einer Entwicklung unter Einsatz seines Lebens entgegensetzen.* Im Hebräerbrief werden die Christen vor Lauheit gewarnt: «Ihr habt noch nicht bis aufs Blut widerstanden im Kampf gegen die Sünde» (Hebr 12,4).

WIE DU MIR, SO ICH DIR: *Redeweise zur Rechtfertigung der Vergeltung von Bösem durch Böses.* Entstanden aus einem Spruch der Weisen: «Sprich nicht: wie einer mir tut, so will ich ihm auch tun und einem jeglichen sein Tun vergelten» (Spr 24,29).

WER WIND SÄT, DER WIRD STURM ERNTEN: *Warnung vor dem Schüren von Streit und Unruhe, die unberechenbare Ausmaße annehmen könnten.* Das zugrundeliegende Wort des Propheten Hosea: «Sie säen Wind und werden Sturm ernten» (Hos 8,7) meint allerdings etwas anderes, wie der Kontext ergibt, in dem sich Hosea gegen politische Verantwortungslosigkeit und Götzenkult wendet. Er will, wie etwa umgangssprachlich im Deutschen, sagen: Sie tun etwas «Windiges», d. h. etwas, das keinen Bestand haben wird (ähnlich auch Gal 6,7).

IN DEN WIND REDEN: *Ermahnen oder belehren ohne Wirkung.* Der Apostel Paulus sagte einmal: «Wenn ihr in Zungen redet und nicht mit deutlichen Worten, wie kann man wissen, was gemeint ist? Ihr werdet in den Wind reden» (1 Kor 14,9). Unter Zungenreden verstand man in den frühchristlichen Gemeinden ein Beten in Ekstase, wobei die gesprochenen Worte für die Umstehenden unverständlich blieben, eine Gebetsweise, die in heutigen «charismatischen» Gemeinschaften (→ *Charisma*) wieder geschätzt wird.

IN ALLE WINDE ZERSTREUT: *Völlig aufgelöst und weggetragen in alle Richtungen.* In einer Weissagung des Propheten Ezechiel über die totale Vernichtung des judäischen Heeres heißt es: «Und alle, die übrig geblieben sind, sollen in alle Winde zerstreut werden» (Ez 17,21).

UNSER WISSEN IST STÜCKWERK: → *Stückwerk*

SIE WISSEN NICHT, WAS SIE TUN: *Ironisch über Leute, die Schlimmes tun, ohne sich dessen bewußt zu sein.* Als Jesus ans Kreuz geschlagen wurde, betete er für seine Peiniger zu Gott: «Vater, vergib ihnen; denn sie wissen nicht, was sie tun!» (Lk 23,34).

WEDER/NICHT AUS NOCH EIN WISSEN: *Völlig ratlos sein.* Als Salomo König geworden war, erschien ihm Gott in einem Traum und stellte ihm eine Bitte frei. Der junge König bat um Weisheit mit der Begründung: «Ich bin aber noch jung, weiß weder aus noch ein» (1 Kön 3,7). Damit wird vermutlich eine hebräische Redeweise wiedergegeben, die sich auf die Leitungsfunktion des Königs beim Ausrücken und Einrücken des Heeres bezieht und hier als Beispiel für die Führung des Volkes überhaupt verwendet wird.

NICHT WISSEN, WAS RECHTS ODER LINKS IST: *Ironisch über die Ungebildeten.* Als sich der Prophet Jonas in seiner Enttäuschung darüber, daß sich seine Weissagung über den Untergang der Stadt Ninive wegen der Buße ihrer Einwohner nicht erfüllt hatte, wies ihn Gott zurecht: «Und sollte mich nicht jammern Ninive, eine so große Stadt, in der mehr als hundertundzwanzigtausend Menschen leben, die nicht wissen, was rechts oder links ist, dazu auch viele Tiere?» (Jona 4,11).

WITWEN UND WAISEN: *Synonymes Wortpaar für schutzbedürftige Menschen.* Witwen und Waisen waren in den alten Rechtsordnungen wegen des Fehlens eines gesetzlichen Vertreters, der nur der Ehemann bzw. der Vater sein konnte, oft der Willkür ausgesetzt. Sie gehörten zum Personenkreis, den das mosaische Gesetz und die Propheten immer wieder als schutzwürdig hervorhoben (Ex 22,22; Dtn 10,18; Ps 146,9; Jer 7,6 und 22,3; Sach 7,10).

WOCHE: *Zeitabschnitt von sieben Tagen.* Anders als bei Tag, Monat und Jahr, die auf einem naturhaften Rhythmus beruhen, geht die Woche auf soziale bzw. wirtschaftliche Bedürfnisse zurück, z. B. auf die Notwendigkeit einer Festlegung regelmäßiger Markttage. Der alte Orient maß zwar der Siebenerzahl eine große Bedeutung zu, scheint jedoch auch eine Zeiteinteilung in Abschnitte von fünf (Babylonien) oder zehn Tagen (Ägypten) benutzt zu haben. Bei den Römern ist die siebentägige Woche seit dem 1. Jh. n. Chr. nachweisbar, wobei die Tage nach den Planeten benannt wurden: Man begann mit Saturn und schloß mit der Sonne, eine Benennung der Tage, die noch in vielen europäischen Sprachen weiterlebt. Aber erst durch die Bibel erhielt die siebentägige Woche wegen der herausragenden Rolle des → *Sabbats* ihre den Zeitablauf prägende Bedeutung.

WÖCHNERIN – WOCHENBETT: *Altertümlich für eine Frau, die gerade geboren hat bzw. für die erste Zeit, die sie danach zu Hause bleibt.* Vom Brauch, daß eine Frau nach der Entbindung sechs Wochen wartete, bis sie wieder zur Kirche ging, kommen auch Wendungen wie «in die Wochen kommen» oder «in den Wochen liegen». Diese Redeweise entstand wohl dadurch, daß man nach der Christianisierung der Germanen einem früher schon bei ihnen wie bei vielen anderen Völkern bestehenden Brauch einen neuen zeitlichen Rahmen gab. Nach einer biblischen Vorschrift galt nämlich die Frau nach der Geburt eines Knaben acht Tage lang, bis zur Beschneidung, als «unrein» und sollte dann noch weitere 33 Tage zu Hause bleiben, bevor sie sich am 42. Tage, also im ganzen nach sechs Wochen, durch ein Opfer im Heiligtum «reinigen» konnte (Lev 12,2–8). Das ist übrigens genau die Frist, die zwischen Weihnachten und dem Fest «Mariä Reinigung» («Lichtmeß») am 2. Februar liegt (Lk 2,21 f.). Die für uns heute in diesem Zusammenhang anstößige Vorstellung von «unrein» ist nicht für die Bibel besonders typisch, sondern geht auf jene in den meisten frühen Kulturen feststellbare Scheu vor dem geheimnisvollen Geschehen der Geburt zurück, die am ehesten noch dem polynesischen Begriff eines «Tabu» entspricht.

WO DU HINGEHST, WILL AUCH ICH HINGEHEN: *Ausdruck von Anhänglichkeit und Treue.* Als Noomi/Noemi aus dem Lande Moab, wohin sie wegen einer Hungersnot ausgewandert war, nach Juda heimkehrte, wollte sie ihre Schwiegertochter Ruth, die aus Moab stammte, zurücklassen, um ihr das Leben in der Fremde zu ersparen. Doch Ruth, die Noomi sehr liebgewonnen hatte, sagte: «Wo du hin gehst, da will ich auch hin gehen; wo du bleibst, da bleibe ich auch. Dein Volk ist mein Volk, und dein Gott ist mein Gott» (Ruth 1,16).

GOTTES HAUS HAT VIELE WOHNUNGEN: *Heute oft als Aufforderung zur Toleranz in Glaubensfragen.* In seinen Abschiedsreden beim Letzten Abendmahl sagte Jesus zu den Jüngern, um sie wegen seines bevorstehenden Weggangs zu trösten: «In meines Vaters Haus sind viele Wohnungen. Wenn's nicht so wäre, hätte ich dann zu euch gesagt: Ich gehe hin, euch die Stätte zu bereiten?» (Joh 14,2). Die Redewendung von den vielen Wohnungen meint hier wohl nur, daß die Jünger Jesu bei Gott wohnen werden, wo viel Platz ist für sie.

EIN WOLF IM SCHAFSPELZ: *Ein selbstsüchtiger oder machtgieriger Mensch, der sich verstellt.* Ein Jesuswort warnt: «Hütet euch vor den falschen Propheten, die in Schafskleidern zu euch kommen, inwendig aber sind sie reißende Wölfe» (Mt 7,15).

WOLLEN HAB ICH WOHL . . .: *Manchmal wird (mit Karl Valentin) scherzhaft ergänzt: «Aber dürfen hab ich mich nicht getraut», als selbstironisches Eingeständnis, daß man etwas Angenehmes, aber Verbotenes gerne getan hätte.* Viel ernster formuliert der Apostel Paulus, wenn er von seiner Unfähigkeit spricht, das Gesetz zu erfüllen: «Wollen habe ich wohl, aber das Gute vollbringen kann ich nicht» (Röm 7,18).

WOLLEN UND VOLLBRINGEN: *Das menschliche Handeln vom Entschluß bis zur Tat.* Der Apostel Paulus führt alles Gute, das der Mensch tut, auf Gott zurück: «Denn Gott ist's, der in euch wirkt beides, das Wollen und das Vollbringen, nach seinem Wohlgefallen» (Phil 2,13).

WORT HALTEN: *Einem Versprechen treu bleiben.* Nach der Übersetzung Luthers von Stellen, in denen eigentlich gemeint ist: Am Wort Jesu oder Gottes festhalten (Joh 15,20 und 17,6; 1 Joh 2,5).

AUF DEIN WORT HIN: *Ausdruck der Bereitschaft, etwas im bloßen Vertrauen auf den Rat eines anderen hin zu unternehmen.* In der Geschichte von der Berufung seiner ersten Jünger fordert Jesus den Simon (Petrus) und den Andreas, die Fischer waren, auf, zum Fischfang auf den See hinauszufahren. Simon sagt ihm: «Wir haben die ganze Nacht gearbeitet und nichts gefangen; aber auf dein Wort hin will ich die Netze auswerfen» (Lk 5,5). Die Pointe der Erzählung liegt darin, daß die Aufforderung Jesu, die am hellen Tage erging, unsin-

nig erscheinen mußte, da nur beim Fischen in der Nacht mit
einem Erfolg gerechnet werden konnte.

MIT **WORT** UND TAT: *Reden und Tun als Zusammenfassung
aller Lebensäußerungen.* Aus einer Mahnung an die Jugend:
«Mein Sohn, ehre deinen Vater in Wort und Tat, damit aller
Segen über dich kommt!» (Sir 3,8).

EIN **WORT** ZUR RECHTEN ZEIT: *Lob für eine der Situation ange-
messene Äußerung.* In der biblischen Weisheitslehre heißt es:
«Wie wohl tut ein Wort zur rechten Zeit!» (Spr 15,23) oder:
«Ein Wort, geredet zur rechten Zeit, ist wie goldene Äpfel auf
silbernen Schalen» (Spr 25,11).

EIN **WORT** IN DEN MUND LEGEN: *Heute oft als Behauptung,
jemand hätte etwas Bestimmtes gesagt.* Die Bibel verwendet die
Redeweise im Sinne, daß jemand zu einer genau festgelegten
Äußerung veranlasst wird. Als Moses bei seiner Berufung am
brennenden Dornbusch einwandte, er sei nicht redegewandt,
verwies ihn Gott auf seinen Bruder Aaron: «Du sollst zu ihm
reden und ihm die Worte in seinen Mund legen» (Ex 4,15).
Bei der Berufung Jeremias zum Propheten sagte Gott zu ihm:
«Siehe, ich lege meine Worte in deinen Mund» (Jer 1,9).

GLATTE **WORTE**: *Schmeichlerisches, unverbindliches Reden.*
Der junge Mann wird vor der Verführung durch die fremde
Frau gewarnt, «die glatte Worte gibt» (Spr 2,16).

SEINE **WORTE** NICHT AUF DIE GOLDWAAGE LEGEN: *Beim Reden
nicht genau überlegen, was man sagt.* Ein Weisheitsspruch
nach der Übersetzung Luthers: «Du wägst dein Gold und Silber ein; warum wägest du nicht auch deine Worte auf der
Goldwaage?» (Sir 28,25).

(NICHT) VIELE **WORTE** MACHEN: *Wortkarg bzw. geschwätzig
sein.* Jesus sagte einmal: «Wenn ihr betet, sollt ihr nicht plappern wie die Heiden; denn sie meinen, sie werden erhört,
wenn sie viele Worte machen» (Mt 6,7; ähnlich schon Sir
7,14).

EIN **WUNDERLICHER** HEILIGER: *Liebevoll-ironisch für einen an sich ernstzunehmenden Menschen mit einigen seltsamen Zügen.* Nach Ps 4,4: «Erkennet doch, daß der Herr seine Heiligen wunderbar führt», wobei zu Luthers Zeiten das Wort «wunderlich» für das heutige Wort «wunderbar» verwendet wurde.

HERR, ICH BIN NICHT **WÜRDIG** (lat.: Domine, non sum dignus): *Scherzhafte Abwehr einer ehrenvollen Aufgabe.* Der Ausdruck ist bekannt aus dem Gebet vor der Kommunion in der katholischen Messe, geht aber zurück auf die biblische Geschichte vom Hauptmann von Kapernaum. Dort sagt der Offizier, als Jesus sich bereit erklärt, zu ihm zu kommen, um seinen Knecht zu heilen: «Herr, ich bin nicht wert, daß du unter mein Dach gehst, sondern sprich nur ein Wort, so wird mein Knecht gesund» (Mt 8,8; Lk 7,6).

VON DEN **WÜRMERN** GEFRESSEN WERDEN: *Verwesen.* Über die Hinfälligkeit der Menschen wird im Buch Hiob (4,19) gesagt, daß sie schneller als eine Motte zerdrückt werden. Luther übersetzte: «Sie werden von den Würmern zerfressen werden.» Anderswo in der Bibel wird dasselbe über böse Herrscher ausgesagt, die an eiternden Krankheiten starben, also bei lebendigem Leibe von Würmern zerfressen wurden. Das wird behauptet vom König Herodes Agrippa (Apg 12,23), der den Apostel Jakobus töten und Petrus ins Gefängnis werfen ließ, sowie vom Syrerkönig Antiochus Epiphanes, dem Unterdrücker in der Makkabäerzeit (2 Makk 9,9).

IN DIE **WÜSTE** SCHICKEN: *Jemand aus seinem bisherigen einflußreichen Amt in eine unbedeutende Stellung versetzen.* Redewendung aus der Beschreibung des Rituals mit dem → *Sündenbock.*

DURCH DIE **WÜSTE** GEHEN MÜSSEN: *Eine harte Bewährungsprobe durchmachen.* Anspielung auf die vierzigjährige Wüstenwanderung der Israeliten.

DIE **WURZEL** ALLEN ÜBELS: *Die tiefliegende Ursache für eine schlimme Entwicklung.* Der Apostel Paulus sagt einmal: «Geldgier ist eine Wurzel alles Übels» (1 Tim 6,10).

DIE AXT AN DIE **WURZEL** LEGEN: *Den Ursprung eines Übels bekämpfen.* Johannes der Täufer meinte mit der Redeweise eher «gründlich ausrotten», wenn er in seiner Predigt den Juden das unmittelbar bevorstehende Gericht Gottes androhte: «Es ist schon die Axt den Bäumen an die Wurzel gelegt. Darum: jeder Baum, der nicht gute Frucht bringt, wird abgehauen und ins Feuer geworfen» (Mt 3,10; Lk 3,9).

Z

ZACHÄUS AUF JEDER KIRCHWEIH/IN ALLEN SCHENKEN SEIN: *Von jemandem, der überall dort «einkehrt», wo es etwas Gutes zu essen oder zu trinken gibt.* Abgeleitet vom Evangelienabschnitt, der am Kirchweihfest verlesen wird. Er handelt von einem Zöllner namens Zachäus, der wegen seiner geringen Körpergröße auf einen Baum gestiegen war, um Jesus in der Volksmenge besser zu sehen. Jesus sagte zu ihm: «Zachäus, steig eilends herunter; denn ich muß heute in deinem Hause einkehren» (Lk 19,5).

ZÄHNEKNIRSCHEND: *Heute meist als Beiwort für verhaltene Wut, wenn man ein Zugeständnis machen muß.* In der Bibel hingegen wird mit Zähneknirschen eher offene Wut zum Ausdruck gebracht. So heißt es von den Mitgliedern des Hohen Rates, die der Diakon Stephanus als Verräter und Mörder anklagte: «Als sie das hörten, ging's ihnen durchs Herz, und sie knirschten mit den Zähnen über ihn» (Apg 7,54). Oder es wird von einem besessenen Knaben gesagt: «Er hat Schaum vor dem Mund und knirscht mit den Zähnen und wird starr» (Mk 9,18).

ZEHN GEBOTE: → *Dekalog*

DER ZEHNTE: *Ein vom Mittelalter bis in die frühe Neuzeit verbreiteter Name für Abgaben und Steuern.* Im Alten Testament wird unter den verschiedenen Abgaben das Gebot erwähnt, vom Ertrag der Ernte und der Viehzucht den zehnten Teil an den König (1 Sam 8,15 und 17), an die Leviten und Priester (Num 18,20–32) oder an die Armen (Dtn 14,28) zu geben. In der Zeit Jesu gab es offenbar eine Tendenz, auch die kleinsten Früchte zu verzehnten. Vgl. → Das eine *tun*, das andere nicht lassen

ES GESCHEHEN NOCH ZEICHEN UND WUNDER: *Ausruf beim Eintreten eines Ereignisses, auf das zu hoffen man schon aufgege-*

ben hatte. In Ex 7,3 sagt Gott vor Beginn der → *Plagen* zu Moses: «Ich will viele Zeichen und Wunder tun in Ägyptenland». Der Ausdruck «Zeichen» findet sich an unzähligen Stellen der Bibel für ein, meist wunderbares Geschehen, aus dem man auf eine Rettungstat Gottes schließen kann.

DIE ZEICHEN DER ZEIT ERKENNEN: *Aufforderung, aus den gegenwärtigen sozialen und politischen Umständen Anstöße zum Handeln zu gewinnen.* Als Jesu Gegner von ihm ein «Zeichen vom Himmel», d. h. ein spektakuläreres Wunder zu seiner Legitimation, forderten, antwortete er ihnen, sie könnten zwar am Abend- oder Morgenhimmel sehen, wie das Wetter wird, aber nicht «über die Zeichen der Zeit urteilen» (Mt 16,3). Mit «Zeichen der Zeit» sind hier die Wundertaten Jesu gemeint, welche die mit ihm beginnende Heilszeit anzeigen. (Mt 16,3). Die Verwendung des Ausdrucks im heutigen Sinne wurde durch Papst Johannes XXIII. in seiner Enzyklika «Pacem in Terris» auch für den kirchlichen Gebrauch legitimiert.

ALLES ZU SEINER ZEIT – EIN JEGLICHES HAT SEINE ZEIT/STUNDE: *Ausdruck der Gewißheit, in den großen Strom des Lebens eingebettet zu sein; manchmal auch als ausweichender Bescheid, wenn man zum Handeln gedrängt wird.* Im Buch des Predigers wird über die Hinfälligkeit allen menschlichen Tuns meditiert, das nur als eine Abfolge von Vorgängen ohne Zusammenhang und Bedeutung erscheint, deren letzter Sinn für den Menschen unerkennbar bleibt: «Ein jegliches hat seine Zeit, und alles Vorhaben unter dem Himmel hat seine Stunde: geboren werden hat seine Zeit, sterben hat seine Zeit; pflanzen hat seine Zeit, ausreißen, was gepflanzt ist, hat seine Zeit; ich sah die Arbeit, die Gott den Menschen gegeben hat, daß sie sich damit plagen. Er hat alles schön gemacht zu seiner Zeit, auch hat er die Ewigkeit in ihr Herz gelegt; nur daß der Mensch nicht ergründen kann das Werk, das Gott tut, weder Anfang noch Ende» (3,1–11). Diese resignierte Sicht der menschlichen Erkenntnisfähigkeit wird aufgefangen in den folgenden Versen: «Da merkte ich, daß es nichts Besseres dabei gibt als fröhlich sein und sich gütlich tun in seinem Leben. Denn ein

Mensch, der da ißt und trinkt und hat guten Mut bei all seinem Mühen, das ist eine Gabe Gottes» (3,12f.).

DIE ZEIT AUSKAUFEN: *Die einem gegebene Zeit nutzen.* Der Apostel Paulus ermahnte seine Gläubigen: «So seht nun sorgfältig darauf, wie ihr euer Leben führt, nicht als Unweise, sondern als Weise, und kauft die Zeit aus; denn es ist böse Zeit» (Eph 5,15f.).

SICH IN DIE ZEIT SCHICKEN: *Sich mit der gegebenen Situation zufriedengeben.* Nach der heutigen Lutherbibel schreibt der Apostel Paulus den Christen: «Seid nicht träge, in dem, was ihr tun sollt. Seid brennend im Geist. Dient dem Herrn» (Röm 12,11). Für die letzte dieser Ermahnungen gibt es in einigen Handschriften auch die Lesart: «Dient der Zeit», da dort das Wort «kairos», die Zeit, statt des Wortes «kyrios», der Herr, verwendet wird. So steht im alten Luthertext: «Schicket euch in die Zeit», womit nach einer alten Wortbedeutung von «schicken» offenbar gemeint ist: die Zeit ordnen, einrichten.

ZELOT: *Ein religiöser oder moralischer Eiferer.* Das griechische «zelotes» ist die Übersetzung eines hebräisch-aramäischen Wortes für «Eiferer». Die Zeloten waren in der Zeit Jesu eine Partei innerhalb des Judentums, die sich kämpferisch für die religiöse und nationale Unabhängigkeit einsetzte. Einer der Apostel Jesu, nämlich der zweite Simon, trug den Beinamen Zelot/Eiferer (Lk 6,15; Apg 1,13), offenbar weil er dieser Partei angehört hatte.

ZERKNIRSCHT/ZERKNIRSCHUNG: *Anschauliches Bild für Reuegefühle.* Der Ausdruck ist eine Lehnübersetzung für das in der Bibel und im religiösen Sprachgebrauch verwendete lateinische Adjektiv «contritum» (zermalmt), von dem das Substantiv «contritio» für den Begriff der Reue abgeleitet ist. So wird der Psalmvers (51,19): «Cor contritum et humiliatum, Deus, non despicies» in nichtlutherschen Bibeln oft übersetzt mit: «Ein zerknirschtes und gedemütigtes Herz, o Gott, verachtest du nicht», während die Lutherbibel von einem «geängsteten und zerschlagenen Herz» spricht. Das deutsche Verb «zerknirschen» für «zerdrücken, zermalmen» kam außer Gebrauch.

ZERRISSEN: *Im übertragenen Sinne für einen seelischen Zustand voll Zwiespalt und Schwanken.* In Anknüpfung an den Ausdruck → *Herzzerreißend*

ZIONISMUS: *Eine Bestrebung im modernen Judentum, alle in der Welt zerstreut lebenden Juden in → Palästina zu sammeln, um sie erneut als Nation zu konstituieren.* Der Ausdruck ist abgeleitet von der Davidsburg Zion oder → *Sion*, einem poetischen Synonym für Jerusalem. Er findet sich auch in einem Lied der im → *Babylonischen* Exil weilenden Verbannten: «An den Wassern zu Babel saßen wir und weinten, wenn wir an Zion gedachten» (Ps 137,1). Auch nach der endgültigen Vertreibung im 1. und 2. Jh. n. Chr. blieb die Sehnsucht der Juden nach dem Land ihrer Väter ungebrochen. Angesichts des wachsenden Antisemitismus in der zweiten Hälfte des 19. Jh. erhielt der Gedanke einer Rückkehr in die alte Heimat durch die Verbindung mit sozialistischen und national-staatlichen Ideen der damaligen Zeit neuen Auftrieb. Zum entscheidenden Initiator wurde der Wiener Journalist Theodor Herzl mit seinem Manifest «Der Judenstaat» von 1896. Schon ein Jahr später forderte der erste Zionistenkongreß in Basel «für das jüdische Volk die Schaffung einer öffentlich-rechtlich gesicherten Heimstätte in Palästina», ein Bestreben, das 1948 zur Errichtung des Staates → *Israel* führte. Im heutigen Judentum ist der Zionismus umstritten; von manchen religiösen Kreisen wird er wegen seiner Beeinflussung durch den europäischen Liberalismus und Sozialismus als eine Verweltlichung des Glaubens angesehen und heftig abgelehnt.

MIT ZITTERN UND ZAGEN: *Scherzhaft bei der Übernahme einer schwierigen Aufgabe, der man sich nicht gewachsen fühlt.* Der Apostel Paulus antwortete, als Jesus ihm vor → *Damaskus* erschien und rief: «Saul, Saul, warum verfolgst du mich?», mit der Gegenfrage: «Herr, wer bist du?». Das sagte er nach früheren Bibelausgaben «mit Zittern und Zagen», eine Wendung, die heute meist weggelassen wird, da sie in den ältesten Handschriften fehlt. Eine ähnliche Formel: «mit Furcht und Zittern», steht in Phil 2,12.

WIE DER ZÖLLNER IM TEMPEL: *Sich nicht für besser halten als andere.* Nach einem Gleichnis Jesu über Leute, die sich anmaßten, fromm zu sein, aber andere verachteten: «Es gingen zwei Menschen hinauf in den Tempel, um zu beten, der eine ein Pharisäer, der andere ein Zöllner. Der Pharisäer stand für sich und betete so: Ich danke dir, Gott, daß ich nicht bin wie die anderen Leute, Räuber, Betrüger, Ehebrecher oder auch wie dieser Zöllner. Ich faste zweimal in der Woche und gebe den Zehnten von allem, was ich einnehme. Der Zöllner aber stand ferne, wollte auch die Augen nicht aufheben zum Himmel, sondern schlug an seine Brust und sprach: Gott, sei mir Sünder gnädig! Ich sage euch: Dieser ging gerechtfertigt hinab in sein Haus, nicht jener» (Lk 18,9–14). Mit dem Ausdruck «Zöllner» wurden in der Zeit Jesu die verhaßten Steuereinnehmer bezeichnet, die als Kollaborateure der römischen Besatzungsmacht als vom Heil ausgeschlossen galten. Das deutsche Wort ist vom lateinischen «tolonarius/telonarius» abgeleitet. Siehe auch → der *Zehnte*

LASS NICHT ÜBER DEINEM ZORN DIE SONNE UNTERGEHEN: *Aufforderung, sich nach einem Streit schnell wieder zu versöhnen.* Eine Ermahnung des Apostels Paulus (Eph 4,26).

IN DEN LETZTEN ZÜGEN LIEGEN: *Kurz vor dem Sterben sein, manchmal auch im übertragenen Sinn, wenn ein Unternehmen mühselig zu Ende geht.* Die Redewendung wird von Luther in Bezug auf das todkranke Töchterlein des Synagogenvorstehers Jairus (Lk 8,42) gebraucht, wo im griechischen Text «im Sterben liegen» steht, während an anderer Stelle über den sterbenden König Antiochus IV. Epiphanes wortwörtlich gesagt wird, er läge in den letzten Atemzügen (2 Makk 3,31).

ZUNEHMEN AN ALTER UND WEISHEIT: *Scherzhaftes Lob für einen heranwachsenden jungen Menschen.* Vom zehnjährigen Jesusknaben heißt es, nachdem ihn seine Eltern auf der Wallfahrt nach Jerusalem im Tempel gefunden hatten und er mit ihnen nach Nazareth zurückkehrte: «Er nahm zu an Alter und Weisheit» (Lk 2,52).

DIE ZUNGE KLEBT AM GAUMEN: *Heftiger Durst, der am Sprechen hindert.* Das Wort Jesu am Kreuz: «Mich dürstet» ist vermutlich eine Verkürzung des Zitats aus dem Psalm 22, den er am Kreuz (→ *gottverlassen*) gebetet hat: «Meine Kräfte sind vertrocknet wie eine Scherbe, und meine Zunge klebt mir am Gaumen» (Ps 22,16; ähnlich Kl 4,4). In anderen Fällen bedeutet diese Redewendung in der Bibel soviel wie «schweigen, verstummen» (Ps 137,6; Hiob 29,10; Ez 3,26)

SEINE ZUNGE IM ZAUM HALTEN: *Zurückhaltend und vorsichtig im Reden sein, insbesondere sich vor Zornausbrüchen und Beleidigungen anderer hüten.* Das Bild stammt aus dem Jakobusbrief (1,26), wo seine Bedeutung an anderer Stelle auch erläutert wird: «Wer sich aber im Wort nicht verfehlt, ist ein vollkommener Mann und kann auch den ganzen Leib im Zaum halten. Wenn wir den Pferden den Zaum ins Maul legen, damit sie uns gehorchen, lenken wir ihren ganzen Leib» (Jak 3,2f.).

EINE FALSCHE ZUNGE: → *Falschzüngig*

AUF KEINEN GRÜNEN ZWEIG KOMMEN: *Es zu nichts bringen oder nichts erreichen.* Nach einem Bibelwort über den Gottlosen: «Sein Zweig wird nicht grünen» (Hiob 15,32). Möglicherweise aber auch nach einem alten Rechtsbrauch beim Kauf eines Grundstücks; dabei wurde die Eigentumsübertragung durch die Übergabe einer Rasenscholle und eines von einem Baum auf dem Grundstück stammenden Zweiges symbolisiert.

ZWEISCHNEIDIG: *Von einer Sache oder Angelegenheit, die ihr Für und Wider hat.* Vermutlich in Anlehnung an Bibelstellen, in denen Gottes Wort (Hebr 4,12) oder die Lippen einer Verführerin (Spr 5,4) mit einem «zweischneidigen Schwert» verglichen werden. Hier ist allerdings im Gegensatz zum heutigen Sinn des Bildes auf die alles durchdringende Schärfe dieser Art von Schwertern abgestellt.

ZWEISCHWERTERLEHRE: *Mittelalterliche Theorie über das Verhältnis von Kirche und Staat.* Als Jesus beim Letzten Abendmahl den Ernst der Situation mit den Worten ausdrückte: «Wer einen Geldbeutel hat, der nehme ihn, desgleichen auch die Tasche, und wer's nicht hat, verkaufe seinen Mantel und kaufe ein Schwert», verstanden die Jünger nicht, daß er nur ein Bild verwendete, und sagten ganz realistisch: «Herr, siehe, hier sind zwei Schwerter» (Lk 22,36–38). Diese Stelle wurde im Mittelalter von der päpstlichen Partei ohne Rücksicht auf den biblischen Kontext zur Untermauerung ihrer Lehre über die Verteilung der durch das Schwert symbolisierten Autorität verwendet. Danach, so behauptete man, besitze die Kirche sowohl das geistliche wie das weltliche Schwert, wobei sie letzteres den Fürsten übertrage, damit diese es in ihrem Auftrag führen. Oft wird gerätselt, warum der Jüngerkreis um Jesus Schwerter bei sich hatte. In Anbetracht des Anlaßes – es war das Passahfest, bei dem Lämmer geschlachtet und vor dem Mahl zerteilt wurden – liegt es nahe, daß es Schlacht- bzw. Opfermesser waren, die man im Griechischen ebenso mit «machairos» bezeichnete wie die Kriegsschwerter.

Anhang

Informationen über die Bibel

Das Wort «Bibel» stammt aus dem Griechischen und Lateinischen und geht wohl auf ein ägyptisches Wort für «Buch» zurück; nach manchen ist es vom Namen der phönizischen Hafenstadt Byblos (heute Dschebeil im Libanon) abgleitet, woher die Griechen zuerst den Papyrus als Schreibstoff bezogen hätten.

Gliederung
Die Bibel setzt sich aus einer Vielzahl von Schriften mit unterschiedlicher Entstehungszeit und Urheberschaft zusammen. Sie ist kein einheitlich konzipiertes Buch, sondern eher eine Bibliothek, deren Bücher zu den verschiedensten Anläßen verfaßt wurden und die eine große Vielfalt literarischer Formen und Gattungen aufweisen: Chronik und Geschichtsschreibung, Gesetzestexte, Zukunftsvisionen, Spruchdichtungen und Lieder, Briefe usw.

Die christliche Bibel teilt sich in «Altes» und «Neues» Testament. Das Wort «testamentum» ist die lateinische Übersetzung des hebräischen Wortes, das den «Bund» bezeichnet, den Gott mit der Menschheit (Noah) und dem Volk Israel (mit Abraham, dann mit Moses am Sinai und schließlich mit David) schloß.

Das Alte Testament, für die Juden die «hebräische Bibel», ist der an Umfang weitaus größere Teil der Bibel. Beginnend mit der Erschaffung der Welt erzählt es vor allem die Geschichte des Volkes Israel. Einige Bücher enthalten Sammlungen von Liedern und Psalmen, von Weisheitssprüchen, von ethischen oder kultischen Vorschriften, vor allem auch von Prophetenworten, die manchmal zu eigenen Büchern zusammengefaßt sind.

Die katholische Kirche rechnet mehrere Bücher zum Alten Testament, die von Juden und Protestanten nicht als «kanonisch», d.h. als authentische Offenbarung, anerkannt werden (z.B. die Bücher Judit, Tobias und Makkabäer).

Das Neue Testament berichtet in den vier Evangelien vom Wirken Jesu Christi und in der Apostelgeschichte von der ersten Ausbreitung des Christentums. Ergänzt werden diese Berichte von einer den Aposteln Paulus, Petrus, Johannes, Jakobus und Judas zugeschriebenen Sammlung von Briefen. Am Ende steht ein visionäres Buch über das Ende der Zeiten, die Offenbarung (Apokalypse) des Johannes.

Die Sprachen der Bibel

Das Alte Testament ist in hebräischer Sprache verfaßt, während das Neue Testament griechisch überliefert wurde. Im 3. und 2. Jahrhundert v.Chr. wurden auch die hebräisch geschriebenen biblischen Bücher ins Griechische übertragen. Diese Übersetzung wird «Septuaginta» (dt.: 70) genannt, da sie nach der Legende von 72 jüdischen Gelehrten in 72 Tagen für die Bibliothek von Alexandria hergestellt worden ist. Dieser Text spielte in den Anfängen des Christentums eine große Rolle, da er bei den Juden in der Diaspora (Zerstreuung) außerhalb des Heiligen Landes weit verbreitet war.

Entstehungszeit der Bibel

Es gilt heute als unbestritten, daß die meisten alttestamentlichen Bücher Endpunkt einer langen Entwicklung aus vielerlei literarischen Werken sind, die im Laufe mehrerer Jahrhunderte immer wieder umgearbeitet wurden, bis durch die sog. «Endredaktion» etwa zwischen 400–300 v.Chr. jene Textfassung entstand, die wir heute in Händen haben.

Unter den Schriften des Neuen Testaments sind die Briefe des Apostels Paulus, soweit sie authentisch sind, in die Zeit zwischen 40 und 60 n.Chr. einzuordnen, während die Evangelien, die Apostelgeschichte und die Offenbarung des Johan-

nes einige Jahrzehnte danach, teilweise vielleicht erst zu Anfang des 2. Jahrhunderts entstanden sein dürften.

Außer bei einigen Prophetentexten und Briefen des Apostels Paulus wissen wir nichts historisch Gesichertes darüber,
wer die Autoren bzw. Redaktoren der Bibel waren. Dieser
Umstand ist auf das damals wenig ausgeprägte Interesse an
Fragen der literarischen Urheberschaft zurückzuführen.

Namen und Abfolge der biblischen Bücher
Erst vor einigen Jahrzehnten haben sich die christlichen Konfessionen mit den sog. «Loccumer Richtlinien» auf eine einheitliche Umschreibung aller biblischen Namen ins Deutsche
geeinigt. Bis dahin gab es bei nicht wenigen Namen vielfältige
Varianten, was sich auch auf die Bezeichnung biblischer Bücher auswirkte. Außerdem ist die Abfolge der alttestamentlichen Bücher in den Bibeln der Juden sowie der verschiedenen
christlichen Konfessionen nicht immer die gleiche.

Näheres über die *Bibelübersetzungen* findet sich in der Ein-
führung S. 7f.

Abkürzungen der biblischen Schriften

Die mit «apokryph» gekennzeichneten Schriften sind in den Bibelausgaben protestantischer Herkunft meist nicht enthalten.

Am	Buch des Propheten Amos AT
Apg	Apostelgeschichte NT
1+2 Chron . . .	1. bzw. 2. Buch Chronik AT
Dan	Buch des Propheten Daniel AT
Dtn	Buch Deuteronomium (5. Buch Mose) AT
Eph	Brief an die Epheser NT
Esr	Buch Esra AT
Est	Buch Ester AT
Ex	Buch Exodus (2. Buch Mose) AT
Ez	Buch des Propheten Ezechiel/Hesekiel AT
Gal	Brief an die Galater NT
Gen	Buch Genesis (1. Buch Mose) AT
Hab	Buch des Propheten Habakuk AT
Hag	Buch des Propheten Haggai AT
Hebr	Brief an die Hebräer NT
Hld	Hoheslied AT
Hos	Buch des Propheten Hosea AT
Hiob	Buch Hiob AT
Jak	Brief des Jakobus NT
Jdt	Buch Judit AT (apokryph)
Jer	Buch des Propheten Jeremia AT
Jes	Buch des Propheten Jesaja/Isaias AT
Joel	Buch des Propheten Joel AT
Joh	Johannes-Evangelium NT
1–3 Joh	Johannes-Briefe NT
Jona	Buch des Propheten Jonas AT
Jud	Judas-Brief NT
Klgl	Klagelieder AT
Kol	Brief an die Kolosser NT
1+2 Kön	1. bzw. 2. Buch der Könige AT
Kor	Brief an die Korinther NT
Lev	Buch Levitikus (3. Buch Mose) AT
Lk	Lukas-Evangelium NT

1+2 Makk	1. bzw. 2. Buch der Makkabäer AT
Mal	Buch des Propheten Maleachi AT
Micha	Buch des Propheten Micha AT
Mk	Markus-Evangelium NT
Mt	Matthäus-Evangelium NT
Neh	Buch Nehemia AT
Num	Buch Numeri (4. Buch Mose) AT
Offb	Offenbarung des Johannes NT
1+2 Petr	1. bzw. 2. Petrus-Brief NT
Phil	Brief an die Philipper NT
Pred	Buch Prediger/Kohelet AT
Ps	Psalmen AT
Ri	Buch der Richter AT
Röm	Brief an die Römer NT
Rut	Buch Ruth AT
Sach	Buch des Propheten Sacharja/Zacharias AT
1+2 Sam	1. bzw. 2. Buch Samuel AT
Sir	Buch Jesus Sirach AT (apokryph)
Spr	Buch der Sprichwörter AT
Thess	Brief an die Thessaloniker NT
1+2 Tim	1. bzw. 2. Brief an Timotheus NT
Tit	Brief an Titus NT
Tob	Buch Tobit/Tobias AT (apokryph)

Literaturhinweise

Die Hinweise beschränken sich auf leicht zugängliche und allgemein verständliche Werke. Weiterführende Angaben finden sich in den dort angeführten Bibliographien.

a) Allgemeine Zitaten- und Spruchsammlungen

Beyer, Horst und Annelies, Sprichwörterlexikon. Sprichwörter und sprichwörtliche Ausdrücke aus deutschen Sammlungen vom 16. Jahrhundert bis zur Gegenwart. Verlag C. H. Beck, München 1986.

Büchmann, Georg, Geflügelte Worte. Der Zitatenschatz des deutschen Volkes. 1. Band, dtv, München 1967.

Krüger-Lorenzen, Kurt, Deutsche Redensarten – und was dahinter steckt. Sonderausgabe in einem Band, VMA-Verlag, Wiesbaden (o. J.).

Mackensen, Lutz, Zitate Redensarten Sprichwörter. Verlag Werner Dausien, 2., verb. Aufl., Hanau 1981/85.

Röhrich, Lutz, Lexikon der sprichwörtlichen Redensarten. 4 Bde., Herder Verlag, Freiburg-Basel-Wien 1973 (Taschenbuchausgabe).

b) Zur Bibel

Arenhoevel, Diego, So wurde Bibel. Ein Sachbuch zum Alten Testament. Verlag Katholisches Bibelwerk, Stuttgart 1974.

Bibel-Lexikon, hrsg. von Herbert Haag. Benziger Verlag, 2. Aufl., Einsiedeln-Köln-Zürich 1968.

Haase, Lisbeth, Sündenbock und Jubeljahr. Redensarten aus der Bibel. Lutherisches Verlagshaus, Hannover 1991.

Kleines Stuttgarter Bibellexikon. Verlag Katholisches Bibelwerk Stuttgart und Christliche Verlagsanstalt Konstanz, 4. Aufl. 1977.

Maly, Karl, Wie entstand das Neue Testament? Verlag Katholisches Bibelwerk, Stuttgart 1976.

Praktisches Bibellexikon, hrsg. von Anton Grabner-Haider. Herder Verlag, Freiburg-Basel-Wien 1969.

c) Zur Etymologie

Duden Bd. 7. Herkunftswörterbuch der deutschen Sprache. Duden Verlag, 2. Aufl., Mannheim-Wien-Zürich 1989.

Paul, Hermann, Deutsches Wörterbuch. Max Niemeyer Verlag, 9., vollständig neu bearbeitete Auflage von Helmut Henne und Georg Objartel unter Mitarbeit von Heidrun Kämper-Jensen, Tübingen 1992.

Ergänzendes Stichwortregister

Bei vielen Redewendungen und Sprichwörtern war es schwierig, das für die Einordnung nach dem Alphabet maßgebliche Stichwort eindeutig zu bestimmen. Deshalb sind in diesem Hilfsregister noch zusätzlich all jene Wörter aufgelistet, die das Auffinden einer bestimmten Redensart erleichtern können. Das Stichwort «Abel» ist also unter *Kain* nachzuschlagen.

ABEL
   Wie *Kain* und Abel

ABEND
   Herr, *bleib* bei uns; denn es will Abend werden

ABOMINATIO DESOLATIONIS
   Der *Greuel* der Verwüstung

ACKER
   Der *Schatz* im Acker

ÄGYPTEN
   Sich nach den *Fleischtöpfen* Ägyptens sehnen

ALT
   Der alte *Adam*
   Neuer *Wein* in alten Schläuchen
   Alt wie *Methusalem*

ALTER
   Zunehmen an Alter und Weisheit

ANGESICHT
   Im *Schweiße* des Angesichts
   Ins Angesicht *widerstehen*

ANSTOSS
   Stein des Anstoßes

ARG
   Die *Welt* liegt im Argen

ARM
   Armer *Lazarus*

ASCHE
   In *Sack* und Asche
   Staub und Asche

AUFERLEGEN
Anderen *Lasten* auferlegen, die man selber nicht tragen will

AUFGEBEN
Den *Geist* aufgeben

AUGE/AUGEN
Ein *Dorn* im Auge sein
Wie *Schuppen* von den Augen fallen
Der *Splitter* im Auge des Nächsten

AUSKAUFEN
Die *Zeit* auskaufen

AUSLÖSCHEN
Den *Geist* (nicht) auslöschen

AUSSCHÜTTEN
Sein *Herz* ausschütten

AUSSPEIEN
Was *lau* ist, wird ausgespieen

AUSWEINEN
Sich die *Augen* ausweinen

AXT
Die Axt an die *Wurzel* legen

BAAL
Die *Knie* nicht beugen vor Baal

BALD
Was du *tun* willst, das tue bald

BANGE
Angst und bange werden oder machen

BANK
Auf der Bank der *Spötter* sitzen

BARMHERZIGKEIT
Gnade und Barmherzigkeit

BAUEN
Auf *Sand* bauen
Hier laßt uns *Hütten* bauen
Überlegen, bevor man einen *Turm* baut

BEELZEBUB
Den *Teufel* mit dem Beelzebub austreiben

BEFEHLEN
Seinen *Geist* befehlen
Gott befohlen

BEGRABEN
Laß die *Toten* ihre Toten begraben

BEISTEUERN
Sein *Scherflein* beisteuern

BELADEN
Die *Mühseligen* und Beladenen

BERG
Die *Haare* stehen zu Berg

BESTELLEN
Sein *Haus* bestellen

BETEN
In seinem *Kämmerlein* beten

BEUGEN
Die *Knie* nicht beugen vor Baal
Das *Recht* beugen/verdrehen

BIBLISCH
Ein biblisches *Alter*

BINDEN
Gewalt zu binden und zu lösen → *Schlüsselgewalt*

BITTERLICH
Bitterlich *weinen*

BLEIBEND
Keine bleibende *Statt*

BLEUEN
Den *Rücken* bleuen

BLICK
Blick ins *Gelobte* Land

BLUT
Bis aufs Blut *widerstehen*
Das eigene *Fleisch* und Blut

BÖCKE
Die *Schafe* von den Böcken scheiden

BÖSE
Das Böse mit Gutem *überwinden*
Die bösen Jahre → Die *Tage/Jahre,* von denen wir sagen . . .
Böses mit Gutem – Gutes mit Bösem – Böses mit Bösem *vergelten*

BRAUCHEN
Etwas *drehen,* wie man's braucht

BRENNEN
Besser *heiraten* als brennen

BRIEF
Ein *ellenlanger* Brief
Ein *Urias*-Brief

BROT
Der *Mensch* lebt nicht vom Brot allein
Steine statt Brot geben
Wie das *tägliche* Brot

BRUDER
Wo ist dein Bruder *Abel?*
Bin ich der *Hüter* meines Bruders?

BRÜLLEND
Wie ein brüllender *Löwe* einhergehen

CHRISTLICH
Mit dem *Mantel* der christlichen Nächstenliebe zudecken

CLERK
Klerus

CREDO
Wie der *Pontius* ins Credo kommen

DAHINHABEN
Seinen *Lohn* dahinhaben

DANK/DANKEN
Gott sei Dank!
Man muß *Gott* für alles danken

DENKEN
Der *Mensch* denkt und Gott lenkt

DIENEN
Man kann nicht zwei *Herren* dienen

DIENER
Rede, Herr, dein Diener hört

DIENSTBAR
Dienstbare *Geister*

DING
Bei *Gott* ist kein Ding unmöglich
Harren/Warten der Dinge, die da kommen sollen

DISTELN
Dornen und Disteln

DOMINE, NON SUM DIGNUS
Herr, ich bin nicht *würdig*

DRESCHEN
Du sollst dem *Ochsen,* der da drischt, das Maul nicht verbinden

DULDEN
Keine *fremden* Götter neben sich dulden

DURCHDRINGEN
Mark und Bein durchdringen

DURSTIG
Eine durstige *Seele*

EBNEN
Den *Weg* ebnen

ECHT
Eine echte *Evastochter*

EHERN
Mit eherner *Stirn*

EHRLICH
Ein ehrliches *Begräbnis*

EINTRAGEN, SICH
Sich ins *Buch* des Lebens eintragen

EISERN
Mit eisernem *Griffel* schreiben

EMPFANGEN
Suchet, so werdet ihr finden . . .

ENDE
Des vielen *Büchermachens* ist kein Ende

ENG
Die enge *Pforte*

ENGEL
Ein *Kampf* mit dem Engel

ERDBODEN
   Wie vom Erdboden *verschluckt*

ERDE
   Bis an die *Enden* der Erde
   Die *Großen* dieser Erde
   Nur ein *Gast* auf Erden
   Das *Salz* der Erde
   Schwören bei Himmel und Erde

ERFREUEN
   Der *Wein* erfreut des Menschen Herz

ERHÖHEN, SICH
   Wer sich selbst erhöht, wird erniedrigt werden

ERKENNEN
   An ihren *Früchten* erkennen

ERKENNTNIS
   Vom *Baum* der Erkenntnis essen
   Der *Schlüssel* der Erkenntnis

ERLEBEN
   Sein *Damaskus* erleben

ERNIEDRIGEN
   Wer sich selbst erhöht, wird erniedrigt werden

ERNTEN
   Wer *Wind* sät, wird Sturm ernten
   Der eine *sät,* der andere erntet
   Sie *säen* nicht, sie ernten nicht
   Was der Mensch *sät,* das wird er ernten
   Wer spärlich/kärglich *sät,* wird spärlich/kärglich ernten

ERSTARREN
   Zur *Salzsäule* erstarren

ERWÄHLEN
   Den *besseren* Teil erwählen

ESSEN
   Wer nicht *arbeitet,* soll auch nicht essen

EVA
   Als *Adam* hackt' und Eva spann, wo war damals der Edelmann?
   Bei *Adam* und Eva anfangen
   Seit *Adam* und Eva
   Von *Adam* und Eva her verwandt

EWIG
   Den ewigen *Schlaf* schlafen

EXIL
Babylonisches Exil

FALL
Hochmut kommt vor dem Fall

FALLEN
In die *Hände* von jemand fallen
Auf guten bzw. steinigen *Boden* fallen
Besser in die *Hand* Gottes fallen als in die Hand der Menschen
Wer *steht,* sehe zu, daß er nicht falle

FALSCH
Falsche *Brüder*

FELD
Die *Lilien* auf dem Felde

FEST
Eine feste *Burg*

FETT
Ein fetter *Wanst*

FEURIG
Feurige *Kohlen* auf sein Haupt sammeln

FINDEN
Sein *Leben* finden/gewinnen – verlieren
Wer *sucht,* der findet

FINSTERNIS
Ägyptische Finsternis
Die *Macht* der Finsternis

FLECHTEN
Einem eine *Dornenkrone* flechten

FLEISCH
Ein *Pfahl*/Stachel im Fleische

FLUCHT
Ruhe auf der Flucht

FLÜCHTIG
Unstet und flüchtig

FOLGEN
Wenn dich die bösen *Buben* locken, so folge ihnen nicht

FRESSEN
Herr, hilf mir, er will mich *verschlingen* (fressen)

FREUDE
Mehr Freude über einen *Sünder* als über neunundneunzig Gerechte
Herrlich und in Freuden *leben*

FRÖHLICH
Ein fröhlicher *Geber*
Sich *freuen* mit den Fröhlichen
Fröhliche *Urständ* feiern

FRUCHT TRAGEN
Hundertfältige Frucht tragen

FÜLLE
Gottes *Brünnlein* hat Wassers die Fülle

FÜR MICH
Wer nicht für mich ist, ist gegen mich

FURCHT GOTTES
Gottesfurcht

FÜSSE
Den *Staub* von den Füßen schütteln
Ein *Koloß* auf tönernen Füßen

GABE GOTTES
Gottesgabe
Kinder sind eine Gabe Gottes

GALLE
Gift und Galle

GAUMEN
Die *Zunge* klebt am Gaumen

GEDEIHEN
Unrecht *Gut* gedeihet nicht

GEDULDIG
Geduldig wie *Hiob*

GEFALLEN
Ein gefallener *Engel*

GEFANGENSCHAFT
Babylonisches Exil/Babylonische Gefangenschaft

GEGEN MICH
Wer nicht für mich ist, ist gegen mich

GEHORCHEN
Man muß *Gott* mehr gehorchen als den Menschen

GEIER
Wo ein *Aas* ist, da sammeln sich die Geier

GEIST
Arm im Geiste
Eine *Sünde* wider den Heiligen Geist

GEKNICKT
Das geknickte *Rohr* nicht brechen

GELLEN
In den *Ohren* gellen

GELOBT
Gott sei's gelobt, getrommelt und gepfiffen

GENOMMEN
Der Herr hat gegeben, der Herr hat genommen → Geduldig wie *Hiob*

GEPFIFFEN
Gott sei's gelobt, getrommelt und gepfiffen

GEPFLASTERT
Der Weg zur *Hölle* ist mit guten Vorsätzen gepflastert

GERECHT
Schlaf des Gerechten
Mehr Freude über einen *Sünder* als über neunundneunzig Gerechte

GERICHT
Jüngstes Gericht

GESÄT
Ernten, wo man nicht gesät hat

GESCHWÄTZ
Eitles Geschwätz

GESEGNET
Gesegneten *Leibes*

GESPEITES
Wie ein *Hund,* der sein Gespeites wieder frißt

GESUND
Besser *arm* und gesund als reich und mit Krankheit geschlagen
Die Gesunden bedürfen des *Arztes* nicht

GETREU
Getreu bis in den *Tod*

GETROMMELT
Gott sei's gelobt, getrommelt und gepfiffen

GEWALTIG
Ein gewaltiger Jäger vor dem Herrn → Ein *Nimrod*

GEWAND
Kein *hochzeitliches* Gewand/Kleid anhaben

GEWINNEN
Sein *Leben* finden/gewinnen – verlieren

GEWOGEN
Gewogen und zu leicht befunden → Ein *Menetekel*

GEZÄHLT
Alle *Haare* auf unserem Haupte sind gezählt
Gewogen und zu leicht befunden → Ein *Menetekel*
Seine *Tage* sind gezählt

GEZEICHNET
Von Gott gezeichnet → *Kainsmal*

GIESSEN
Öl in die Wunden gießen

GLATT
Glatte *Worte*

GLIMMENDER DOCHT
Das geknickte *Rohr*

GLORIA MUNDI
Sic transit gloria mundi

GNADE
Von *Gottes* Gnaden

GNÄDIG
Gott sei mir/uns gnädig

GOLDEN
Der *Tanz* ums Goldene Kalb

GOLDWAAGE
Seine *Worte* nicht auf die Goldwaage legen

GOLIATH
David gegen Goliath

GOMORRHA
Sodom und Gomorrha

GOTTLOSE
Der *Rest* ist für die Gottlosen

GRÄBER
Übertünchte Gräber

GRÄMEN
Wo viel *Weisheit* ist, da ist viel Grämens

GRAU
Alt und grau werden
Ein graues *Haupt*

GRÜN
Auf keinen grünen *Zweig* kommen

GUT
Auf guten bzw. steinigen *Boden* fallen
Der Weg zur *Hölle* ist mit guten Vorsätzen gepflastert
Es ist nicht gut, daß der Mensch *allein* sei
Gott sah, daß es gut war
Schlechte *Beispiele* verderben gute Sitten
Alles *prüfen* und das Gute behalten
Böses mit Gutem – Gutes mit Bösem – Böses mit Bösem *vergelten*
Das Böse mit Gutem *überwinden*
Ein guter *Engel*
Ein gutes *Werk* tun
Ein gutes/schlechtes *Gewissen*
Einen guten *Kampf* kämpfen
Guter *Dinge* sein
Heiraten ist gut, nicht heiraten ist besser
In keinem guten *Geruch*
Menschen guten Willens
Nichts Gutes (auch: Böses) im *Sinn* haben

HAARE
Mehr *Schulden* als Haare auf dem Kopf

HALS
Ein *Mühlstein* am Hals
Das *Wasser* bis an den Hals

HARREN
Aller *Augen* harren/warten auf dich

HAUPT
Feurige *Kohlen* auf sein Haupt sammeln
Alle *Haare* auf unserem Haupte sind gezählt
Der *Mann* ist des Weibes Haupt

HAUS
Gottes Haus hat viele *Wohnungen*

HEILEN
Arzt, heile dich selbst!

HEILIGER
   Ein *wunderlicher* Heiliger

HEILIGER GEIST
   Eine *Sünde* wider den Heiligen Geist

HERRLICH
   Herrlich und in Freuden *leben*

HERZ
   Ein *Kind* unter dem Herzen tragen
   Der *Wein* erfreut des Menschen Herz
   Ein *Mann*/König nach dem Herzen Gottes
   Wenig, aber von Herzen
   Wo dein *Schatz* ist, da ist auch dein Herz

HIER
   Hier laßt uns *Hütten* bauen

HIERHER
   Bis hierher und nicht weiter

HIMMEL
   Schwören bei Himmel und Erde
   Wie die *Vögel* des Himmels

HIMMLISCH
   Das himmlische *Jerusalem*

HINAUFRÜCKEN
   Freund, *rücke* hinauf

HINEINFALLEN
   Wer andern eine *Grube* gräbt, fällt selbst hinein

HINGEHEN
   Wo du hingehst, will auch ich hingehen

HINHALTEN
   Die andere *Backe* hinhalten

HIRTE
   Wie *Schafe* ohne Hirten

HITZE
   Des Tages *Last* und Hitze tragen

HÖLLE
   Himmel und Hölle in Bewegung setzen

HOLZ
   Wenn das am *grünen* Holze geschieht

HÖREN
 Rede, Herr, dein Diener hört
 Wer Ohren hat zu hören

HUND
 Den Kindern das Brot wegnehmen, um es den Hunden zu geben

HÜTEN
 Wie seinen Augapfel hüten

JA
 Deine Rede sei: Ja, ja; nein, nein

JAHRE
 Die fetten und die mageren Jahre
 Tausend Jahre wie ein Tag

JONATHAN
 Wie David und Jonathan

JUNGE
 Wie eine Bärin, der die Jungen weggenommen wurden

KALB
 Tanz um das Goldene Kalb

KAMEL
 Mücken seihen, Kamele verschlucken

KEHLE
 Das Messer an die Kehle setzen

KENNEN
 Ich kenne diesen Menschen nicht

KEUSCH
 Ein keuscher Joseph
 Eine keusche Susanna

KIND/KINDER
 Wes Geistes Kind einer ist
 Zu etwas kommen wie die Jungfrau zum Kind
 Den Kindern das Brot wegnehmen, um es den Hunden zu geben
 Weh dir, Land, dessen König ein Kind ist

KIRCHWEIH
 Zachäus auf jeder Kirchweih/in allen Schenken

KLEID
 Kein hochzeitliches Gewand/Kleid anhaben

KLEIN
Nur noch eine kleine *Weile*

KLINGEND
Nur tönendes *Erz* und klingende Schelle

KÖNIG
Weh dir, Land, dessen König ein Kind ist
Ein *Mann*/König nach dem Herzen Gottes

KÖNIGIN
Wie die Königin von *Saba*

KÖNIGREICH
Einer der auszog, *Eselinnen* zu suchen und ein Königreich fand

KOPF
Mehr *Schulden* als Haare auf dem Kopf

KOSTBAR
Die kostbare/köstliche *Perle*

KRANKHEIT
Besser *arm* und gesund als reich und mit Krankheit geschlagen

KREUZIGE
Aus dem *Hosanna* wird ein: Kreuzige ihn!

LAND
Bleibe im Lande und nähre dich redlich
Gelobtes Land
Blick ins *Gelobte* Land
Friede im Lande
Die *Stillen* im Lande
Weh dir, Land, dessen König ein Kind ist

LANG
Ein langer *Laban*
Einen langen *Salm* machen

LASSEN
Das eine *tun* und das andere nicht lassen

LAUFEN
Ins *Ungewisse* laufen

LEBEN
Sich ins *Buch* des Lebens eintragen
Einem das Leben *sauer* machen
Jahrmarkt des Lebens
Der *Mensch* lebt nicht vom Brot allein

LEEREN
  Einen *Kelch* bis zur Neige leeren

LEICHT
  Gewogen und zu leicht befunden

LEIDEN
  Der *Gerechte* muß viel leiden

LEIDIG
  Ein leidiger *Trost*

LENKEN
  Der *Mensch* denkt und Gott lenkt

LESEN
  Jemand die *Leviten* lesen

LETZTER
  Die *ersten* werden die letzten sein
  Matthäi am letzten

LICHT
  Die *Kinder* des Lichts

LIEBER
  Lieber ein *Ende* mit Schrecken

LIEBHABEN
  Wen *Gott* liebhat, den straft/züchtigt er
  Wer seinen *Sohn* liebhat, der züchtigt ihn

LILIE
  Eine *Rose*/Lilie unter Dornen

LÖBLICH
  Eine löbliche *Sitte*

LOCKEN
  Wenn dich die bösen *Buben* locken, so folge ihnen nicht

LÖCKEN
  Wider den *Stachel* löcken

LOHN
  Ein *Arbeiter* ist seines Lohnes wert

LÖSEN
  Gewalt zu binden und zu lösen → *Schlüsselgewalt*

LUX
  Es werde *Licht*
  Ex oriente lux

MAGER
Die *fetten* und die mageren Jahre

DAS MAUL VERBINDEN
Du sollst dem *Ochsen,* der da drischt, das Maul nicht verbinden

MEER
Alle *Wasser* laufen ins Meer
Wie *Sand* am Meer

MENSCH
Es ist nicht gut, daß der Mensch *allein* sei
Der *Wein* erfreut des Menschen Herz

MENSCHHEIT
Abschaum der Menschheit

MESSEN
Mit gleicher *Elle* messen

MILCH UND HONIG
Ein *Land,* darin Milch und Honig fließt

MÖRDERGRUBE
Aus seinem *Herzen* keine Mördergrube machen

MORGEN
Heute mir, morgen dir
Laßt uns *essen* und trinken; denn morgen sind wir tot

MOTTEN
Schätze, die Rost und Motten verzehren

MÜDE
Viel *Studieren* macht den Leib müde

MUND
Wes das *Herz* voll ist, des geht der Mund über
Ein *Wort* in den Mund legen

NÄCHSTENLIEBE
Mit dem *Mantel* der christlichen Nächstenliebe zudecken

NACHT
Wächter, wie weit ist die Nacht?
Wie ein *Dieb* in der Nacht

NACKEN
Den *Fuß* auf den Nacken setzen

NACKTHEIT
Paradiesische Nacktheit → *Adamskostüm*

NADELÖHR
  Kamel durchs Nadelöhr

NÄHREN, SICH
  Bleibe im Lande und nähre dich redlich

NEC PLUS ULTRA
  Bis hierher und nicht weiter

NEHMEN
  Geben ist seliger denn nehmen

NEIGE
  Einen *Kelch* bis zur Neige leeren

NEIGEN, SICH
  Herr, *bleib* bei uns; denn es will Abend werden

NEU
  Neuer *Wein* in alten Schläuchen

NICHTS
  Es ist nichts *dahinter*

NIEREN
  Auf *Herz* und Nieren prüfen

NON PLUS ULTRA
  Bis hierher und nicht weiter

OBRIGKEIT
  Jedermann sei *untertan* der Obrigkeit

ÖFFNEN
  Einem die *Augen* über etwas öffnen

ORIENT
  Ex oriente lux

PAULUS
  Aus einem *Saulus* ein Paulus werden

PECCAVI
  Pater, peccavi

PERSON
  Ohne *Ansehen* der Person

PFLUG
  Wer seine *Hand* an den Pflug legt und schaut zurück

PFLUGSCHAREN
  Schwerter zu Pflugscharen schmieden

PILATUS
Von *Pontius* zu Pilatus laufen

PLAGE
Jeder *Tag* hat seine Plage

PLETHI
Krethi und Plethi

POSAUNEN
Die Trompeten/Posaunen von *Jericho*

PRACHT
Salomo in seiner Pracht

PREDIGEN
Von den *Dächern* predigen
Tauben *Ohren* predigen

PROFUNDIS
De profundis

PRÜFEN
Auf *Herz* und Nieren prüfen

PSALMIST
Ein biblisches *Alter*/das Alter des Psalmisten

RACHE
Tag der Rache

RAT
Rat des *Gamaliel*

RECHT
Gewalt ergeht vor Recht
Schlecht und recht

REDEN
Mit *Engelszungen* reden
In den *Wind* reden

REDLICH
Bleibe im Lande und nähre dich redlich

REICH
Besser *arm* und gesund als reich und mit Krankheit geschlagen
Brosamen vom Tische der Reichen
Ein reicher *Prasser*
Ein *Haus*/Reich, das mit sich uneins ist
Tausendjähriges Reich

REIN
  Reine *Hände* haben
Reinen *Herzens*

REUIG
  Reuiger und unbußfertiger *Schächer*

ROCK
  Der *bunte* Rock

ROSS
  Mit *Mann* und Roß und Wagen

ROST
  Schätze, die Rost und Motten verzehren

ROTTE
  Eine Rotte *Korach*

RUFEN
  Ich habe dich bei deinem *Namen* gerufen

RUH
  Nun hat die liebe *Seele* Ruh

RÜHMEN
  Niemand vor seinem *Ende* rühmen

RÜSTUNG
  David in der Rüstung Sauls

SÄEN
  Wer *Wind* sät, wird Sturm ernten
  Ernten, wo man nicht gesät hat

SAMMELN
  Feurige *Kohlen* auf sein Haupt sammeln
  Wo ein *Aas* ist, da sammeln sich die Geier

SANFT
  Ein sanftes *Joch*

SATAN
  Weiche von mir, Satan

SÄUE
  Perlen vor die Säue werfen

SAUL
  David in der Rüstung Sauls

SCHADEN
  Was hülfe es dem *Menschen* . . .

Schaf
Wie ein *Lamm*/Schaf, das zur Schlachtbank geführt wird

Schafspelz
Ein *Wolf* im Schafspelz

Scheffel
Sein *Licht* leuchten lassen – Sein Licht nicht unter den Scheffel stellen

Scheiden
Die *Schafe* von den Böcken scheiden

Schelle
Nur tönendes *Erz* und klingende Schelle

Scheuen
Das *Licht* scheuen

Schieben
Von einem *Tag* auf den anderen schieben

Schlange
Klug wie eine Schlange

Schläuche
Neuer *Wein* in alten Schläuchen

Schlecht
Ein gutes/schlechtes *Gewissen*
Schlechte *Beispiele* verderben gute Sitten

Schnöde
Schnöder *Mammon*

Schoss
Sicher wie in *Abrahams* Schoß

Schrecken
Lieber ein *Ende* mit Schrecken

Schreiben
Mit eisernem *Griffel* schreiben
Was ich *geschrieben* habe, habe ich geschrieben

Schreien
So werden die *Steine* schreien

Schritt
Nur ein Schritt zum *Tode*

Schwach
Der *Geist* ist willig, aber das Fleisch ist schwach

SCHWANKEND
  Ein schwankendes *Rohr*

SCHWARZ
  Ein schwarzes *Schaf*

SCHWEBEN
  Zwischen *Himmel* und Erde schweben

SCHWIMMEN
  Wider den *Strom* schwimmen

SCHWITZEN
  Blut schwitzen

SEELE
  Was hülfe es dem *Menschen* . . .
  Ein *Herz* und eine Seele

SEHEN
  Selig sind, die nicht sehen und doch glauben → Ein *ungläubiger* Thomas
  Und ward nicht mehr *gesehen*
  Mit sehenden *Augen*
  Durch die *Finger* sehen

SEHNEN, SICH
  Sich nach den *Fleischtöpfen* Ägyptens sehnen

SEIHEN
  Mücken seihen, Kamele verschlucken

SELIG
  Geben ist seliger denn nehmen
  Wer's *glaubt,* wird selig

SICHER
  Sicher wie in *Abrahams* Schoß

SIEBEN
  Ein *Buch* mit sieben Siegeln
  Einer aus der siebenten *Bitte*

SIEGEL
  Brief und Siegel auf etwas geben
  Ein *Buch* mit sieben Siegeln

SILBER
  Reden ist Silber, Schweigen ist Gold

SILBERLINGE
  Verkauft für dreißig Silberlinge

SITTEN
  Schlechte *Beispiele* verderben gute Sitten

SITZEN
  Zu jemands *Füßen* sitzen

SOHLE
  Vom *Scheitel* bis zur Sohle

SOHN
  Der *Verlorene* Sohn

SONNE
  Laß nicht über deinem *Zorn* die Sonne untergehen!
  Nichts *Neues* unter der Sonne

SPOTTEN
  Gott läßt seiner nicht spotten

STADT
  Wenigsten zehn *Gerechte* in einer Stadt

STARK
  Die *Liebe* ist stark wie der Tod

STEHLEN
  Einem das *Herz* stehlen

STEIN
  Ein *Herz* von Stein

STEINIG
  Auf guten bzw. steinigen *Boden* fallen

STERBEN
  Wir haben ein *Gesetz* und nach diesem Gesetze muß er sterben

STRAFEN
  Wen *Gott* liebhat, den straft/züchtigt er

STRAHLEN
  Mit strahlendem *Gesicht*

STUNDE
  Arbeiter der ersten bzw. elften Stunde
  Kairòs
  Alles zu seiner *Zeit* – Ein Jegliches hat seine Zeit/Stunde
  In *elfter* Stunde

STURM
  Wer *Wind* sät, wird Sturm ernten

SUCHEN
  Einer der auszog, *Eselinnen* zu suchen . . .

SÜSS
  Voll des süßen *Weines*
  Eine süße *Last*

TAG
Herr, *bleib* bei uns; denn es will Abend werden und der Tag hat sich geneigt
Des Tages *Last* und Hitze tragen
Tausend Jahre wie ein Tag

TAPPEN
Im *Dunkel* tappen

TAT
Mit *Rat* und Tat helfen
Mit *Wort* und Tat

TAUB
Tauben *Ohren* predigen

TEIL
Den *besseren* Teil erwählen

TEMPEL
Wie der *Zöllner* im Tempel

THOMAS
Ein *ungläubiger* Thomas

TISCH
Brosamen vom Tische der Reichen

TOCHTER
Wie die *Mutter* so die Tochter

TOD
Die *Liebe* ist stark wie der Tod
Ein *Kind* des Todes

TÖNEND
Nur tönendes *Erz* und klingende Schelle

TÖNERN
Ein *Koloß* auf tönernen Füßen

TOT
Laßt uns *essen* und trinken; denn morgen sind wir tot
Lebendig tot sein
Toter *Buchstabe*

TRACHTEN
Dichten und Trachten
Nach dem *Leben* trachten

TRAGEN
Sein *Herz* auf der Zunge tragen
Auf *Händen* tragen

Ein *Kind* unter dem Herzen tragen
Des Tages *Last* und Hitze tragen
Einer trage des anderen *Last*
Anderen *Lasten* auferlegen, die man selber nicht tragen will

TRENNEN
Was *Gott* zusammengefügt hat, soll der Mensch nicht trennen

TREU
Im *Kleinen* treu sein

TRINKEN
Laßt uns *essen* und trinken; denn morgen sind wir tot
Was werden wir *essen,* was werden wir trinken?

TROMPETEN
Die Trompeten/Posaunen von *Jericho*

TUN
Quidquid agis . . .
Geh hin und tu desgleichen

TUT NOT
Den *besseren* Teil erwählen
Eins aber tut not
Marthadienste

ÜBEL
Die *Wurzel* allen Übels

UMKOMMEN
Jämmerlich umkommen

UNBUSSFERTIG
Reuiger und unbußfertiger *Schächer*

UNEINS
Ein *Haus*/Reich, das mit sich selbst uneins ist, . . .

UNGELEGEN
Gelegen oder ungelegen

UNMÖGLICH
Bei *Gott* ist kein Ding unmöglich

UNRECHT
Unrecht *Gut* gedeihet nicht

UNSCHULD
Seine *Hände* in Unschuld waschen

URTEIL
Ein *salomonisches* Urteil

VATERLAND/VATERHAUS
Der *Prophet* gilt nichts in seinem Vaterlande

VERBINDEN
Was *Gott* zusammengefügt/verbunden hat, soll der Mensch nicht trennen

VERBOTEN
Verbotene *Frucht*/Früchte

VERDERBEN
Schlechte *Beispiele* verderben gute Sitten

VERDORREN
Die *Hand* möge verdorren

VERDREHEN
Das *Recht* beugen/verdrehen

VERGEHEN
Vergehen wie *Rauch*

VERGRABEN
Sein *Pfund*/Talent vergraben

VERHÄRTEN
Sein *Herz* verhärten oder verstocken

VERHÜLLEN
Sein *Antlitz* verhüllen

VERLASSEN
Gott verläßt die Seinen nicht

VERLIEREN
SEIN *Leben* finden/gewinnen – verlieren

VERLOREN
Ein verlorenes *Schaf*

VERRATEN
Deine *Sprache* verrät dich

VERSAMMELN
Zu seinen *Vätern* versammelt werden

VERSCHLUCKEN
Mücken seihen, Kamele verschlucken

VERSETZEN
Berge versetzen

VERSTOCKEN
Sein *Herz* verhärten oder verstocken

VERWANDT
  Von *Adam* und Eva her verwandt

VERWÜSTUNG
  Der *Greuel* der Verwüstung

VIEL
  Der *Gerechte* muß viel leiden
  Des vielen *Büchermachens* ist kein Ende
  Viele sind *berufen* . . .
  Was ist das für so viele?

VOLL
  Auf daß mein *Haus* voll werde
  Voll des süßen *Weines*
  Wes das *Herz* voll ist, des geht der Mund über

VOLLBRINGEN
  Wollen und vollbringen

VORENTHALTEN
  Den *Lohn* vorenthalten

VORSÄTZE
  Der Weg zur *Hölle* ist mit guten Vorsätzen gepflastert

WAHR
  Das wahre *Israel*
  Der wahre *Jakob*

WAGEN
  Mit *Mann* und Roß und Wagen

WANDELN
  Nimm dein *Bett* und wandle!

WARTEN
  Aller *Augen* harren/warten auf dich

WASCHEN
  Seine *Hände* in Unschuld waschen

WASSER
  Gottes *Brünnlein* hat Wassers die Fülle

WEG
  Den Weg allen *Fleisches* gehen
  Befiehl dem Herrn deine Wege
  Krumme Wege gehen

WEH
  Weh dem, der *allein* ist

WEHEN
Der *Geist* weht, wo er will

WEIB
Der *Mann* ist des Weibes Haupt

WEISHEIT
Die Weisheit *Salomos*
Zunehmen an Alter und Weisheit

WEIZEN
Die *Spreu* vom Weizen sondern/trennen
Unkraut zwischen den Weizen säen

WELT
Bis ans *Ende* der Welt
Das ist der *Lauf* der/dieser Welt
Der *Fürst* dieser Welt
Was hülfe es dem *Menschen,* wenn er die ganze Welt gewönne

WERFEN
Den ersten *Stein* werfen

WILLE
Menschen guten Willens

WILLIG
Der *Geist* ist willig, aber das Fleisch ist schwach

WIND
Ein Schilfrohr im Wind → ein schwankendes *Rohr*
Wie *Spreu* im Winde

WIRKEN
Die *Nacht,* da niemand wirken kann

WITWE
Das *Scherflein* der Witwe

WOHLTAT
Eine Wohltat *vergelten*

WÖLFE
Wie *Schafe* unter Wölfen

WORT
Am *Anfang* war das Wort

WUCHERN
Sein *Pfund*/Talent vergraben – mit seinen Pfunden wuchern

WUNDE
Öl in die Wunden gießen

WUNDER
Es geschehen noch *Zeichen* und Wunder

WÜSTE
Ein *Prediger*/Rufer in der Wüste

ZAGEN
Mit *Zittern* und Zagen

ZÄHLEN
Alle *Haare* auf unserem Haupte sind gezählt
Seine *Tage* sind gezählt

ZAHN
Auge um Auge, Zahn um Zahn

ZÄHNEKLAPPERN
Heulen und Zähneklappern

ZAUM
Seine *Zunge* im Zaum halten

ZEHN
Wenigstens zehn *Gerechte* in einer Stadt

ZEIT
Ein *Wort* zur rechten Zeit

ZERSTREUEN
In alle *Winde* zerstreut

ZITTERN
Mit *Furcht* und Zittern

ZÜCHTIGEN
Wen *Gott* liebhat, den straft/züchtigt er
Wer seinen *Sohn* liebhat, der züchtigt ihn

ZUDECKEN
Mit dem *Mantel* der christlichen Nächstenliebe zudecken

ZUFÜGEN
Was du nicht willst, das man dir tut, das füg auch keinem andern zu

ZUMESSEN
Mit dem *Maße,* mit dem ihr meßt, wird auch euch zugemessen werden

ZUNGE
Sein *Herz* auf der Zunge tragen

ZUSAMMENFÜGEN
Was *Gott* zusammengefügt hat, soll der Mensch nicht trennen

Anzeigen

Was Bilder erzählen

Heinrich Krauss/Eva Uthemann
Was Bilder erzählen
Die klassischen Geschichten aus Antike und Christentum
in der abendländischen Malerei
3. Auflage. 1993. IX, 546 Seiten mit 88 Abbildungen. Leinen

Margarethe Schmidt/Heinrich Schmidt
Die vergessene Bildersprache christlicher Kunst
Ein Führer zum Verständnis der Tier-, Engel- und Mariensymbolik
4., durchgesehene Auflage. 1989. 337 Seiten mit 88 Abbildungen.
Leinen

Hannelore Künzl
Jüdische Kunst
Von der biblischen Zeit bis in die Gegenwart
1992. 266 Seiten mit 92 Abbildungen. Broschiert

Hans Belting
Bild und Kult
Eine Geschichte des Bildes vor dem Zeitalter der Kunst
Unveränderter Nachdruck der 2. Auflage. 1993. 700 Seiten
mit 308 Abbildungen. Broschiert
Auch in Leinenausstattung lieferbar

Anna Bauer/Hermann Bauer
Klöster in Bayern
Eine Kunst- und Kulturgeschichte der Klöster in Oberbayern,
Niederbayern und der Oberpfalz
2. Auflage. 1993. 300 Seiten mit 271 Abbildungen. Gebunden

Gernot Kocher
Zeichen und Symbole des Rechts
Eine historische Ikonographie
1992. 200 Seiten mit 257 Abbildungen. Leinen

Verlag C. H. Beck München